城乡一元化
建设之路

杨凌农科城一元化建设研究报告

程安东　总策划
薛伟贤　王文莉　史耀波　赵立雨　著

Approaches to Urban-rural Unification

A Research Report on Developing One-dimensional
Yangling Agri-science City

中国社会科学出版社

图书在版编目（CIP）数据

城乡一元化建设之路：杨凌农科城一元化建设研究报告/薛伟贤等著．—北京：中国社会科学出版社，2018.9
ISBN 978 - 7 - 5203 - 2417 - 5

Ⅰ.①城…　Ⅱ.①薛…　Ⅲ.①农业技术—示范区—研究—咸阳　Ⅳ.①F327.413

中国版本图书馆 CIP 数据核字（2018）第 085143 号

出 版 人	赵剑英
责任编辑	侯苗苗
特约编辑	明　秀
责任校对	周晓东
责任印制	王　超

出　　版	中国社会科学出版社
社　　址	北京鼓楼西大街甲 158 号
邮　　编	100720
网　　址	http://www.csspw.cn
发 行 部	010 - 84083685
门 市 部	010 - 84029450
经　　销	新华书店及其他书店

印　　刷	北京明恒达印务有限公司
装　　订	廊坊市广阳区广增装订厂
版　　次	2018 年 9 月第 1 版
印　　次	2018 年 9 月第 1 次印刷

开　　本	710×1000　1/16
印　　张	20.5
插　　页	2
字　　数	336 千字
定　　价	86.00 元

凡购买中国社会科学出版社图书，如有质量问题请与本社营销中心联系调换
电话：010 - 84083683

序

　　世界各国的城乡关系都经历了乡村孕育城市、城乡分离、城乡对立、城乡融合的过程，城乡一元化思想则源自对城乡关系问题的研究。西方学者自 16 世纪起开始关注城乡关系，城乡一元化思想始现于空想社会主义者提出的"乌托邦""法朗吉""新和谐公社"等理想的社会构想中。之后，对城乡关系的研究虽没有明确提出过"城乡一元化"的概念，但在农业社会就有理论家在城市规划设想中体现过城乡一元化的思想，他们在城乡融合发展的目标上表现得出奇一致。随着经济发展水平的提升与经济发展阶段的时空转换，城乡关系从分离走向了对立阶段，"城乡二元结构"成为城乡关系研究的转折点，这一时期城市偏向、城市中心等政策使乡村空间在一定程度上被忽视，造成了城乡关系扭曲、城乡差距扩大等一系列问题，使城乡分割的现状很难改变。经过对城市——工业化发展模式及城市偏向的反思，从 20 世纪 70 年代中期以来，城乡关系研究开始走向一体化。发达国家在为解决"大城市病"的背景下走上了"城市郊区化""逆城市化"的轨道，整个社会在城乡普遍联系和全面互动基础上进入了城乡融合和城乡一体化的发展阶段。我国则在致力于缩小城乡差距、解决"三农"问题、消除城乡二元结构的背景下提出了"城乡统筹""城乡一体化"等发展战略。但经济的迅速发展促使城乡关系不断产生新问题，对其研究也产生了新视角。面对新的历史阶段，仅以"城乡一体化""城乡统筹"等方式协调城乡关系，会使具备完全城市化条件的地区固化城乡二元的思想，新的研究趋向则是从思想上破除城乡二元，提出了建设"城、田、人"协调发展的城乡一元化的要求。

　　我国作为工业化和城镇化进程相对滞后、农业发展基础也很薄弱的发展中国家，城乡关系经历了 1949—1978 年"城乡分治、以农补工"、1978—2000 年"工农互动、城市主导"以及 2000 年至今"以工促农、以城带乡"的三个阶段。在此过程中，我国在破解城乡二元结构、形成新的城乡发展战略等方面的思路在不断清晰。如果说"城乡统筹"是全国性城乡关系发展的指导思想，"城乡一体化"则是某一城市全域内城乡协调发展的现实命题，是城乡统筹要实现的目标。但当前我国新型城镇化的建设仅通过农村工业化、农村城镇化等城乡发展模式来实现，忽略了具备完全城市化条件的地区建设城乡一元化的可能。可以看出自新中国成立以来，我国的城乡关系研究虽从未停止，但重点仍是协调城乡发展，城乡一元化的思想还未体现。

城乡一元化发展需要以廓清其内涵为基础，但我国学者仅从户籍、城乡居民心理融入、公共政策、空间规划等单一方面解析城乡一元化，并不能包含城乡一元化的全部内涵。我们认为，将城乡一元化定位为一个消除城乡二元的理想城市模式，其目标是在具备完全城市化条件的地区，把人类生存聚居的环境作为一个整体进行建设，按照城市建设标准完善对农村地区的规划发展，消除城乡差别，实现城市和乡村在空间布局、经济、社会、生态环境上整体性的融合发展，中心区和城郊区无差别公共服务，智慧互联互通。这既是一个长期的地区经济社会发展过程，也是社会—自然—经济复合系统演替的顶级状态。

城乡一元化的建设需要在区域空间、产业、公共政策、公共服务等方面具备一定的基础条件，否则会制约一元化建设进程。第一，城市、农业、生态空间相互融合。城乡一元化要求在城市空间上规模明确、密度合理，农业空间与生态空间保护完好，能实现与城市空间的相互融合。第二，经济发展战略均衡、产业布局合理。农业经济发展到一定阶段后分离出工业部门，工业的发展催生了第三产业的发展。即农业是经济发展的原始动力，工业是根本动力，第三产业是后续动力。城乡一元化要求在产业布局上农、轻、重工业能够均衡发展。第三，户籍及其他相关公共政策无差异。户籍制度与最低生活保障和养老保险政策、医疗保障政策、计划生育政策、住房保障政策、劳动就业和教育政策、兵役和优抚安置政策等方面存在协同作用，因而城乡分离的户籍制度造成了城乡居民在所享有的这些公共政策方面明显不平等。城乡一元化要求有统一的户口登记制度及与之相适应的社保、卫生计生、教育、就业、住房、土地及人口统计制度；同时，鉴于农民对土地开发有历史性的贡献，可在一定时期内延续其土地利益。第四，健全的公共服务体系。公共服务的特点决定了提供公共服务是政府的重要职能，但长期以来政府制度的城市偏向使公共服务事业投入重点在城市。城乡一元化要求建立起无差别的公共服务体系。

马克思曾设想：要使现存的城市和乡村逐步演变为既有城市一些特征，又有乡村一些特征的新的社会实体，这揭示了人类社会和经济发展的基本趋势与正确方向。党的十九大明确提出了"新型城镇化"概念，在我国进入全面建成小康社会的关键阶段进一步把"提升城镇化建设质量"列为"十三五"时期的重要任务之一。在如今城镇化浪潮的推动下，继续套用原有的城乡发展模式很可能使固有的城乡二元思想继续加深，无法在发展中贯彻以人为本、可持续发展的思想，传承"城、田、人"的和谐关系。如何借鉴英国的"田园城市"韦林、荷兰的"大学城"瓦格宁根、日本的"科学城"筑波等的一元模式，以及我国张家港、深圳、台湾宜兰县等在城乡一元化方面的建设经验，构建一个没有城市和农村区分、区域内空间结构融合，产业、居住、交通、生态结构布局合理，资源互惠共享，居民只有从事的职业不同而无农村人口和城市人口之分，在公民权利、公共政策、公共服务均等化等方面无差异的"城、田、人"协调发展的城乡"一元模式"新格局，对于杨凌等具备完全城市化条件的中小城镇的模式与实践选择都是巨大的挑战与机遇，也是新型城镇化建设值得深入研究的课题。

陕西城市战略研究（所）院出版了《建设休闲汉中研究》《陕西城市化发展理论与实践》《生态旅游开发与环境保护——基于红碱淖景区的研究》《历史文化名城现代化建设若干问题的研究——韩城市保护发展的探讨》等专著，获得省市多项奖励，在学术界中提出了有一定影响力的观点和模型，社会经济效益突出，推动了相关城市发展转型与区域创新发展，其发展至今已经成为西部地区重要的集科学研究、人才培养、咨询服务于一体的城市经济与管理研究机构。2012 年 5 月，陕西城市战略研究院的研究人员在考察中听取了杨凌城乡一体化发展情况和城乡规划建设的基本情况汇报之后，一致认为杨凌有条件创新城市发展理论并提出了杨凌农科城一元化建设的新命题。薛伟贤教授及其研究团队在理论分析的基础上，结合一元化发展的典型地区——杨凌农科城，进行了深入细致的实地调研，其最新研究成果《城乡一元化建设之路——杨凌农科城一元化建设研究报告》由中国社会科学出版社推出。全书采用理论分析、模型分析、实地调研等手段，从城乡一元化发展的概念、现状和问题出发，运用归纳与演绎相结合的分析方法和发展的眼光，探索城乡一元化发展的脉络，并提出促进城乡一元化发展的策略。

本书具有四大特色：一是将经济理论与实际相结合，全面总结国内外城市发展模式。首先对城乡一元化发展相关理论进行综述，包括产业发展、人口流动、土地流转、区域发展和生态建设等方面，为城乡一元化发展提供充分的理论指导。其次对城乡一元化相关的概念进行梳理，探讨城市化、城乡统筹、城乡一体化和城乡一元化等概念的区别与联系，构建了"理论分析—环境分析—规划布局—关键问题—政策建议"的城乡一元化研究框架，为城乡一元化发展的系统研究奠定理论基础。最后从国内外典型城市化发展模式入手，选择英、美、日、法、荷等发达国家以及巴西和印度两个发展中国家进行对比分析，并对我国城市化中的苏南乡企推动模式、温州私企推动模式、珠江外向推动模式、胶南农业现代化模式以及洛川特色农业模式进行比较，提出对杨凌及我国城乡一元化建设的启示。

二是深入基层调查研究，全面深刻揭示杨凌城乡一元化建设的现状与问题。从反映经济发展水平的人均GDP、产业结构、固定资产投资，反映城乡居民生活水平的人均收入、消费能力、生活质量，反映基础设施建设水平的经济性基础设施和社会性基础设施，反映城乡公共服务水平的社会保障、基础教育、医疗卫生四个方面全面刻画杨凌城乡一元化建设的现状，认为杨凌城乡一元化发展存在的问题包括：经济增长动力有待提高，产业集群竞争力不强，工业化程度低；城乡居民收入差距有待缩小，城乡居民收入结构不均等，农村居民收入渠道单一；乡村建设投资规模有待扩大，尤其是农村基础设施和医疗教育服务存在缺口；农村人口转移力度有待增强，转移主体缺乏主观积极性，非农产业吸纳能力不足，城市生活成本过高。这为进一步锁定杨凌农科城一元化建设中的关键问题提供了现实基础。

三是结合杨凌一元化建设实践，提出城乡一元化建设的战略目标与关键问题。从杨凌的历史沿革、地理及空间布局、发展阶段入手，分析了杨凌农科城一元化建设的有利条件和不利因素,指出杨凌农科城一元化建设机遇与挑战并存。根据一元化综合评价原则与层次,构建出一元化评价指标体系,并对杨凌农科城一元化发展水平进行测评和讨论。提出杨凌农科城城乡一元化建设应遵循统筹兼顾原则、农业示范原则、改革创新原则、民生优先原则和生态宜居原则五大原则,应着眼于经济发展目标、社会发展目标、生态环境目标、城乡发展目标和农业科技推广目标五大战略目标,应攻克产业发展问题、失地农民就业问题、社区建设问题、土地流转问题和公共服务均等化问题五大关键问题。以全域共同发展为理念,积极整合空间布局,优化产业结构,利用区域的河流、台塬、农田、示范林等构筑城市绿色网络,形成绿色网络环绕、功能分区散落其间的绿叶般城市,将杨凌打造为一个"村在田园之中、城在森林之中、人在公园之中"的 21 世纪新型田园城市。

四是全方位分析打破杨凌城乡二元经济,实现城乡一元化发展的策略。研究认为城乡一元化建设是一项巨大的社会经济系统工程,必须全面统筹各方力量,发挥政府和市场的双重作用,以科技作为第一生产力,推动城乡一元化建设与生态环境协调发展。首先政府在一元化建设中必须发挥主导作用,积极引导一、二、三、四产业融合发展,推进城乡公共服务和基础设施建设均等化,从农村土地流转、户籍改革和农民就业等方面深入推进城乡一元化建设。重视发挥市场机制,促进农业现代化建设,补齐农业"短板",应着力完善农产品流通体系,以现代物流促进农业发展;培育现代大农业,实施农业专业化、产业化和规模化经营;因地制宜选择农业主导产业和经济发展模式。最后发挥"科技是第一生产力"作用,以农村信息化建设、农业设施装备现代化建设为抓手改造传统农业,联合农业科研单位提升农产品科技含量,提高农产品市场竞争力;加强农业生态化建设,推进生态农业政策深入实施,加大生态环保农业理念宣传力度,建立健全生态补偿机制,促进生态农业示范基地发展模式应用和推广,实现绿色发展目标。

近年来,虽然每年出版的城乡经济协调发展和城乡经济一体化评价的专著很多,但作为全国唯一的一个国家级农业高新技术产业示范区,杨凌示范区应如何充分发挥自身优势,突破弱势,积极推进城乡一元化建设，形成具有自身特色的发展模式，努力成为在全国乃至世界范围内城乡一元化建设的名片和标杆，为农业发展型城市的建设指明方向，为如何提升城乡一元化水平提供实践经验。《城乡一元化建设之路——杨凌农科城一元化建设研究报告》给出了很好的答案，值得广大读者参阅。

陕西省原省长

中国城市发展研究会理事长

2017 年 11 月 30 日

目　录

第一章 绪论

第一节 研究背景

城乡二元经济社会结构的存在，严重阻碍了城市与农村的协调发展，在后改革时代下，我国的城乡一体化建设渐入佳境。计划经济时期，受到赶超型战略和"城市偏向"相关政策制度的影响，城市经济社会实现了快速发展，相反乡村却陷入了发展滞后的困境，导致城乡之间差距逐步扩大，形成了城乡二元结构。中国城乡二元结构主要表现在体制、社会、文化、公共服务等方面的二元化，严重阻碍了城乡关系的协调发展。十一届三中全会之后，中国拉开了改革开放的序幕，为中国的经济发展带来了新的契机，也为中国的城乡一体化建设注入了新的活力。历经30多年的改革开放，中国实现了由计划经济到市场经济、由温饱不济到总体小康、由封闭的农业社会到开放的工业社会的三大跨越，持续高速的经济增长明显增强了中国的综合国力，城市化水平也得到了显著提升，城市化率从1978年的17.92%增长至2016年的57.35%（见表1-1）。目前，中国城乡一体化已逐渐深入，但是城乡一体化水平还比较低、地区之间的发展还很不平衡。特别是发展落后的农村地区，其城乡关系失衡状态更加突出，已成为当前中国经济社会发展的突出矛盾之一。我们还需认识到，与党的十八大提出的城乡发展一体化以及党的十九大提出的决胜全面建成小康社会的目标相比，我国缩小城乡间和区域间的发展"鸿沟"仍任重道远。因此，建立健全城乡融合发展体制机制和政策体系，走城乡融合发展的道路将成为我国未来城乡发展战略的重要选择。

表1-1　　　　　　　　1978—2016 年中国城市化率　　　　　　　单位:%

年份	1978	1988	1998	2008	2015	2016
城市化率	17.92	25.81	30.40	45.68	56.10	57.35

资料来源:国家统计局统计数据。

进入 21 世纪以来,国家在推进城镇化发展工作中的指导思想逐渐明晰,为城乡一体化建设指明了方向。我国城乡一体化建设战略的演化大致经历了"统筹城乡经济社会发展—统筹城乡发展—城乡经济社会发展一体化—城乡发展一体化"的历程(白永秀,2014),如表1-2所示。2002 年 11 月,党的十六大在制定全面建设小康社会的奋斗目标时,针对繁荣农村经济,加快城镇化进程的需要,指出"统筹城乡经济社会发展,建设现代农业,发展农村经济,增加农民收入,是全面建设小康社会的重大任务"。2003 年 7 月,针对社会主义经济、政治、文化、社会全面发展的要求,胡锦涛在全国防治非典工作会议上指出,要更好地坚持协调发展、全面发展、可持续发展的发展观。同年 10 月中旬,中共十六届三中全会明确提出了"坚持以人为本,树立全面、协调、可持续的发展观,促进经济社会和人的全面发展",强调"按照统筹城乡发展、统筹区域发展、统筹经济社会发展、统筹人与自然和谐发展、统筹国内发展和对外开放的要求",推动改革和发展。2007 年 10 月召开的党的十七大提出,"建立以工促农、以城带乡长效机制,形成城乡经济社会发展一体化新格局"。随后党的十七届三中全会指出,当前中国已经进入破除城乡二元结构、形成城乡经济社会发展一体化新格局的时期。随着对现阶段中国经济社会发展状况认识的不断深入,加上城乡一体化理论体系的不断完善,建设协调的城乡关系成为缓解"三农"问题,突破城乡二元结构的必然选择。

表1-2　　　　　　　　　城乡关系理论的提出历程

城乡关系理论	提出时间	事件
统筹城乡经济社会发展	2002 年 11 月	中共十六大
统筹城乡发展	2003 年 10 月	中共十六届三中全会
城乡经济社会发展一体化	2007 年 10 月	中共十七大
城乡发展一体化	2012 年 11 月	中共十八大

经过 30 多年的改革开放，陕西的社会经济得到快速发展，统筹城乡发展工作卓有成效，但城乡差距依然明显。首先，城乡收入差距呈现先增大再缩小的特征。1978 年，陕西城镇居民人均可支配收入为 310 元，农村居民人均纯收入为 134 元，城乡收入比为 2.31∶1；2008 年，陕西城乡居民收入比达到 4.1∶1；到了 2016 年，陕西城镇居民人均可支配收入为 28440 元，农村居民人均纯收入为 9396 元，城乡居民收入比为 3.03∶1。可以看出，陕西省城乡差距经历了一个先升后降的过程。其次，城镇人口比重呈现稳定增长的特征，如图 1-1 所示。城镇化率1978—1999 年从 14.68% 增长到 22.17%，2000—2016 年从 32.27% 增长至 55.34%，进入快速发展阶段。目前，陕西城乡的差距主要体现在四个方面：第一，城乡生活方面。城乡收入、消费差距持续扩大；第二，城乡经济方面。农业人口仍占人口总数较大比例，农业就业人口保持较高比重，城市化率较低；第三，城乡公共服务方面。城乡教育、医疗、社会保障等方面都无法与东部发达地区相比，且省内城乡差距明显；第四，城乡环保方面。陕西省近年发展侧重于依赖较为丰富的地下资源，环境污染、资源浪费比较严重。

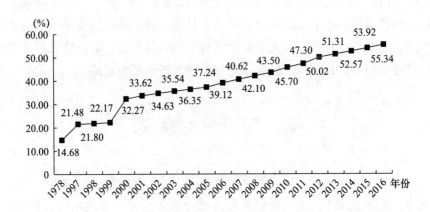

图 1-1　1978—2016 年陕西省城市化率

资料来源：《陕西统计年鉴》（2016）、《陕西省国民经济和社会发展统计公报》（2016）。

"十三五"时期，着力加快工业化、城市化、农业现代化和城乡一体化进程，推进以改善民生为重点的社会建设，奋力开创杨凌示范区发展新局面，打造国内城乡发展一元化样板城市，是杨凌城市建设的重中之重。作为我国农业科研教学基地之一，1997 年国务院批准成立的国家农业高新技术产业示范区，经过 20 年的建设，特别是"十一五""十二五"期间的快速发展，杨凌示范区在集聚创新与示范推广、现代农业建设与特色产业发展、城市建设与和谐社会构建等方面积累了较为坚实的基础，形成了良好的发展势头。从城乡居民收入水平上看，2016 年杨凌示范区城镇居民可支配收入为 35510 元，农民人均纯收入为 14959 元，城乡收入比 2.37：1，近年来城乡居民收入差距逐渐缩小；从城镇化率发展看，2016 年杨凌示范区城镇化率达到 61.90%，相比 1997 年的 33.61%，城镇化水平显著提升。目前，杨凌示范区处于重要战略机遇期，国家"十三五"规划对新型城镇化的布局，西部大开发战略的深入推进，"一带一路"倡议的提出，加上陕西省自由贸易试验区建设，为杨凌示范区加快发展提供了良好的外部环境，特别是为着力建设农业科技创新型一元化城市提供了有力支撑。随着杨凌城镇化建设工作的逐渐深入，面对新时期的发展机遇和挑战，杨凌示范区在城镇化建设上需要不断开拓创新，打造以农业科技为特色推动城乡发展一元化的"杨凌模式"。杨凌农科城一元化建设新命题的提出，对杨凌的城市发展提出了新的要求，因此在新的历史时期下，杨凌在对自身地理区位、资源禀赋、国家政策的综合考量下，通过分析建设过程中的机遇和挑战，以及杨凌在推进一元化建设过程中的关键问题，对杨凌农科城进行合理的布局、规划，是杨凌推进城市化发展的必由之路。

第二节　研究意义

城乡一元化提出，是在当前城乡发展背景下对城乡关系做出的创新判断，因此需要在实践的基础上进行理论总结和对现有理论进行创新。研究中以已有的区域发展、产业、人口、土地理论为基础，运用城市经济学、地理学、人口学、社会学等各学科中有关城乡发展的理论，解决城乡协调发展过程中面临的经济、社会、人口、空间和生态等方面问题，在检验各理论的适用性的同时，丰富和发展了城市化理论。杨凌一元化农科城建设研究中，需要从政府、产业、人口、土地、社区、公共服务等方面对杨凌一元化发展现状、条件和环境以及建设的关键问题进行分析，以发展经济学、制度经济学、产业经济学、人口学等方面理论作为分析工具，保障对杨凌农科城一元化建设的目标设定、总体布局规划更具有效性、合理性。另外，作为"农科城"，在城乡一元化建设方面具有特殊性，因此对杨凌城乡一元化的研究，有助于丰富城乡一元化的理论体系，把握城乡一元化的内在规律，完善区域城乡一元化评价体系。

杨凌农科城一元化建设为农业发展型城市的建设指明了方向，为如何提升一元化水平提供了实践经验。本书围绕杨凌一元化农科城建设问题，在对国内外城市化建设模式的比较研究中找到不同国家典型城市化道路、动力机制、城市化与工业化发展水平等方面的差异，结合杨凌自身的区位、经济社会状况、资源禀赋等方面的基础条件，利用 SWOT 方法分析杨凌在城乡一元化建设方面的有利条件、不利因素以及挑战和机遇，构建杨凌的发展蓝图（发展目标、总体规划）。并以建设一元化中的关键问题为"抓手"，有针对性地提出杨凌城乡一元化建设的政策保障措施。杨凌农科城一元化建设研究，为杨凌示范区在提高杨凌城乡一体化建设速度和质量，避免城市化建设过程中的"城市病""农村病"，以及产业布局、人口城市化、土地流转、城市规划布局等方面的政策制定提供了参考。

第三节　研究方法

本书以城市化的经典理论为依据，借鉴发达国家、发展中国家城市化的一般规律，结合杨凌农科城的现实发展状况，明确杨凌一元化建设的条件和环境，以及发展面临的机遇和挑战，对其中的关键问题进行归纳、分析和总结，并在此基础上对杨凌农科城一元化建设提出有针对性、可操作性的政策建议。本书的研究方法主要包括：

第一，规范分析与实证分析相结合。规范性研究方法，主要是一种运用演绎和归纳方法，注重从逻辑性方面概括指明"应该怎样，应当怎样，或应该怎样解决"，涉及伦理标准和价值判断问题。而实证研究方法，要求事先对现实提出一些假定或前提，通过经验及实际证据来证明，然后用数据去修订有关的具体原则、准则和程序。一方面，本书通过对城乡一体化相关理论的梳理，在归纳总结国内外经典城市化模式的基础上，主要解决应该怎样建设杨凌农科城，实现一元化的问题。另一方面，本书在定性地分析当前杨凌农科城一元化建设的条件，以及目前所面临的挑战和机遇，结合杨凌农科城的现实环境，建构能真实反映城乡一元化水平的指标体系，从定量的角度为杨凌早日实现一元化提供有力的理论佐证，为杨凌农科城一元化的规划布局提供针对性建议。

第二，比较分析法。城乡一体化建设的成功案例不胜枚举，通过对各种成功模式的比较分析和总结，有利于为杨凌城乡一元化发展提供指导。本书通过对发展中国家、发达国家的城市化道路进行回顾，对城市发展模式进行概括分类及特征总结，归纳分析不同国家地区在推进城市化建设过程中的重要举措，旨在为杨凌农科城一元化建设提供经验。

第三，实地调研方法。为了能对杨凌农科城在发展一元化方面的基础条件和环境做出准确的判断和分析，获取杨凌在制度、经济、社会、文化、生态等方面的发展数据，杨凌课题小组通过到政府部门进行座谈，发放调查问卷，实地走访基层等形式获取了大量有关杨凌的发展政策、实际数据以及未来规划布局等信息，为判断、分析杨凌农科城的发展现状、存在问题、目标规划、定位布局等提供了充分的依据。

第四节　内容结构

一　研究框架

本书主要可以分为五个模块，第一模块包括第一章绪论，主要介绍了研究背景、研究意义及整体框架；第二模块包括第二章、第三章，主要介绍了与本书相关的理论，文献综述，以及国内外城市化模式的比较分析对中国城市化的启示，为本书的理论基础；第三模块包括第四章、第五章，主要从杨凌自身城乡一元化建设的现状、条件与优劣势出发，明确杨凌已经具备了建设城乡一元化的"资质"，为本书的现实基础；第四模块包括第六章、第七章，以杨凌城乡一元化建设的发展定位和总体布局为基础，发现城乡一元化建设过程中亟待解决的关键问题；第五模块即第八章，主要就如何实现城乡一元化提出建议（见图1-2）。

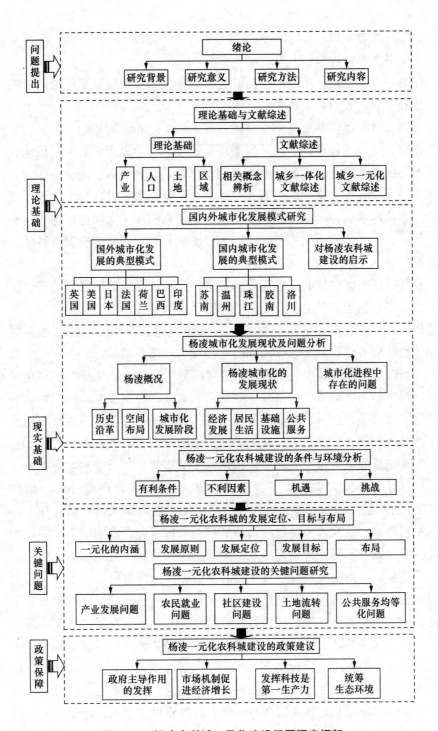

图 1-2 杨凌农科城一元化建设问题研究框架

二 内容安排

本书主要内容包括八章：

第一章 绪论。主要是提出研究背景及意义、阐述研究思路与研究方法和主要研究内容与框架。

第二章 理论基础与文献综述。首先，从产业结构理论、人口城市化理论、土地流转理论、区域发展理论以及生态建设理论五个方面构筑了本书的基础理论；其次，通过梳理城市化、城乡统筹、城乡一体化与城乡一元化等相关概念，对城乡一体化的要素配置、社区建设、水平评价、影响因素和提升路径以及城乡一元化研究的相关文献进行综述，廓清了城乡一元化的研究思路，旨在为杨凌农科城一元化建设提供科学的宏观指导和理论支持。

第三章 国内外城市化发展模式研究。通过对发达国家（英国、美国、日本、法国、荷兰）、发展中国家（巴西、印度）及国内（苏南、温州、珠江、胶南、洛川）城市化发展模式进行分析，总结归纳各国家、地区城市建设的经验教训和对中国城市发展的启示。

第四章 杨凌城市化发展现状及问题分析。首先，从杨凌城市化发展过程中的历史沿革、地理及空间布局、农业科技资源和城市化发展历程等方面入手，分析了杨凌的发展概况；其次，通过阐述杨凌城市发展中的经济发展、居民生活、基础设施建设和社会公共服务四个方面，旨在反映杨凌的城市化发展现状，指出杨凌城市化发展面临的主要问题。

第五章 杨凌农科城一元化建设的基础条件与环境分析。运用SWOT分析法，分析杨凌示范区在建设一元化农科城上具有的有利条件和不利因素，以及未来发展所面临的机遇和挑战。在此基础上，构建了杨凌农科城一元化评价指标体系，测算杨凌农科城一元化水平。

第六章 杨凌农科城一元化发展定位、目标与布局。基于对一元化内涵的认识，提出杨凌在城乡一元化建设当中应该遵循的原则和发展定位，结合杨凌城市发展目标，为杨凌城乡一元化提供发展规划及布局。

第七章 杨凌农科城一元化建设的关键问题研究。通过分析杨凌一元化农科城未来建设过程中产业发展、失地农民就业、新型社区建设、土地流转和公共服务均等化对农科城一元化建设的重要性，针对其现状和存在的问题以及对杨凌城乡一元化农科城建设的影响，提出未来发展的构想。

第八章 杨凌农科城一元化建设的政策建议。立足于杨凌农科城一元化建设的需要，从政府职能发挥、市场机制促进区域经济增长、发挥"科学技术是第一生产力"、统筹生态环境四个方面提出针对性、可操作性的政策建议。

第二章 理论基础与文献综述

第一节 理论基础

一 产业发展相关理论

经济发展为推动城市化提供了重要的物质基础，而产业作为经济发展过程中至关重要的一环，产业结构的优化调整关系到经济发展的可持续性。促进产业结构调整，优化产业结构是经济发展的关键（黄亮雄，2013）。市场经济条件下，西方产业发展理论已成为指导各国产业发展布局和产业结构调整的主导理论。经过十多年引进、同化吸收，西方产业发展理论已被我国广泛接受和使用。三次产业划分理论为后续产业相关理论的提出奠定了基础，如产业布局区位理论、结构演变趋势理论等。

1. 产业布局区位理论

产业布局区位理论主要的奠基人是 V. 屠能，经过 A. 韦伯及后来学者较为系统的补充和完善，在 19 世纪末初步建立。屠能（1826）在其《孤立国同农业和国民经济的关系》中提出了"农业区位理论"，指出距离以城市为代表的消费市场的远近对农作物的布局有重大影响，并按照由内到外的顺序将假设的孤立国划分成 6 个同心农业圈层。韦伯（1909）在分析影响工业布局的区位因素时继承了屠能的思想，提出了区位因素、区位优势和最优区位等概念。屠能和韦伯提出了 3 个一般性区位因子，即运输费用、劳动力费用和聚集力。随着经济发展和市场规模的扩大，韦伯以后的研究者发现，最小生产成本并不能完全确定企业的最优区位，成本最低也不完全意味着利润最大化，市场因素对产品价格影响越来越大。

产业布局的区位选择需要遵循三个标准，即成本最低、市场份额最大和集聚效益。区位选择成本要达到最低，首先是运费最低，其次再寻求劳动力成本的最低点，而市场份额最大，则是企业实现利润最大化的前提，相应的集聚效应为实现产业集群奠定了基础，有利于规模效益的发挥。区位理论为产业布局提供了指导，以某些产业为例，对于水产品、蔗糖加工等产业，在区位选择上就要以原料为导向，选择靠近原材料供应地进行产业布局；生物医药产业、集成电路等高新技术产业就要以技术为导向，布局时应该尽量靠近高校集中或科技发达的地区。

西方古典区位论是以完全竞争市场下的价格理论为基础，以为各个企业或者部门寻找最优生产区位，找到一种比较优势以保证企业利润最大化。而产业布局区位理论的贡献在于，它分析了城市效益的根源，确定了城市的分布状态和分布形式。因此，产业布局区位理论在杨凌示范区城市建设过程中，对城市产业布局、产业结构、产业发展的指导意义是显而易见的。

2. 结构演变趋势理论

产业结构的演变和转换是产业发展的表现形式，是要素在三次产业部门间重新配置的过程，旨在实现资源配置的帕累托最优，促进城乡经济社会发展。

最早对产业结构进行论述的学者是威廉·配第（Willian Petty），他在《政治算术》中提出："工业的收益比农业多得多，而商业的收益又比工业多得多。"随后，克拉克（Colin Clark）通过收集和整理劳动力在第一产业、第二产业、第三产业之间移动的时间序列统计资料，发现随着人均国民收入水平的提高，劳动力开始由第一产业向第二产业移动；当人均国民收入水平再进一步提高时，劳动力便向第三产业移动。于是，1940 年克拉克在《经济发展的条件》中建立了完整、系统的结构演变理论框架（胡红安，2007）。

产业结构演变趋势理论指明了未来产业结构调整的方向。一般情况下，从第一产业到第二产业再到第三产业，产品的附加值不断上升，意味着在产业结构调整过程中，第三产业对经济增长贡献的比例将会越来越大，第二产业次之，第一产业最小，最终产业结构趋于合理并保持相对稳定的发展状态。现代经济学理论认为，城市发展（区别于增长）的主体动因是新兴产业的不断出现和夕阳产业的及时淘汰，即产业结构的调整与优化是推动城市发展的核心动力。城市化与产业结构升级的协调发展，本质上是保持城市化水平与第一、二、三产业的发展速度相协调，其中第三产业的快速发展是城市化水平提高的持续动力。刘永萍（2014）认为，在城市化的加速阶段，第三产业从业人员的比重将会增加，第三产业产值占国内生产总值的比例也会持续上升。

产业结构演变是从低级到高级的过程，在这个过程中每一个阶段其主导产业的转换都有其顺序性。结构演变趋势理论指出，产业演变的一般趋势和规律为不同阶段政府部门制定产业发展战略和调整产业结构提供了依据。目前，在杨凌示范区经济发展中，第二产业已逐渐占据了主导地位，第三产业的比重逐年缓慢增长。依据产业结构演变理论，杨凌示范区在后续制定产业发展政策中，需要考虑不断加强对第三产业的投入，发挥第三产业对经济增长的作用力，为吸纳农村剩余劳动力提供平台。

二 人口流动理论

1. 二元经济结构下的人口流动模型

二元经济结构最早是由美国著名发展经济学家刘易斯提出的。1954年，他在《无限劳动供给下的经济发展》一文中，系统地提出了发展经济学关于劳动力流动的第一个理论模式，即农村劳动力转移模型。

刘易斯认为，在二元经济结构下，农村劳动力供给具有完全弹性，工业部门可以无限获得劳动力，而只需支付与传统农业部门维持生存相应的工资（刘易斯，1954）。事实上，刘易斯在一定程度上贬低了农业部门在经济发展中的地位和作用。1964年，拉尼斯和费景汉在刘易斯农村剩余劳动力转移理论的基础上，创立了拉尼斯—费景汉模型（Ranis - Fei model）。他们认为刘易斯二元经济理论存在两个不足：一是没有足够重视农业在推动工业发展中的作用；二是没有注意到农业生产率的提高应该是农村剩余劳动力转移的先决条件。拉尼斯—费景汉模型认为，二元经济结构下农村剩余劳动力的迁移经历了三个阶段：第一阶段，传统的农业部门存在大量的显性失业，农业部门劳动生产力的边际生产率为零；第二阶段，由于农业劳动力持续不断地减少，农业部门的劳动边际生产率升高，变为大于零但仍低于不变制度工资；第三阶段，农业部门的隐蔽失业者已经吸收殆尽，农业劳动的工资已不再由习惯和道德力量决定，而是由市场力量来形成。拉尼斯—费景汉模型是对刘易斯模型的发展和完善，故也称为"刘易斯—拉尼斯—费景汉"模型。

由于二元结构理论模型在发展中国家的劳动力流动中得到了广泛的验证，因而也被众多中外学者用来解释中国改革开放以来农村剩余劳动力的出现，农村剩余劳动力在城乡间的流动和农村剩余劳动力的规模、结构和发展趋势等。

2. 托达罗劳动力流动理论

刘易斯、拉尼斯和费景汉等的二元模型都是假定城市不存在失业，但实践表明，城市不仅存在失业，而且在高失业率下，人口从农村流向城市的速度并没有放慢，农村劳动力依然源源不断地迁移到城市（周天勇，2007）。这一事实使建立在充分就业假设上的"刘易斯—拉尼斯—费景汉"理论模型丧失了它的有效性。1970年，美国经济学家托达罗针对二元结构模型存在的缺陷，建立了新的人口流动模型，进一步揭示了农村人口流动与城市就业问题。

托达罗劳动力流动模型为发展农村经济，促进劳动力就地、就近就业提供了理论支撑。该模型的出发点是发展中国家城市中存在普遍失业，人口是在农村劳动力没有剩余这一条件下流动的，这样人口流动的结果不仅是城市失业人口大量增加，而且导致了农村劳动力严重不足，进而影响农业部门的发展。因此托达罗认为，应该控制农村劳动力向城市迁移，大力发展农村经济。对促进发展中国家经济发展，托达罗（1969）提出如下建议：①剩余劳动力就地就业。大力发展农村经济，创造农村就业机会，实现剩余劳动力的就地转移，减缓农村人口向城市迁移的规模和速度。②缩小城乡实际收入差异。城乡实际收入差异过大，将吸引越来越多的农村劳动力迁入城市，如果人口流动率超过城市工作机会的增长率，必将导致城市负担过重，城市失业率提高，同时导致农村萧条。③减少政府对中等和高等教育方面的过分投资。由于农村劳动力大量涌入城市的速度大大超过城市新就业机会创造的速度，在城市出现了庞大的过剩劳动力，政府的投资常常变为对闲置人力的投资。因此，需要加强对落后农村教育经费的投入。④从城市就业的需求和供给两个方面制定综合性政策，摆脱城市偏向，注重农村的发展。要求恢复农村和城市收入之间的适当平衡，改变目前的发展规划严重偏向于城市工业部门的政府政策，以政策为导向促进农村农业的发展，实现农业产业化与规模化经营，为农村剩余劳动力的就近转移提供平台，弱化农业劳动力流向城市的动力，缓解城市的就业压力。

托达罗劳动力流动模型提出通过发展农村经济解决劳动力就业的思想，迎合了我国特殊国情的要求。从这个角度而言，中国 20 世纪 80 年代提出的"离土不离乡"模型的理论来源正是托达罗人口流动模型（储平平，2006）。杨凌示范区在推进城乡一元化建设的过程中，随着农业科技的应用，土地流转工作的进行，剩余劳动力和失地农民必然产生，而托达罗发展农村经济转移劳动力的思路，则为杨凌示范区剩余劳动力转移和失地农民再就业提供了指导。

3. 推—拉理论

随着城市化建设的深入，城市经济社会发展水平得到了极大的提高，相反农村经济社会发展缓慢甚至停滞，导致人口大规模向城市转移。有学者将这种背景下的人口转移动力归结为"拉力"和"推力"作用。

英国经济学家拉文斯坦（1885）对人口迁移的机制、结构、空间特征规律分别进行了总结，概括出人口迁移七大定律，形成推—拉理论的雏形。随着对人口迁移研究的不断深入，赫伯尔（1938）在《乡村—城市迁移的原因》一文中指出，迁移是由一系列力量引起的，这些力量包括促使一个人到一个地方的"推力"，以及吸引他到另一个地方的"拉力"。推—拉理论认为，原住地存在诸如就业不足、耕地不足、基本生活设施落后等推力，这些力量共同推动劳动力向其他环境更好的地方流动；与此同时，流入地更多的就业机会、更高的收入水平及更好的生活环境吸引着人们向此地集中。在城市经济发展的过程中，工业化的快速发展，使城市与农村边际生产率的差异越来越大，迁移者面对更多的就业机会、更高的收入等利好前景，再加上对原住地和迁入地的对比分析，从而做出是否迁移的决定。但是，由于信息的不对称性，信息渠道的闭塞，并非每个迁移者都能充分掌握迁入地的信息，更谈不上理性的决策了。因此，该理论在实际中无法满足人口流动深入研究的需要。

20 世纪 50 年代末，唐纳德·博格（1955）和 Lee（1966）等学者在前人的基础之上，提出了更为系统的人口迁移"推—拉"理论。博格认为，农村种种消极因素形成"推力"（如低收入、低发展前景等），积极因素形成"反推力"（如附加在土地上的利益、优美的居住环境等）；城市种种积极因素形成"拉力"（如较好的生活水平、高收入等），其消极因素形成了"反拉力"（如污染的环境、高失业率等）。农村劳动力总是在"推力"和"拉力"、"反推力"和"反拉力"之间比较，以及转移后的正负效益权衡中做出是否转移的决定。这就意味着当促使劳动力转移的正面积极因素大于不利于其转移的负面消极因素时，农村劳动力才会做出转移决定；反之，将不会发生转移。

应用"推—拉"理论来解释中国农村劳动力和人口的迁移，遇到的一个基本问题是迁移的自由选择问题。在计划经济体制下，农民的流动迁移是被严格限制的。改革开放以来，尤其是20世纪80年代中期以来，部分农民获得了流动就业的自由，但正式的迁移还面临着包括户籍、社会保障等制度因素的限制和约束，形成了一种就业和生活在某一地区，但又不具有当地居民身份的"准迁移人口"。于是，解决"准迁移人口"成为人口城市化过程中不可忽视的一环。

三　土地流转理论

在城市化进程中，无论是产业结构的调整，还是人口的集聚，基础设施的建设，都直接或间接地通过土地资源配置来实现。建立高效的土地资源配置机制，有助于形成结构合理、功能互补、效益最优的城乡一体化体系（柴志春，2009）。利用西方的一些经济学理论，如地租地价理论、土地产权与土地法权理论、土地市场和土地市场制度理论，对建立和完善中国土地市场制度体系，解决农村土地流转配置问题具有重要的借鉴意义。

1. 地租地价理论

17世纪后期，著名经济学家威廉·配第（1662）开拓性地在《赋税论》中提出了地租地价理论，认为地租是土地上生产农作物所得的剩余收入，并且由于土壤肥沃程度和耕作技术高低的差异，以及产地距离市区的远近不同，地租和地价因而也不同，这些观点为级差地租理论奠定了初步基础。

继威廉·配第之后，以大卫·李嘉图和屠能为代表的差额地租理论者分别从生产率、地理区位两个方面论述了差额地租。其中，李嘉图主要从土地的肥沃程度不同解释差额地租，认为差额地租量取决于不同等级土地的劳动生产率的差别；屠能则致力于阐明土地的地理位置与地租的关系，认为交通位置的差异会导致级差地租的形成。与前两位学者不同，马克思（1975）聚焦于地租的本质，指出不论地租有什么独特的形式，均有一个共同点：地租的占有是土地所有权借以实现的经济形式，其本质是土地所有者凭借土地权利分享一份生产收益，只要存在两个或以上的利益集团，地租就必然产生。地租理论体系的内容构成如表2－1所示。

表2－1   地租理论体系的内容构成

地租理论	代表人物	代表著作	结论
资产阶级古典政治经济学的地租理论	威廉·配第	《赋税论》	土地的异质性和耕作技术水平的差异，以及产地距市场的远近程度的不同，地租、地价因而也不同
	亚当·斯密	《国富论》	地租是因使用土地而支付给地主阶级的代价，利润和地租都是劳动者创造的价值的一种扣除
	大卫·李嘉图	《政治经济学与赋税原理》	地租的产生有两个条件：土地的有限性和土地肥沃程度及位置，这实际上是级差地租
资产阶级庸俗政治经济学的地租理论	萨伊	《政治经济学概论》	价值是由劳动、资本和土地三个要素"协同创造的"，因此每个要素都应该得到相应的收入，即工人得到工资、资本家得到利润、土地所有者得到地租
	马尔萨斯	《关于地租之性质及其进步的研究》	地租是"大自然对人类的恩赐"，否认土地所有权垄断的结果，并从根本上否决绝对地租的存在
现代西方经济学的地租理论	马歇尔	《经济学原理》	地租是由"原始价值""私有价值""公有价值"三部分组成
	萨缪尔森	《经济学》	土地的供给数量是固定的，因而地租完全取决于土地需求者的竞争；可以利用地租和生产要素的价格来分配稀缺的资源，而不收取地租会造成缺乏效率的以及不适当的土地使用方法
马克思主义地租理论	马克思	《资本论》	级差地租、绝对地租、垄断地租、城市地租等

地价指土地所有者在出让土地所有权时所获得的补偿或取得者支付

的代价。马克思认为，土地是一种自然产物，不是人类的劳动产品，没有价值，但有使用价值。地租的存在决定了土地价格的存在，将地租按照一定的利息率还原成一个资本量便是土地价格，并且购买价格不等于土地的价值，而是土地所提供地租的使用价值。另外，马克思指出在商品经济条件下，土地是可以作为买卖的对象，土地的价格会受到市场机制的影响，当土地的需求增加或者供给减少时，土地的价格将会上升。

地租地价理论是西方经济的产物，在一定程度上有其局限性，但这些理论对于研究和分析当前进行的土地使用制度改革，科学建立土地流转制度，合理调节与用地有关的各方面的经济利益，以及土地流转后对农民赔偿的设定等仍然具有很大的启发和借鉴意义。杨凌示范区在推动土地流转过程中，土地的流转价格仍然由政府规定，缺少市场定价机制的指导，可能导致土地租赁价格低于市场价格，这在某种程度上会损害农民的利益。因此，未来在完善土地流转制度时，需要重点考虑土地价格评估机制的建立。

2. 土地产权理论

土地产权指以土地所有权为核心的一组权利，一般用"权利束"加以描述，因而其总是表现为一种产权结构，反映客观存在的土地经济关系，属于经济基础范畴。土地产权的内容包括终极所有权及所有权衍生出来的占有权、使用权、处分权、收益权、出租权、转让权、抵押权。

马克思（1975）认为，土地所有权的前提是"一些人垄断一定量的土地，把它作为排斥其他一切人的，只服从自己个人意志的领域"。这既表明了土地所有权的排他性，又表明了土地客体的归属关系。借助土地最终所有权及其衍生的基本权利，作为拥有控制、支配土地的主体——农民，则可以获得对土地的使用、收益、处分等权益。现代产权可转让性的本质特点决定了处分权能是所有权四种权能中最基本的权能，它决定着产权的转移方式，体现着产权的归属。农村土地产权是农村土地所有权演变、发展的必然结果。随着社会经济的日益发展，使农村土地所有权的占有、使用、收益、处分等内在权能不断分离派生，并独立化为各个特殊权益，量变导致质变，原来的农村土地所有权就只保留了最终处分权能，即农村土地的最终所有权，此时土地所有权已经不能包容各个独立化的农村土地权益。于是，农村土地产权应运而生，成为农村土地所有权的各项权能在市场经济中的独立运作层面。

土地产权的确定，是解决"三农"问题的重要助力。在农村经济社会发展过程中，土地作为最基础的生产资料，土地流转有助于农业现代化建设的持续推进。然而现实土地流转工作中存在两个主要问题：第一，土地的所有权归集体所有，农民只享有土地的使用权，不能用于抵押贷款，导致农业生产缺少资金支持。第二，土地价格机制缺失，偏离市场公允价值。由于在土地流转过程中，土地的定价工作由政府承担，农民获得的收益仅仅是流转时所取得的固定收入。随着杨凌农科城一元化建设的深入，土地流转工作是否顺利进行成为影响农村经济社会发展的关键因素。鉴于此，在推动杨凌城乡一元化建设的过程中，需要将完善农村土地流转的产权制度，推进土地流转高效率、高质量进行，作为制定发展政策的重要考量。

3. 土地市场制度理论

土地市场是指土地及其地上建筑物和其他附着物作为商品进行交换的总和。马克思提出，当土地所有者能够将他的所有物作为生产要素投入生产领域中，剩余价值就会在企业资本家和土地所有者之间分割，表明了土地产权的商品化。于是，土地市场应运而生。

马克思认为，土地作为一项特殊的不动产进入市场，由于其位置的固定性，决定了它不能像一般产品高效率运转。局限于土地不可移动性，土地市场配置的实质是土地产权在市场中的转移，土地产权可以"借助于商品的各小部分的所有权证书，商品能够一部分一部分地投入流通"。在土地市场上，土地的稀缺性及附着的经济利益，加上有限的市场参与者，使土地市场竞争不够充分。另外，土地是一个国家重要的资源，其分配是否公平有效，对经济的发展和社会的稳定具有十分重大的作用，因而各国政府都对土地的权利、利用、交易等方面做出了较多的限制。由于政府参与土地流转并往往主导土地的价格，使土地市场丧失了定价的功能。目前，我国地价体系主要由基准地价、标定地价、交易地价及其他价格等构成。总体而言，我国土地价格为非有效价格，未能反映土地资源的稀缺性，也不能反映土地的实际使用价值，整个土地价格体系被扭曲。

土地市场理论为土地流转制度的发展提供了基础，土地市场的产生为土地的有效流转提供了平台。近年来，我国对土地市场的改革逐渐深入，土地流转制度也在不断地完善，借助土地银行这一平台，有效地推动农村闲置土地的流转，这必将对农业规模化生产产生极大的推力。

四　区域发展理论

区域发展是指在一定的时空范围内以资源开发、产业组织、结构优化为主要中心的一系列经济社会活动。当前，我国区域发展呈现出了极大的不均衡性，城市化发展水平参差不齐。借鉴国内外学者对区域发展的理论成果，指导解决我国区域发展的问题有其必要性、合理性。这里重点介绍佩鲁的增长极理论和缪尔达尔的循环累积因果理论。

1. 增长极理论

增长极理论源于极化思想。极化思想是艾萨德（1958）提出的，他认为一个国家（或地区）经济增长在区域间的不平衡性是不可避免的，区域经济的发展主要依靠条件较好的少数地区和少数产业带动，应把少数区位条件好的地区和产业培育成经济增长的极点。在经济增长极点形成后，通过政府集中投资作用的发挥，加快若干基础条件较好的区域或产业发展，从而带动周边地区或其他产业发展（王仲智、王富喜，2005）。

在艾萨德之后，法国经济学家弗朗索瓦·佩鲁（Francqis Peroux）等对极化思想进行了大量研究，并发展为"增长极理论"，为强调工业化和城市化的观点提供了最主要的论证基础。佩鲁认为，"增长极"不是一种地理空间区位，而是经济空间区位，其是由于主导产业部门和创新能力强的企业在某些地区或大城市聚集发展，而形成的经济活动中心。这个中心使原来分散的资源（如人口、资本、生产、技术、贸易等）高度集聚，形成一个"磁场"，从而在促进自身迅速增长的同时，并通过乘数效应推动其他部门和地区的经济增长。增长极不可能同时出现在所有区域，在某一特定的经济空间内总会存在若干经济中心或增长极，这些快速发展的经济中心或增长极，通过不同的渠道向外扩散，对整个经济产生不同的影响（辛格，1965）。佩鲁的"增长极理论"是对空间经济不平衡发展的概括和总结，但主要强调了产业间的关联效应，忽略了对经济增长的空间演化机制的分析（王新文，2002）。

"增长极理论"是以"城市—工业"的功能为核心，带动经济传递实现区域发展的。佩鲁特别强调推进型创新性产业在经济发展中所起的作用，其缺陷在于推进型产业很难具有地方效用。

2. 循环累积因果理论

非均衡发展的另一重要理论是缪尔达尔的"循环累积因果理论"。1957年，瑞典经济学家缪尔达尔出版了《经济理论和不发达地区》一书，提出了"地理上的二元结构"理论，又称"循环累积论"。

地理上二元经济产生的原因在于区域经济发展的差异性，循环累积因果理论旨在讨论"地理上二元经济"的消除问题。Myrdal（1957）第一次提出了循环累积因果的概念，刻画了黑人遭受的种族歧视、经济贫困、健康恶劣以及教育资源落后形成的恶性循环，种族歧视可能会影响弱势群体的就业机会，从而导致这些人收入水平低下，而低收入水平又会加剧歧视。循环累积因果效应会形成"回波效应"，将导致地区间发展差距的进一步扩大。但回波效应的作用不是无节制的，当发达地区发展到一定程度后，由于人口稠密、环境污染、交通拥挤、资源不足等原因，将会减缓该地区经济增长的势头，再加上落后的外围地区对农业生产技术和工业原材料的需求，资金和技术逐渐改由中心向外围的流动，即"扩散效应"（diffusion effect）。"扩散效应"的发挥为外围落后地区发展提供了物质和技术支撑。同时，缪尔达尔认为，发达地区经济增长的减速会使社会增加对不发达地区产品的需求，从而刺激这些地区经济的发展，使落后地区与发达地区发展差距不断缩小。

循环累积因果理论强调了区域经济的优先发展次序。该理论认为，当某些已起步的地区累积起发展优势时，政府应该通过发展规划和重点投资的方式，优先发展那些有良好底蕴的地区，以期获得更高的投资回报和增长效率。在此基础之上，借助"扩散效应"带动周边地区的发展。

此外，关于区域增长的理论还有赫希曼的"非均衡增长理论"，这种理论遵循区域经济发展的客观规律，认为在不发达地区，由于支持产业和地区经济发展的资本有限，不可能大规模地投向所有部门，经济增长不会同时出现在所有地方。平衡增长只能是理论上的推想，而在现实中却难以实现（梁颖，2011）。

五　生态建设理论

城乡建设的任务之一就是生态宜居。在城乡发展过程中，城市发展经历了一系列"城市病"的侵扰，农村发展也面临着"脏、乱、差"的局面，与城乡发展的目标相违背。早在1820年，空想主义者罗伯特·欧文就提出了花园城市的构想，经过发展形成了霍华德的"田园城市"。

霍华德（2000）在其《明日的田园城市》一书中提出，应该建设一种兼备城市和乡村优点的理想城市，并称为"田园城市"。田园城市指为健康、生活及产业而设计的城市，它的规模能足以提供丰富的社会生活，其实质是城市与乡村的结合体。霍华德认为，城市环境的恶化是由城市膨胀引起的，其原因包括两个方面：一是城市无限制的扩张和土地投机。城市无限制扩张和土地投机行为是城市环境恶化的根源，因此应该限制城市的自发膨胀，使城市土地由城市统一的机构进行管理。二是城市人口过于集中。由于城市具有吸引人口的"磁性"，外来人口不断涌向城市。因此，如果能控制和有意识地移植城市的"磁性"，城市便不会盲目地扩张。为了营造良好的城市生态环境，霍华德提出了"人口输送到城郊""改善交通环境达到资源均匀分布"的主张，这些既有客观发展的必然性，也是城市化进程的变化规律。

站在现代城市发展的角度上，霍华德提出针对城市规模、布局结构、人口密度、绿化带等城市规划问题，旨在解决大城市畸形发展带来的种种问题，阻止大城市无节制地发展，对我国城乡一元化建设有重要的借鉴意义。

此外，我国学者也提出了关于城乡生态环境建设的"山水城市"理论，其主旨在于以民族文化为内涵，以高科技技术为手段，以特定的城市地理环境为条件，创造人与自然、人和人相和谐的，具有地方特色和中国风格的，最佳人居环境的艺术城市空间。

第二节　文献综述

城乡一元化，是对具备实现一元化条件的地区，提出的用于指导城乡经济、社会、文化、空间、生态建设，实现城乡协调发展的新思想。因在梳理相关研究成果时发现，鲜有对城乡一元化的研究，本章则从城乡发展过程中的几个概念的辨析入手，以城乡一体化的研究现状为基础，阐述了城乡一元化建设的重要性、户籍制度和社会保障一元化以及一元化建设中的矛盾。

一 几个相关概念辨析

目前国内学者对城市化、城乡统筹、城乡一体化以及城乡一元化之间界限的区分依然模糊。本书尝试从城市化、城乡统筹、城乡一体化和城乡一元化的内涵出发，主要从其目标及动力机制等方面进行概念辨析。

1. 城市化

城市化是对城市发展态势的一种综合性描述，不同学科、不同学者对城市化的具体理解有所不同，尚未得到普遍认同的定义。经济学家通常从经济与城市的关系出发，强调城市化是从乡村经济向城市经济的转化；地理学家强调城乡经济和人文关系的变化，认为城市是地域上各种活动的中枢，城市化是由于社会生产力的发展而引起的农业人口向城镇人口、农村居民点形式向城镇居民点形式转化的全过程；人口学家研究城市化，主要是观察城市人口数量的增减变化情况，城市人口在总人口中比例的提高，城市人口规模的分布变化及其变动等。我国《城市规划基本术语标准》（1998）中将城市化定义为人类生产和生活方式由乡村型向城市型转化的历史过程，表现为乡村人口向城市人口转化以及城市不断发展和完善的过程，又称城镇化、都市化。上述对城市化的定义仅仅局限于某一学科的视角，不具有综合性。另外，随着城市化的发展，不同发展阶段中城市化会呈现出新的特征。因此，城市化的定义也应该是动态变化的。有学者认为，城市化的定义大致经历了一个"传统型—现代型—后现代型"的嬗变（刘志军，2004）。传统型的城市化概念认为，城市化是指随着产业经济向城镇的集中而发生的农村人口、资本向城镇转移以及城市空间逐步扩大的过程（陈亚军，1996；辜胜阻，1998；沈建国，2000）。现代型的城市化概念在强调人口转移、职业身份转变和产业集中的同时，突出了生活方式和都市文明的扩散过程，代表性地定义为"城市化在本质上是一种经济社会结构变动过程，在这一过程中，除了人口和产业向城市集聚以外，还包括生产方式、交换方式和生活方式向规模化、集约化、市场化和社会化方向的转换"（王一鸣，2000；赵新平，2002）。后现代型的城市化定义特别强调和突出了生活方式的转变和都市文明的渗透，甚至对传统的各要素集中等问题提出了质疑，认为随着通信和传媒的高度发达，城乡文明和生活方式日趋融合，住地不应再成为城市化的衡量指标，而应更多地从生活方式、价值观念、社会结构等方面的变化来定义城市化（王春光、孙晖，1997）。

综上所述，本书认为城市化建设，是人类社会经济历史发展的一种必然趋势，是对城市发展的高度概括性描述，其内容涵盖了城乡经济、社会、人口、空间、生态等方面的发展。

2. 城乡统筹

城乡统筹，是针对我国城乡分割的局面，提出的实现城市和乡村均衡发展的思想（或者方法）。对城乡统筹的研究，目前学者们主要以城乡统筹的实质内容为出发点。袁政（2003）认为，城乡统筹是针对我国城乡之间的户籍、劳动用工、社会福利、住房政策、教育政策以及土地使用制度等不同政策形成的城乡二元经济社会分割格局而提出的，旨在打破城乡二元结构，改革城乡之间政治、经济、社会发展的制度隔离，创建城乡之间政治、经济、社会运行的融合机制。胡进祥（2004）基于二元结构视角，认为城乡统筹是指坚持城乡一元化发展观，消除城乡二元结构及其赖以存在的政策和制度，构建城市和乡村相互兼顾、协调发展的平台，全面建设包括广大农村在内的小康社会，并强调"政府是统筹城乡发展的主体"，统筹城乡发展是"非城市、非农村的政府统筹"，统筹城乡社会进步是城乡关系的核心。陈希玉（2003）、周琳琅（2005）把城乡作为一个整体，统一筹划，综合考虑城乡问题和关系，通过体制改革和政策调整，破除城乡"二元结构"，实现城乡协调发展。刘荣增（2008）以城乡关系理论为立足点，认为城乡统筹的实质是城乡统筹规划，协调发展，其内容应包括城乡基础设施的统筹、城乡产业的统筹、城乡就业和社会保障的统筹等。

综合上述学者的观点，本书认为城乡统筹的本质是实现城乡协调发展的一种方式或者路径。

3. 城乡一体化

城乡一体化是对城乡关系发展新阶段的准确判断，是针对破除城乡二元结构提出的指导思想。由于学科之间的差异，对城乡一体化的定义呈现多元化。社会学和人类学的学者从城乡关系的角度出发，认为城乡一体化是指相对发达的城市和相对落后的农村，按照相对公平、统一的标准提供城市与农村的基础教育、医疗卫生、社会保障等基本保障和服务，最终打破城乡分割的二元社会结构，形成城市和农村的保障制度与公共服务互动统筹发展的局面，使城乡居民均等享有我国经济社会发展的成果，逐步缩小直至消灭城乡之间的基本差别，从而使城市和乡村融为一体。经济学界则从经济发展规律和生产力合理布局角度出发，认为城乡一体化是现代经济中农业和工业联系日益增强的客观要求，指统一布局城乡经济，加强城乡之间的经济交流与协作，优化城乡生产力分工，合理布局、协调发展，以取得最佳的经济效益。规划学则是从空间角度对城乡接合部做出统一规划，即对具有一定内在关联的城乡交融地域上物质与精神要素进行系统安排。生态、环境学者是从生态环境的角度，认为城乡一体化是对城乡生态环境的有机结合，保证自然生态过程畅通有序，促进城乡健康、协调发展。

各学科对城乡一体化的理解局限于城乡一体化的局部特征，缺少对城乡一体化的综合理解，鉴于此部分学者对城乡一体化做出了全面的定义。从城乡关系的发展阶段来讲，周加来（2001）认为，城乡发展的历史大致沿着"乡育城市—城乡分离—城乡对立—城乡融合—城乡一体"这样一条道路演变，指出城乡一体化是人类社会发展的目标，是城市化的高级阶段。赵惠娟（2000）认为，城乡一体化是指城市和乡村以一个整体出现，其间人流、物流、信息流自由合理地流动，城乡经济、社会、文化相互渗透、相互融合、高度依赖，城乡差别很小，各种时空资源得到高效利用。与赵惠娟等的观点一致，洪银星（2003）认为，城乡一体化是指城市与乡村这两个不同特质的经济社会单元和人类聚落空间，在一个相互依存的区域范围内谋求融合发展、协调共生的过程。薛晴、霍有光（2010）则从城乡一体化理论的发展历史和内涵层面对城乡一体化进行了解读，认为就历史演变而言，城乡一体化是社会经济发展和科技进步的必然结果；就内涵而言，城乡一体化是目标与过程的有机统一；就模式而言，城乡一体化不是纯粹的、单一的低水平均衡或平均主义，而是随着社会生产力的发展，城乡两大社会经济系统不断朝着生产要素优化组合、城乡差别日渐缩小的方向发展，是一个复杂、高级的再设计、再创造的社会系统工程。

综上所述，城乡一体化建设涵盖了社会学、经济学、人口学、空间地理学等多门学科，是未来城市发展达到的一种高级状态。

4. 城乡一元化

一元化思想的提出是基于二元、三元、四元经济社会结构，甚至多元的经济社会结构。20世纪50年代，刘易斯提出了二元经济结构，指出发展中国家现代化的工业和技术落后的传统农业同时并存的经济结构（传统经济与现代经济并存）。即在农业发展还比较落后的情况下，超前进行了工业化，优先建立了现代工业部门。随着城乡关系的发展，自80年代以来，在城乡经济社会体制依然分割的情况下，中国农村工业兴起，就地实现剩余劳动力的转移，使中国农民直接进入工业化流程，逐渐生成农村工业部门，成为促使二元经济结构发生历史性变革的新选择。以乡镇企业为代表的中国农村工业部门，既不同于现代工业部门，又有别于传统农业部门，成为介于两者之间的新兴部门，从而打破了中国二元经济结构的原有平衡，使国民经济呈现出了传统农业、乡村工业和现代工业三大系统并存的三元结构的新局面。与此同时，三元社会结构也诞生了，即传统农民、农民工、城市居民。三元结构的产生，并不意味着距离国民经济一元结构的道路更漫长，反而乡村工业的发展，不仅极大地改变了农村产业结构，使非农业产值超过了农业，而且使劳动力就业结构产生了重大变化，打通了农村剩余劳动力向工业转移的通道（赵勇，1996）。

发展经济学认为，二元结构甚至三元结构是发展中国家在实现工业化过程中的必然现象，随着经济的不断发展，工业化和城市化深入推进，农业部门与现代工业部门之间的差距将会呈现先上升后下降的变动趋势，二元结构将逐渐向一元化的结构转变（徐明华、盛世豪、白小虎，2003）。城乡一元化是对区域城乡关系发展提出的新要求，是城市化发展的高级形态，也是城乡发展的最终状态。这一阶段，政府调控与市场机制共同发挥作用，城乡分割的壁垒逐渐被破除，制约城乡关系协调发展的因素被克服，"城""乡"这两个部门的界限消失，再无明显的城乡区分，居民在社会地位、公民权利、公共服务等方面处于同等标准。基于此，本书认为城乡一元化是对具备完全城市化条件的地区，按照城市建设标准完善对农村地区的规划发展，消除城乡差别。与城乡一体化的目标一致，城乡一元化也是立足于打破城乡二元经济社会结构，在政府与市场机制的共同作用下，改变城市偏向政策制度和完善农村市场，消除城乡两个部门之间的界限，达到资源互惠共享，经济社会发展协调，居民公民权利、公共服务均等化及生态环境宜居的一项系统工程。

5. 概念辨析

城市化、城乡统筹、城乡一体化、城乡一元化等概念的提出，作为指导城市规划建设的思想，在一定程度上体现了城市发展不同阶段的要求。这些概念之间既有本质的区别，也有内在的联系，但其核心思想是把城市和乡村纳入统一的社会经济发展大系统中，改变城乡分割局面，建立新型城乡关系，改善城乡功能和结构，实现城乡生产要素合理配置，逐步消除城乡二元结构。

就城乡一体化与城市化而言，一方面，城市化不仅仅是解决劳动力向城市转移问题，还要致力于城乡二元结构问题，而城乡二元结构向城乡一体的转变过程就是城乡一体化；另一方面，城乡一体化就是在生产力高度发达的条件之下城市发展到高级阶段的区域组织形式。二者的区别在于，城市化被多数人认为是一个过程，而城乡一体化则往往被认为是一种状态，一种城乡融合的状态。因此，城乡一体化是现阶段城市化建设的重要内容。

就城乡一体化与城乡统筹两者之间的关系来讲，首先，如果将城乡一体化作为城乡关系的高级状态与最终目标，城乡统筹则是走向这一目标的路径，通过积极促进城乡产业结构调整、人力资源配置和金融资源配置的优化、经济社会协调发展等，既充分发挥城市对农村的带动作用，又充分发挥农村对城市的促进作用，逐步形成以市场机制为基础、城乡之间全方位自主自由交流与平等互利合作，并成为贯穿城乡一体化建设的主线；其次，城乡一体化与城乡统筹两者都是将城市和乡村纳入统一社会经济发展大系统，通过逐步消除城乡二元结构，旨在缩小城乡差距。

而对于城乡一体化与城乡一元化两者的联系与区别，城乡一体化与城乡一元化是在长期以来城乡分割的二元经济社会结构、城乡发展不均衡的背景下提出来的，内容主要包括产业发展、人口迁移、土地流转、社区建设、公共服务等方面均等化，其目标也都是为了消除城乡二元结构，实现城乡之间的人口、土地等要素自由流动，使城乡居民能同等享受到经济发展、社会进步带来的成果，最终达到经济社会协调发展的状态。但两者之间也存在明显差异。首先，城乡一体化与城乡一元化的实现条件不同。当某一地区城市和农村两部门的经济社会发展基础接近，或者城市与农村之间的空间距离很小（如城中村），可以选择进行城乡一元化建设。而当某一地区城市和乡村两部门的经济社会发展水平差异较大，且农村地区距离中心城市的空间距离较大时，则可以考虑选择城乡一体化建设。其次，城乡一体化与城乡一元化的最终表现形式不同。城乡一体化建设过程中，城市和乡村两部门的界限依然存在，城乡之间的差异是存在的。而城乡一元化，则更加强调"同质"，即城乡之间的界限和城乡差异被消除，城乡在政策制度、社会保障、公共服务等方面实现一元化。

城乡统筹、城乡一体化以及城乡一元化的提出都是工业化、城市化发展的必然要求，是不同阶段城市建设发展的目标。表2-2从定义、内容、目标以及动力机制等方面，对城市化、城乡统筹、城乡一体化、城乡一元化这几个概念进行了比较分析。

表2-2　　　　　城市化、城乡统筹、城乡一体化、
城乡一元化概念的比较

项目	城乡统筹	城市化	城乡一体化	城乡一元化
定义	指坚持城乡一元化发展观，消除城乡二元结构及其赖以存在的政策和制度，构建城市和乡村相互兼顾、协调发展的平台，全面建设包括广大农村在内的小康社会，并强调"政府是统筹城乡发展的主体"，统筹城乡发展是"非城市、非农村的政府统筹"，统筹城乡社会进步是城乡关系的核心（胡进祥，2004）	随着社会经济科技的发展，农村从事第一产业的人口向城市第二、第三产业聚集和转移，从而使城市人口比重加大、城市数量增加、规模扩大、质量提高并最终达到城乡协调发展目标的城市文明不断向农村扩散的社会发展过程（张文和，2000）	生产力发展到一定水平时，城乡之间通过资源和生产要素的自由流动，形成"相互依托、优势互补、以城带乡、以乡促城、共同发展"的城乡关系（石忆邵，1997）	对具备完全城市化条件的地区，按照城市建设标准完善对农村地区的规划发展，在政府与市场机制的共同作用下，改变城市偏向政策制度和完善农村市场，消除城乡两个部门之间差别

续表

项目	城乡统筹	城市化	城乡一体化	城乡一元化
内容	城乡政治（制度）、经济产业、社会服务、生态环境、特色资源以及空间布局统筹（吴丽娟，2012）	人口城市化、土地城市化、生活方式的城市化等（王桂新，2013）	城乡经济一体化、城乡社会一体化、城乡政治一体化、城乡文化一体化、城乡生态一体化（吴丰华，2013）	城乡生活一元化、城乡经济一元化、城乡人口一元化、城乡公共服务一元化、城乡政策一元化
目标	促使资源、资金、技术在城乡之间、在不同产业之间有序流动和优化组合，实现城乡互动和融合（姜作培，2004）	通过城乡协调发展，实现城乡平等和城乡居民共同富裕	城市和乡村的对立消失，城乡关系协调，实现城乡共同发展、共同繁荣（景普秋，2003）	"城""乡"两部门间的界限消失，城乡融合发展
动力机制	自上而下型：以"城"为主体推动城乡统筹发展，发挥政府主导的强制制度创新及中心城市辐射作用（段进军，2009）；自下而上型：小城镇的规划和建设（刘志伟，1997）	宏观动力：经济增长 中观动力：产业转换和发展 微观动力：要素流动 内生动力：城市聚集经济 主导动力机制：市场机制	内部动力因素：乡村城市化的发展愿景和政府组织决策者的责任意识、农村工业化、乡镇企业发展以及市场经济体制（胡金林，2009；郑芸，2007） 外部动力因素：农村城镇化与城市现代化、产业发展、交通通信基础设施建设	

二　城乡一体化研究

现有研究中对城乡一元化的研究较少，而鉴于城乡一体化与城乡一元化的内在联系，本书主要以城乡一体化的研究现状为"抓手"，在此基础之上就城乡一元化的提出和该领域已有的研究加以论述。

1. 城乡一体化要素配置

城乡一体化协调发展是以城乡之间的要素交换、合理流动和优化配置为前提条件的。在城乡二元结构条件下，城乡之间的要素流动受到严重制约。目前，国内学者对城乡一体化要素配置的研究主要集中在要素配置效应和影响要素流动的因素上。

劳动力、资本、技术等要素在城乡间、产业间的流动，带来了产业结构的优化，城乡居民收入的提升，城乡经济的发展。产业发展是城乡一体化的主要内容之一，主要体现在产业结构的优化，资本、劳动力要素在产业部门间的再配置，促进了主导产业的发展。林毅夫、蔡昉（1999）基于比较优势理论，认为随着经济发展，自然资源、资本和劳动力的结构效应将会得以提升，逐渐推动主导产业实现优化升级。余子鹏、刘勇（2011）基于要素产出效率的视角，研究了劳动力流动对产业结构优化的作用，发现随着第一产业部门劳动力向外转移，各部门的劳动力产出效率逐渐提高，带来了产业结构的优化升级。同样，韩江波（2013）研究了初级要素（劳动力、土地、物质资本、自然资源）和高级要素（技术、知识、信息、关系）配置结构与主导产业经济形态之间的关系，认为在产业经济形态的演变过程中，主导产业的经济形态总是与生产要素的配置结构呈正相关。除了劳动力、资本要素之外，还有学者研究了金融资源配置对农村经济的影响。陈锡文（2004）、黎翠梅（2009）研究了城乡间金融资本的配置问题，指出农村金融体系的不健全，造成农村经济发展动力不足，阻碍了城乡一体化发展。此外，张传勇（2011）采用动态面板数据回归模型，研究了劳动力和资本要素投入对城乡一体化发展的影响，结果表明提高劳动力生产率和对农村的投资力度，有利于促进城乡关系发展。

长期以来具有明显城市倾向的政策制度，限制了农村资源向城市的流入，制约了城市资源向农村地区的转移。辜胜阻、成德宁（1998）和周小刚、陈东有（2010）研究了二元户籍制度对劳动力流动的影响，认为二元户籍制度割裂了城乡之间的联系，阻碍了劳动力的自由流动，使大量劳动力被束缚于土地上形成农村剩余劳动力，使城市转化剩余劳动力的功能不能完全发挥，制约了农村社会经济的发展。在土地资源配置方面，夏南凯、王岱霞（2009）研究了土地产权制度对土地自由流动的限制，认为由于农民不具有土地自由处置权，导致土地不能进行自由买卖和转让，造成了土地资源的浪费。城乡教育制度（焦建国，2005；褚宏启，2009）、社会保障制度（袁文全、邵海，2009）的差异也制约着城乡间的要素配置，阻碍了城乡一体化进程。除了政策制度之外，市场机制对城乡生产要素配置的基础作用逐渐凸显，李功越

（2014）分析了信息通信技术（ICT）在城乡一体化发展中的作用，认为依靠 ICT 实现要素互动是实现市场对城乡要素配置的主要手段之一。

2. 城乡一体化社区建设

社区建设是城乡一体化建设的重要内容之一，其目的在于促进居民生活方式的转变，让农民和"半市民"能够享受到现代经济社会带来的物质文明成果。我国在推进城乡一体化社区建设过程中，主要的实现方式有两种：一是距离城市核心较近的城中村改造；二是相对偏远的农村进行的新型社区建设。

国内学者从城中村改造的内容和目标所涉及的土地产权转变、农民市民化、政府角色重新定位等问题出发，对城中村改造进行了探索。李志刚（2007）等在快速城市化背景下，提出城中村改造的目标在于实现"社区转型"，即社区应同时具备城市社区和农村社区特征。廖海燕（2010）等认为，"城中村"是保留了农村管理体制的社区，"城中村"改造的目标在于：①"城中村"土地产权实现国有化改造；②消除户籍制度的制约，实现农村土地的自由流转，为农民市民化提供基础；③实行城市社区化管理，为农村向城市的转变提供政策性支持。此外，赵恒伯（2009）基于新公共管理理论研究了"城中村"改造问题，认为"城中村"改造的核心问题在于树立全新的城市社区公共管理思维，并提出新公共管理理论下"城中村"改造的目标包括：①政府职能的重新定位，政府应该承担城市建设的协调者和质量控制者的职能；②建立起以政府为主导，由公共事业组织、第三部门组织、营利性企业、社会公众等多元主体参加的城市管理主体模式；③政府工作实现企业化管理。

新型农村社区建设的目标在于让农村居民享受到现代社会物质和精神文明成果，实现生活方式的转变，学者们当前对新型农村社区建设的研究主要集中在目标、建设模式等方面。陈建胜（2011）认为，在城乡一体化背景下，进行新农村社区建设的目标就是通过体制创新和实践，消除城乡二元结构制约，实现城乡社会资源共享，最终达到城乡共同发展、协调发展。倪楠、白永秀（2013）在后改革时代的背景下，提出新型农村社区建设是城乡一体化的载体，新型农村社区建设的目标在于将散落在农村地理空间上的自然村庄集中规划到一起，从而形成拥有完善配套设施和现代社区管理的组织区域。滕玉成、牟维伟（2010）

认为不同地区在社区建设模式的选择上要遵循充分尊重农民的意愿、把社区规划与社区管理相结合、与区域经济发展相结合、与当地城市一体发展相结合、与当地的文化资源相结合、立足于完善有关的制度和机制等原则。在农村社区建设原则的指导下，杜漪（2009）认为，要根据我国农村地区居民点分布的形式和特点确定农村社区发展模式，因此依据与城镇的距离远近，将我国新农村社区建设可选模式分为：城郊型新农村社区建设模式（适用于大中城市郊区的农村地区）、集镇型新农村社区建设模式（成为我国新农村社区建设的主要模式）、村落型新农村社区建设模式（以行政村或自然村为基本单元进行）。

3. 城乡一体化水平评价

城乡一体化水平评价指标体系的构建是为了选取合适的指标，通过采集、整理、分析数据，从多方面对城乡一体化水平进行综合考量。国内最早构建城乡一体化评价体系的是杨荣南，他在《城乡一体化及其评价指标体系初探》中，运用系统论从理论上明确了测度城乡一体化的思路（杨荣南，1997）。

在构建城乡一体化评价指标体系过程中，学者们主要考虑了制度、经济、社会、生态、空间五个方面。朱颖（2008）围绕城乡一体化进程中各个要素的融合程度进行测评，包括城乡社会发展融合程度、城乡经济发展融合程度、城乡生态环境融合程度等方面，构建了城乡一体化评价指标体系，采用专家咨询法和排序定分法对指标进行主观赋权。完世伟（2008）认为，城乡一体化是由城乡之间发生的社会经济联系而形成的一种地域关系，涉及社会、经济、生态环境等多个方面，在构建城乡一体化指标体系时选择了空间一体化指数、人口一体化指数、经济一体化指数、社会一体化指数、生态环境一体化指数，反映城乡一体化发展状况。苏春江（2009）在研究河南省城乡一体化发展水平时，构建的城乡一体化指标体系包括了两个二级指标，即城乡经济社会发展程度和城乡一体化差异程度。李明秋和郎学彬（2010）在研究城市化质量的评价指标体系时，认为城市化质量应该包括城市自身的发展质量、城市化推进的效率和实现城乡一体化的程度，其中城乡一体化实现程度的衡量指标包括经济和社会两个层面。颜芳芳（2011）在充分考虑城乡之间差异的基础上，确定了以城乡基础设施、城乡公共服务、城乡产业、城乡居民生活水平为主要内容的城乡一体化评价指标体系，并利用层次分析法对指标进行了赋权，测度了城乡一体化的发展水平。此外，还有学者在构建城乡一体化评价指标体系时，除了考虑经济、社会、生态、空间等因素之外，还考虑了生活和民主法治（李秉文，2012）。对城乡一体化评价指标体系的代表性研究如表2-3所示。

表2-3　　　　　　　　国内城乡一体化评价研究综述

文献	评价体系内容	方法	述评
杨荣南（1997）	提出城乡一体化的评价体系应当包含城乡政治融合、城乡经济融合、城乡人口融合、城乡生态环境融合、城乡空间融合、城乡文化融合	系统论	国内最早的城乡一体化评价体系，仅从理论上明确了测度城乡一体化思路，没有进行实证分析
完世伟（2008）	该指标体系由五个部分构成，具体为空间一体化指数、人口一体化指数、经济一体化指数、社会一体化指数、生态环境一体化指数，还设立了20个次级指标	频度统计法、理论分析法和因子分析法	该指标体系脱胎于杨荣南所提出的指标体系，在此基础上确立了指标体系对河南省城乡一体化评价进行了实证分析
朱颖（2008）	围绕城乡一体化进程中各个要素的融合程度共设置了一级指标3个（城乡社会发展融合、城乡经济发展融合、城乡生态环境融合）、二级指标16个	德尔菲打分法	可以有效地测算地区城乡一体化的动态发展
常春芝（2009）	构建了5个子系统（空间子系统、人口子系统、社会子系统、经济子系统和生态子系统），在此基础上确定20个评价指标	采用线性加权和法	评价指标体系与杨荣南的指标体系有较大的相关性
曹志刚（2009）	构建了8个指标层（经济发展一体化、社会发展一体化、产业结构一体化、城市空间发展一体化、政策制度发展一体化、城乡发展一体化、生态发展一体化、文化发展一体化），20个指标	因子分析法	城市空间发展一体化和城乡发展一体化评价过程中，指标选择存在一定的不合理性

续表

文献	评价体系内容	方法	述评
黄坤明 （2009）	设计了一套包含更加富裕的生活水平、逐步对接的基础设施、彼此共享的基本服务、密切关联的产业结构、功能鲜明的空间布局、开放互通的要素市场、协调有序的生态环境7个一级指标和35个二级指标	德尔菲打分法	根据城乡一体化指数的分布范围，将城乡一体化的过程分为对立、起步、发展、基本融合、完全融合共5个阶段
刘伟 （2009）	该体系包含5个一级指标（城乡功能一体化、基础设施一体化、政府服务一体化、城乡产业一体化、城乡居民一体化）、15个二级指标和22个三级指标	模糊综合评价	综合考虑到影响城乡经济社会一体化建设的各种影响因素，将评价因素的各项指标进行主观与客观量化处理

4. 城乡一体化建设影响因素

城乡一体化建设影响因素指的是在城乡建设进程中，在历史或当前政治、社会、经济条件下，形成的制约城乡协调发展的原因。对城乡一体化建设过程中的影响因素进行分析，有助于提高城乡一体化建设效率和质量，目前国内学者认为影响城乡一体化建设的因素主要包括制度因素和经济因素。

限制城乡人口流动的户籍制度、带有城市倾向的城乡居民收入分配制度以及公共服务投入体制等二元体制，构成了影响城乡一体化建设的制度因素。罗雅丽（2005）等认为，二元体制是城乡隔离的根源，一系列的政策制度安排，使城乡劳动力流动隔断、技术交流断绝、物资交流间接被动，城乡处于隔离状态，造成城乡发展不均衡，制约了城乡一体化发展。王树新（2013）从公共服务城乡发展一体化的视角，以户籍制度为例研究了城乡二元结构对城乡一体化的影响，指出城乡户籍制度在很大程度上导致了城乡在基础设施建设、义务教育和基本医疗卫生服务上的差距。朱金鹤（2012）在研究新疆城乡一体化的影响因素时发现，城乡二元分割的户籍壁垒、公共服务供给的城乡不均衡性构成了城乡一体化的阻力因素，制约了城乡一体化的发展。

城乡经济规模、政府财政支出、农民收入水平等构成了影响城乡一体化建设的经济因素。刘红梅等（2012）通过引入引力模型，将城乡一体化建设的影响因素分为引力因素和阻力因素，其中引力因素包括城乡经济规模、农业人均贷款等，阻力因素有城市偏向的城乡居民收入分配制度和固定资产投资体制以及城乡之间的距离，进一步选取1997—2010年中国31个省（区、市）的面板数据实证检验了各个因素对城乡一体化产生的正向影响或负向影响，研究表明：中国正处于城镇化、非农化快速发展时期，导致城市经济规模、农村经济规模对城乡一体化影响不显著。白永秀（2014）研究福建省城乡发展一体化水平变化趋势及影响因素时发现，城乡居民人均收入比、城乡居民人均消费比、城乡产业技术人员数比的影响为负，对福建城乡经济一体化的发展产生了阻碍作用，农村综合投资环境的欠缺、高水平技术人员的缺失，影响城乡协调发展。此外，当地方财政用于农业科技、农村生产以及农业基本建设等方面的支出加大时，可以促进农村经济结构得以调整，缩小城乡之间的差距。

除了上述影响因素之外，伴随着城乡建设进程的持续推进，新的引力要素和阻力要素产生。例如，许大明（2004）探讨了信息化对城乡一体化的作用，结果表明信息化可以通过作用于城乡地域社会经济、人口流动和居住空间的变化、城乡文化和思想意识的交流以及城乡地域生态系统的可持续发展，对城乡一体化建设产生影响。薛伟贤（2014）认为，信息化可以通过与技术、产业和制度相结合，促进技术进步释放农村剩余劳动力，产业结构演进吸纳农村剩余劳动力，推动城市化发展。

5. 城乡一体化的关键问题

城乡一体化的关键问题，即在未来的城乡一体化建设过程当中，主要解决哪些问题，进而促进城乡一体化建设。目前，学者们从产业一体化、农民市民化、土地流转、公共服务均等化等方面进行了研究。

学者从产业一体化、农业现代化与城乡一体化三者之间的关系入手，阐述了农业产业发展对实现城乡一体化的重要性。冯雷（2000）认为，产业一体化在一定程度上促进了信息、技术、资金、设备、管理、科技等生产要素流入农村，优化了农村产业结构，为农村剩余劳动力转移提供了平台，提高了农民的综合收益。刘远（2011）探讨了现代农业促进城乡一体化的内在机理，认为发展农业现代化是提高农业综合生产能力、增加农民收入、建设社会主义新农村的基础和关键，更是真正调整经济结构，转变经济发展方式，实现城乡一体化的核心。

人作为城乡一体化建设过程当中最主要的能动要素，农民市民化是实现城乡经济社会一体化的关键。孙波、白永秀、马晓强（2011）以农民市民化的功能为研究视角，认为人是生产力中最根本、最活跃的要素，作为主体的人在经济社会发展中具有最根本的决定作用，农民城市化有助于开拓农村市场，实现农村市场化、现代化，促进土地要素的流转，改善生态环境质量。林芳（2005）认为，城市提供的有限就业机会限制了农村人口在地域之间的转移，而农村人口的自身素质决定了农民市民化的成功率。与此同时，户籍制度、社会保障制度以及土地制度从根本上成为农民市民化的约束。半市民化的出现，严重影响了城乡一体化水平的提升，安虎森（2014）聚焦于以人为核心的城乡一体化建设，认为当城乡一体化面临如何推进农民工市民化、促使农民工在城市扎根的问题，地方政府应该以户籍制度、社会福利制度等协调推进为切入点，解决农民工的"半市民化"状态，推进城乡一体化建设。

土地流转工作的顺利实施，有助于实现农业现代化，发展农村经济，缩小城乡差距。吴玲（2011）研究了中部地区土地流转对城乡一体化的影响，认为土地流转实现了对土地资源的科学化配置，是农业现代化、农村城市化和农民市民化的基础，促进城镇化发展的动力。刘永强（2013）基于当前农村土地管理制度中存在的缺陷，分析了土地管理制度对城乡一体化发展的影响，认为农地产权主体的明确、土地的科学规划、土地流转的有序开展，有助于促进城乡一体化发展。

城乡一体化是文明的提升，以公共服务体系为保障，意味着人们对教育、社会保障、住房等公共需求的增加。李继志（2012）强调了公共服务在城乡一体化中的重要地位，认为基本公共服务均等化问题是当前我国推进城乡一体化发展所面临的重要实践问题，政府需要发挥在基本公共品提供中的主导作用，发展符合农村需求的基本公共服务。在教育层面，褚宏启（2007）、韩清林（2012）等认为，二元教育制度造成了教育资源配置的不均衡，影响了公共教育服务效能，提出城乡教育一体化的实施，有助于实现城乡教育资源优势互补，缩小城乡教育差距，推动城乡关系的协调发展。在社会保障层面，田波（2011）探讨了统筹城乡社会保障的意义，认为统筹城乡社会保障体系是调整收入分配格局，改善民生的有效途径，有助于缓和社会不同阶层对抗，加强情感的沟通，营造良好的城乡社会发展环境。

三　城乡一元化研究

城乡二元结构的存在是计划经济的延续和支撑，长期以来形成的二元经济社会结构限制了城乡生产要素的自由流动，如城乡二元结构的存在把农村剩余劳动力束缚在农村，造成了资源的闲置。因此，打破城乡二元经济社会结构，进行城乡二元体制改革，是贯彻科学发展观、完善社会主义市场经济体制、协调社会发展、促进社会进步、让广大农民共享发展与改革成果，推进城乡协调发展的重要举措。

目前，我国的城乡二元结构具体表现在：第一，城乡的生产方式是二元的。在城市，已初步建立起了现代化的大工业生产方式，并在此基础上开始发展知识经济或技术经济的生产方式，但在农村仍然广泛存在依靠传统落后的农业生产方式进行经济生产，农业生产效率极低。第二，城乡的生活方式是二元的。在城市，随着工业经济、技术和知识经济的发展，城市居民已开始进入现代城市文明，生活方式发生了翻天覆地的变化，生活水平显著提升。但在广大的农村，农民还处在农耕文明阶段，远离城市文明，享受不到现代经济社会发展过程中的物质精神文明成果。第三，城乡收入水平是二元的。由于经济建设初期优先发展城市政策的倾斜，造成了城乡居民之间巨大的收入差距、生活差距和财产差距。2016年，我国农村居民人均可支配收入为12363元，而城镇居民人均可支配收入为33616元，相当于农村居民人均收入的2.71倍，而造成城乡收入水平差异的原因就在于城乡收入分配制度的"倾斜"。第四，城乡市场是二元的。城乡居民消费的产品及其档次都存在较大的差别，近几年农村消费所占比重处于不断萎缩状态，据2016年国民经济和社会发展统计公报显示，在社会消费品零售总额构成中，城市消费品零售额占86%，而农村仅占14%。第五，城乡的宏观政策是二元的。农村长期以来未享受到国家政策倾斜，基础设施建设落后；在社会保障制度方面，社会保障的模式、管理体制、覆盖面和水平等远不及城市，如2009年我国农村社会养老保险制度才正式建立；在义务教育方面，虽然2006年我国义务教育已全面开展，但城乡义务教育学校在办学经费、教学设施、师资力量、教学质量等方面严重失衡。这种对农村的政策性差别待遇，加大了城乡之间的差距。第六，城乡就业是二元的。城市就业主要是对城市居民的，城市居民的就业机会和就业环境明显优于进城就业的农村剩余劳动力，并且农民进城就业甚至务工都要受到教育水平、户籍等种种的限制。

从城乡二元结构的表现来看，我国城乡关系依然处于严重的失衡状态。鉴于城乡二元结构的消极影响，党的十六届三中全会通过的《中共中央关于完善社会主义市场经济体制若干问题的决定》提出，建立有利于逐步改变城乡二元经济结构的体制，完善社会主义市场经济体制，由此城乡一元化建设逐渐成为学者们研究的焦点。

当前关于城乡一元化研究处于萌芽阶段，主要集中在一元化建设的必要性、户籍一元化建设、社会保障一元化、一元化过程中的矛盾与解决对策。

1. 城乡一元化建设的重要性

当前城乡社会保障、基础设施投入等方面的不均等，导致城乡关系发展失衡，这种二元经济社会结构限制了城乡资源的合理流动，又进一步固化了城乡二元结构。因此，实现城乡在制度、产业、社会保障、公共服务等方面的一元化，将成为破解城乡二元结构，实现城乡关系协调发展的重要方式。

提倡一元化体制改革，才能为打破城乡二元经济社会结构扫清制度障碍。一元化体制改革，扮演了破解城乡二元"排头兵"的角色，为后续的产业、户籍、社会保障、土地流转等方面的改革提供了基础。董辅礽（1994）认为，把市场体制作为改革的目标，就是一元化的经济体制，而一元化的经济体制要求运用市场机制，依靠竞争机制进行资源配置。在社会保障制度方面，刘紫云（2002）提出伴随着我国综合国民经济实力的不断增强，我国应该实行城乡一元化的社会保障制度，这样有利于降低社会管理成本，缓解当前的财政压力。

2. 户籍一元化改革

当前的户籍制度将人口划分为农业人口和非农人口两部分，由此造成户籍上黏附了过多的其他属性，如收入分配、兵役、计划生育、教育、社会福利保障等。因此，如何实现户籍制度的一元化，还原户籍人口登记、统计的"本职"，对打破城乡二元结构有着重大意义。对户籍一元化的探讨，学者主要集中在户籍一元化过程中存在的问题以及产生的影响等方面。

　　户籍一元化改革是破除城乡二元樊篱的举措之一，然而一元化户籍改革试点工作开始以来，问题重重。陆益龙（2009）以河北、四川、陕西和北京四省市的户籍一元化改革为例，认为当前户籍改革中存在的主要问题有：首先，法律修订工作的滞后使户籍改革的任何一项措施与法律规范相违背，得不到法律的支持；其次，虽然改变了以往二元化的户口登记制度，但同时又产生了新的区隔边界；最后，改革的非规范化和不统一，使户口登记管理出现较多的混乱和错误，纠错任务繁多。此外，周小刚（2010）等指出，一元化户籍制度改革需要与相关部门协同联动，跟进相关配套政策措施，涉及公安部、民政部、人力资源和社会保障部、财政部、教育部和卫生部等部门。

　　户籍一元化改革带来的积极影响是显而易见的，但也存在诸多问题。户籍一元化改革解除了农业人口向城市转移的束缚，促进了人力资源在城乡间的自由流动。宋锦（2013）通过对第五次人口普查和2005年人口抽样调查数据进行分析，指出户籍一元化改革改善了改革区农村劳动力的职业分布，减轻了在职业机会上面临的户籍歧视，使本地区的就业资源向本地的城市地区集中，就业壁垒减弱。但值得注意的是，户籍改革虽然削弱了本地区劳动力向城市转移的壁垒，但却增强了外地（非改革区）劳动资源向改革区的就业壁垒，影响了未来劳动力供给的来源和规模。周小刚（2010）等认为，户籍一元化也会导致短时间城市人口激增，造成巨大的城市压力，并且使原有兵役安置和优抚标准等失去了政策依据。

　　3. 社会保障一元化问题

　　社会保障作为保证社会经济安全运行的公共措施，具有纯公共物品性质，全体社会成员都有权平等享受，然而当前的二元保障体系却与社会保障的本质相违背。学者就社会保障的根源以及如何打破城乡二元社会保障实现一元化做出了深入研究。

　　二元社会保障结构的产生是经济、制度和财政等综合作用的结果。李郁芬（1996）认为，现代化工业生产和传统农业的不同性质是其产生的经济根源，传统工业模式和计划经济体制是其产生的制度根源，而农村人口众多、国家财力匮乏是其产生的财政原因。与李郁芬的观点一致，张奇林（2001）指出"以农补工"的工业化道路和计划经济体制只是二元社会保障产生和维系的直接原因，二元经济结构是二元社会保障产生和维系的最深层原因。

二元社会保障的存在，影响了社会公平，阻碍了二元经济结构的改造，因此实现社会保障一元化势在必行。石宏伟（2006）在讨论城乡二元社会保障制度的改革时，肯定了二元社会保障制度在特定历史条件下对工业发展的作用，但也指出这种二元结构不符合《宪法》的规定，扩大了城乡差距，认为需要从完善相应的农村社会保障体系，缩小城乡社会保障的差距等方面对当前的二元社会保障制度进行改革。陈喜梅（2010）采取社会保障学、社会学和政治学等多学科交叉的研究方法，分析了我国计划经济时代二元社会保障制度所带来的消极影响，认为二元社会保障制度拉大了城乡差距，不利于发展农村经济，拉动国内消费需求，难以体现政治民主性。除此之外，二元社会保障是黏附在户籍制度基础上的"属性"。

4. 一元化过程中的矛盾与解决对策

一元化建设过程中存在的矛盾阻碍了城乡关系的协调发展。茜祖平（2010）认为，我国二元经济结构一元化过程中的矛盾主要表现在资源配置过度倾斜和农业剩余人口转移受阻两个方面，并提出可以通过发展民营中小企业、建立和完善一元化经济建设相关的配套制度和促进农村市场经济发展三个方面消除城乡二元结构，实现一元化建设。韦燕（2010）认为，二元经济一元化过程中的主要矛盾表现在土地自由流转的需求与现行土地制度的矛盾、人口流动与城乡隔离户籍制度的矛盾、劳动力素质不足与市场高要求的矛盾。

四 述评

城乡二元经济社会结构是计划体制时期遗留下的"历史问题"。在城市发展初期，在"赶超"策略的指导下，借助城乡之间的"剪刀差"，以及政府的政策倾向，实施了优先发展大城市的方针，造成了农村发展动力不足，"三农"问题突出的局面，随着城市的进一步发展，城乡间的差距逐渐拉大。在新的历史时期下，面临经济社会可持续发展的要求，二元结构的存在已然成为城乡要素流动、城乡关系协调发展的"绊脚石"，因此破除城乡二元结构，解决"三农"问题势在必行。城乡一体化和城乡一元化建设是我国实现城乡协调发展，资源共享的必然选择，是城乡发展的最终状态。然而，当前对城乡一体化的研究已经形成了较为完善的体系，但关于城乡一元化的研究甚少。学者认为，城乡一元化不仅仅是地理空间范畴、社会制度范畴，它更是一个涉及众多方面的综合性范畴。它不仅要求把城市和乡村当作一个有机整体，通过城乡资源的自由流动和合理配置，促进劳动力、资本、信息和技术等要素在城乡间的优化布局，而且要求实现城市和乡村两个社会实体的地位平等，通过城乡社会、经济和文化的相互渗透、相互融合体制的建立和健全，促进城乡资源的高效利用和城乡居民的全面发展。图2-1为城乡一元化研究框架。

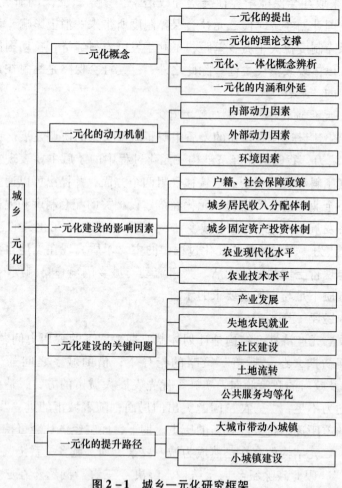

图 2-1 城乡一元化研究框架

综上所述，城乡一体化和城乡一元化是对城市建设过程中不同阶段的准确判断，两者之间既有内在联系，也各有侧重。目前对城乡一元化的研究主要集中在以下几个方面：首先，对当前的二元结构根源进行分析，在此基础之上提出实现城乡一元化的必要性以及影响；其次，分别从一元化户籍改革、城乡社会福利一元化、城乡财政一元化等角度对城乡一元化进行探讨。然而这些研究比较分散且"偏居一隅"，不能全面地描述城乡一元化的发展过程，也缺少系统地构建城乡一元化发展的分析框架，如城乡一元化的理论基础是什么？城乡一元化建设的实现条件是什么？城乡一元化过程中亟待解决的关键问题是什么？以及城乡一元化的评价指标体系构建。因此，鉴于城乡一元化目前研究"空白"领域较多，以及杨凌农科城一元化建设的需要，本书系统建立了"理论分析—环境分析—规划布局—关键问题—政策建议"的框架。本书以城乡一元化的内涵研究为出发点，针对城乡一元化的总体目标、阶段目标，以及城乡一元化的动力机制进行规范分析、实证分析，提出城乡一元化发展的水平评价体系，从而总结出影响城乡一元化发展的关键因素，在此基础之上针对关键问题提出针对性、可操作性的建议。当然，城乡一元化的研究是一个动态发展的过程，需要与各学科相融合，以新视角、新方法研究城乡一元化问题，不断完善城乡一元化的研究体系。

第三章　国内外城市化发展模式研究

城市化发展模式研究始于对城市化发展的比较分析，是对世界各国、各地区城市建设实践的经验总结和理论提炼，进而升华为对城市化发展模式的研究。国内学者关于城市化发展模式的研究始于 20 世纪 80 年代，主要集中在城市化的表现特征、动力机制、影响因素以及城市化发展过程中各相关主体或客体之间的关系。

城市化是城市、乡村经济社会发展的必然结果，城乡一体化与城乡一元化是基于不同城市发展阶段，对城乡发展状态做出的判断，是结合区域城乡经济、社会、资源禀赋等条件对城乡发展目标的基本设定。研究国内外城市化发展模式有助于发掘和总结经验和教训，为杨凌农科城一元化建设提供建设思路、布局规划参考，发现杨凌示范区城市化进程中在产业发展、社区建设、城市空间规划、生态保护等方面的缺失，避免走弯路，为杨凌农科城推进一元化建设提供借鉴。

由于划分依据的不同，因此形成了多样化的城市化模式。以城市发展水平为依据，城市化模式可划分为发达型城市化和发展型城市化；以城市化的空间表现形态为划分基础，可将城市化模式分为集中型城市化和分散型城市；依据城市化与工业化发展水平的关系，可将城市化模式划分为同步型城市化、过度型城市化、滞后型城市化以及逆城市化；按照诸多国家和区域自身的特点划分，可归纳出多元化的城市化发展模式，如发达国家中英国的小城镇模式、美国的郊区化发展模式，发展中国家中的巴西过度型城市化、印度滞后型城市化模式，以及中国国内形成的苏南模式、温州模式和珠江模式等。

第一节　国外城市化发展的典型模式

自工业革命以来，西方各发达国家先后进入了城市化快速发展阶段，且发展程度较高。在第二次世界大战之后，广大的发展中国家也相继加快了城市建设。由于各国的国情和所处的环境不同，形成了多种多样的城市化模式，如以美国郊区化模式、英国小城镇模式、日本集中型模式、法国分散型模式和荷兰紧凑型模式为代表的发达国家城市化模式，以及以拉美、印度、中国等国家为代表的发展中国家城市化模式。

一　发达国家的城市化模式

有学者认为，现代意义上的城市化是以工业革命为开端的。经过三次工业革命的"洗礼"，西方各国在工业化的驱动下先后开始了城市化进程，在历经几十年到上百年时间的发展后，在人类历史上率先完成了城市化，实现了从以农业和乡村为主的传统社会向以工业和城市为主的现代社会的转变。尽管在城市化过程中，西方国家也出现了各种各样的城市问题，但这并不能否认西方国家城市化的指导意义，特别是对处理城乡关系的启示作用。

（一）发达国家城市化发展概况

西方发达国家是三次工业革命的发源地，是世界上最先实现工业化、城市化和现代化的区域，其发展历程不仅反映了近代以来人类社会的发展，也为研究包括城市化在内的经济社会发展规律提供了重要的历史借鉴。整体上讲，西方发达国家的城市化进程主要经历了以下几个发展阶段：

第一阶段，城市化的兴起和逐渐扩散。现代意义上的城市化始于工业革命。18世纪60年代，第一次工业革命在英国爆发，随着蒸汽机在各行业的投入使用，集中化的大规模生产代替了原有的手工生产方式，极大地提高了生产效率，一方面促进了经济的发展，另一方面也对城市的发展产生了巨大的推力。生产的集中带来了人口的聚集，大批工业城镇诞生，规模也不断扩大，城市化进程随之兴起。

在第一次工业革命的推力作用之下，英国成为西方第一个走向城市化的国家。有学者认为，英国的城市化始于1775年，而经过几十年的发展，英国的城市化水平达到了 50%，成为世界上第一个基本实现城市化的国家。继英国之后，德国、法国等国家也相继开始了城市化进程，如法国的城市化大约开始于 19 世纪 30 年代，美国的城市化也大概始于 19 世纪 40 年代。总的来讲，19 世纪中期发达国家的城市人口比重整体上超越了城市化起步阶段的临界水平。

第二阶段，城市化的全面展开和基本实现。19 世纪 40 年代至 20 世纪 50 年代，第二次工业革命在美、德、英、法等主要资本主义国家兴起，其主要技术标志是电气化，使重工业取代轻工业成为主导产业。这一次工业革命在极大地推动生产力发展的同时，进一步改变了人口的空间布局，促进了人口大规模地向城镇集中，并形成了成熟的城市布局和城市体系。

这一阶段，城市化在西方发达国家全面展开，发展速度逐渐加快，最终基本实现了城市化。1950 年，英国的城市化水平约为 79%，领先于世界其他各个国家的城市发展水平，实现高度城市化。

第三阶段，高度城市化和逆城市化。20 世纪 50 年代以来，发达国家经历了第三次工业革命，以信息化为核心的高新技术产业逐渐取代重工业成了主导产业，推动着发达国家由工业经济时代向知识经济时代或信息经济时代迈进。信息化作为新的要素注入城市化系统中，通过渗透效应和替代效应，对发达国家的城市化进程和城市人口分布形态产生了重要影响。而随着城市化的不断推进，人口剧增、交通拥堵、环境破坏等城市问题逐渐暴露，美国、英国、法国等城市化发展均呈现出城市布局调整、城市人口向郊区分散的逆城市化现象，以缓解出现的城市问题。

总体而言，1950 年以来，西方发达国家在基本实现城市化的基础上，继续向更高水平发展，纷纷实现了高度城市化，并实现了城市工业化水平的提升。

（二）英国小城镇城市化模式

作为工业革命的发源地，英国在 18 世纪至 20 世纪中期，在世界范围内保持着综合实力的领先地位，是第一个实现工业化、城市化的西方发达国家。英国的城市化进程具有原创性意义，其许多创新对世界城市化进程具有显著的示范和带动作用。但同时英国早期自由放任的城市化政策也带来了一系列严重的城市问题，也给各国城市化作出了警示。

1. 英国城市化进程

英国城市化呈现出"起步早，发展慢"的特点。回顾英国城市化发展的历程，英国的城市化进程可以划分为三个阶段：

第一阶段，基本实现城市化阶段（城市化萌芽阶段）。在工业革命带来的经济社会迅速变革的历史背景下，大量的农村人口向城市转移，许多新兴的小城镇在农村地区成型并不断壮大，成就了英国独一无二的城市化发展模式——小城镇模式。在这个阶段，随着工业的发展和人口的不断集聚，使大量的城镇如雨后春笋般出现，城市数量不断增加，城市规模不断扩大。此外，英国在城市化进程中还逐渐形成了城市网络体系，区域城市化和城市群发展的特征初步显现。

第二阶段，实现高度城市化阶段（城市化快速发展阶段）。19世纪50年代后，随着工厂规模的扩大，集中生产的要求越来越高。此时农村小工业已经衰落，工业集中趋势日益显著。由于农业农村、工业城市的经济结构已经逐步确立，劳动力已不可能在不进行迁移的情况下实现职业转移。因此，在工业趋向于规模化、集中化的过程中，英国城市化进程加速推进，城市人口比重显著提高。在这一阶段，英国的城市化水平从50%左右提高到了1950年的79%左右。

第三阶段，城市化继续发展与完善阶段（城市化成熟阶段）。进入20世纪时，英国已经实现了高度城市化，城市化水平接近80%。因而在这一阶段，英国开始对传统的城市发展方式进行改变，以往在城市发展过程中出现的城市问题成为城市建设的重中之重。由此开始，英国城市化发展的主题从以城市人口数量的增长和集中为主，转变为以城市人口布局的调整优化、城市管理体系的完善、城市文明的普及和发展等内容为主。

2. 英国城市化的特点

小城镇的兴起，极大地促进了城市发展。工业化的兴起，促进了社会经济的快速发展。生产力的提高，吸引着大量的农村剩余劳动力向城市流动，人口的集聚带动了小城镇的兴起，这些新兴的城镇分散在农村周边，随着大量人口的集聚，城镇的规模不断壮大，城镇的基础设施投入不断增加，城镇职能越来越趋于完善。另外，这些城镇之间的联系也在逐渐加强，城市网络体系雏形形成，为城市群的发展奠定了基础。

工业化是推动英国城市发展的根本动力。工业革命使传统的手工作业被机械所代替，在提高生产效率的同时，也解放了束缚在农村的劳动力。工业和商业迅速发展，带来最明显的变化就是大量农村剩余人口向城镇或城市转移。

政府在城市现代化过程中作用突出。在城市化前期，英国政府通常是被动应对城市化中出现的问题，随着城市化水平的不断提高，这种"无为"的城市管理模式越来越难以应付城市化所引发的各种严重的社会问题。面对来自社会各方面的压力，英国政府开始积极转变管理理念，积极参与城市的发展建设，主动应对城市发展问题，逐步健全政府职能。这种态度的转变为英国城市合理的发展提供了更为广阔的空间和必备条件。

3. 英国城市化的评价

英国作为发达国家中最先实现城市化的国家，开启了现代城市化的先河，开创了小城镇实现城市化的道路，为后来世界各国推进城市化建设提供了经验。在英国城市化建设初期，国内人均资源占有较多，市场体系发达，社会文化条件优越，向外移民多，形成了良好的城市发展基础。在工业革命之后，小城镇的兴起，加之小城镇工业化的发展，吸引了大量的人口，促进了农民市民化，在一定程度上避免了人口大规模在中心城市的集聚，有效地分流了大城市的压力。但由于英国的城市化是在一种没有准备、没有先例的情况下进行的，对于诸多社会变革，无论是中央政府还是地方政府都是被动的参与者。这种放任虽然在一定程度上推动了城市化的快速发展，但是也造成了严重的"城市病"，主要问题包括城市基础设施匮乏、城市贫困问题严重、城市污染严重、公共卫生状况糟糕、城市人居环境恶劣与城市文明因素缺乏等。

（三）美国大都市区城市化模式

19 世纪末期以来，随着第二次工业革命浪潮的推动，北美地区的城市建设拉开了帷幕，工厂、城镇在这里快速地生根发芽，而且以超过英国的速度蓬勃发展。工业发展给美国带来深刻的变化，其中之一就是最终把这个以乡村为主的地区转变成了大城市云集的地方。美国的城市化进程受到外来移民、欧洲投资、北美消费全面增长等因素的驱动，其中最重要的是制造业的迅猛发展，尤其是大规模生产的发展。在工业化进程的带动下，美国城市化水平迅速提高。

1. 美国城市化进程

从城市人口占总人口的比重变化来看，美国的城市化进程大体上可以划分为以下几个阶段：

第一阶段，城市化的起步（准备）阶段。在独立之初，美国 13 个州的总人口不到 400 万，农村人口有 307 万，城市人口相当之少。此时的美国还是一个典型的农业和农村占主导的国家，畜力、风力是最为重要的动力，而随着工业革命的不断深入、工厂制度的确立、国外移民的涌入以及铁路运输体系的建设，农村人口开始向城市迁移，城市人口和城市数量开始快速增长，城市人口的比重从 1800 年的 6.1% 增长到 1870 年的 25%。这意味着美国的城市化开始迅猛发展。

第二阶段，基本实现城市化阶段。19 世纪末 20 世纪初，美国经历了第二次工业革命，电动机和内燃机等新技术的广泛使用极大地刺激了美国工业和城市经济的发展。在这个过程中，美国进入了快速城市化阶段，并在约 50 年的时间内基本实现了城市化。总体而言，从 1870 年到 1920 年，美国城市人口从 909 万增加至 5430 万，城市化水平达到 50.9%，到 20 世纪 40 年代末期，城市人口比重持续上升到 63.6%。而伴随着现代化城市体系的建立，城市网络逐渐形成，城市区域分布日趋改善，城市功能也在不断地完善，实现了城市间功能互补、共同发展，城市化基本实现。

第三阶段，实现高度城市化阶段。1950 年以来，美国经济社会结构发生了重要转变，三次产业结构中第二、第三产业的产值占 95% 左右，非农劳动力占 87% 左右，第三产业就业人数不断上升并超过了 50%，高新技术产业和现代服务业代替了工业，在城市经济中越来越占据主导地位，并对城市人口和经济的空间布局产生了重要影响。而随着高度城市化的实现，美国城市化的发展速度逐渐减缓，一些城市问题开始暴露，基于城市可持续发展的要求，美国城市化呈现出分散的趋势。在这一阶段，随着美国郊区的基础设施和功能的完善，承接了中心城市的产业转移，市区人口也开始有了向郊区迁移的倾向。

2. 美国城市化的特点

城市化向大都市区化蔓延。1920 年美国已有 51.2% 的人口居住在城市里，并初步实现了城市化。此后美国开始进入了大都市区化阶段。这一时期，城市区域不断扩大，中心区城市人口比重下降，逐渐向郊区迁移。20 世纪 60 年代，美国出现了大都市连绵带，这是新的城市地域空间组织形式，是大都市区化进入高级阶段的标志，主要有波士顿—华盛顿大都市连绵带、芝加哥—匹兹堡大都市连绵带、圣地亚哥—旧金山大都市连绵带。前两大都市连绵带集中了 20 多个 100 万人口以上的大都市区和美国 70% 以上的制造业，构成一个特大工业化区域。

城市化与工业化、农业现代化协调发展。美国的城市化发展与工业化和经济结构的变化具有很高的关联性。17 世纪至 18 世纪，美国城市的经济活动主要是贸易，周边地区经济活动主要是农业。19 世纪初，美国城市的经济活动主要是制造业；到了中期，随着制造业在城市经济中的作用下降，服务业取而代之，美国的城市化是工业化的结果；与此同时，美国也实现了农业的现代化，农业劳动生产率的迅速提高不仅为城市化和工业化提供了充足的粮食、原料和广阔的市场，而且还释放出大量的剩余劳动力，满足了城市工业生产对劳动力的需求。

城市化动力源自市场竞争，体现了市场和经济一体化的导向。市场竞争是美国城市化发展的巨大动力，也是美国经济强力发展的重要经验。无论是交通网络形成的运河时代、汽船时代、铁路时代，还是新技术新发明层出不穷的科技发明时代、知识经济时代、信息时代；无论是东北部的早期城镇发展时期，还是中西部城市的兴起及跳跃性发展时期，优胜劣汰、适者生存的市场竞争法则一直处于主导地位。竞争使美国东西部之间的市场逐渐一体化，东西部之间的差距逐步缩小，区域经济协调发展，逐步形成国内经济专业化和市场经济一体化。

3. 美国城市化的评价

美国的城市发展呈现出"摊大饼"的形式，即城市不断向周边地区扩展，面积不断扩大，这种形式成为发达国家城市发展建设的一种新模式。在该模式下，一方面，有效缓解了中心城市的就业压力、人口集中程度以及城市化建设过程中的一些城市病；另一方面，城市向周边郊区扩张，使郊区的基础设施建设、城市功能越来越完善，协调了城市与周边地区（郊区、乡村）的发展，城乡关系实现"双赢"。但是美国的分散型城市化也凸显出了其诸多弊端，比如对土地资源的极大消耗，造成中心城市的空虚，以及巨大的财政压力等。

从城市发展和城市管理的角度评价美国城市化模式，有以下几方面的经验值得借鉴：一是科学而严肃的城市规划政策。美国非常重视城市建设的规划，而且规划非常细致。每个城市都有自己的详细发展规划。规划的确定必须通过专家的论证和市民的审议，一经通过，规划就具有法律效力，不得随意更改。如要变动，必须经市民重新审议通过。二是民众的参与意识和政府的管理机制相协调。美国市民管理城市的民主意识很强，同时政府也非常重视民众的意见。民意对政府决策有相当大的影响力，重大事项没有民众的表态，无论是城市主管，还是市长，都无权单独决定。三是良好而稳定的法律和制度环境。美国的法律、制度、规划长期稳定，这不仅保证了经济发展，而且为城市建设和其他事业的发展提供了良好的政策环境和法律保证。

（四）日本集中型城市化模式

日本的城市化相较其他发达国家起步较晚，始于明治维新时期。"二战"之后，日本的城市经历了半个世纪的发展后，城市化水平快速上升，成为发达国家城市建设中的"佼佼者"，其城市化水平相应地从1898年的11.57%提高到2014年的93.02%，城市化水平之高，位居世界前列。

1. 日本城市化进程

伴随着工业化和经济发展的推进，日本城市化建设取得了巨大成就。按照城市化的发展速度，可以将日本的城市化进程划分为四个阶段：

第一阶段，城市化发展的准备阶段（初级阶段）。在这一阶段，日本政府主要通过发展农业为工业发展提供资本积累。明治维新时期，日本政府采取了一系列措施来推动农业、工业以及城市的发展，例如，在农业方面，通过降低税负和财政的刺激，使农业大力发展；在工业方面，政府通过引进技术和设备开办工厂，扶植私人资本主义的发展；在城市建设方面，市町村大合并，土地制度改革（废除封建土地所有制，允许土地自由买卖）等。在城市化发展初期，农业的发展为城市化和工业化提供了基础，大量耕地的开发为之后城市化发展提供了大量的土地，而农业产值的增长，则为工业化提供了储备资金。这一时期，伴随着工业化的起步，人口向城市集中的趋势已经逐渐显现，城市人口比重从1898年的11.75%上升到1920年的18.04%。

第二阶段，城市化发展的成长阶段（高速发展阶段）。"一战"之后，日本的经济快速成长，产业结构发生了变化，工业开始实现对农业的"超越"。1920—1955 年，日本 GDP 中第二产业的比重从 26.5% 增加到 33.7%。与此同时，产业结构的变化也带来了就业结构的变化，劳动力不再被束缚于农村，开始向城市迁移，城市人口规模不断上升，从而推动了城市化的进程。另外，日本通过村町的不断合并（类似于中国的"合乡并镇"），并进一步发展成为市，开始了对城市规模的扩张。在这一阶段，日本的城市化水平达到了 56.1%，而与此相适应，日本的非农产业经济发展很好地"配合"了城市化的要求，其中第二、第三产业的从业人数占 58.8%。

第三阶段，城市化发展的成熟阶段（城市化接近尾声）。"二战"期间，日本的城市饱经摧残，城市发展滞缓。"二战"之后的一段时间（1956—1975 年），日本的经济进入高速发展阶段，GDP 年平均增长率超过了 8%，这一时期工业快速发展，也是日本城市发展的黄金时代。经济的快速增长，既是产业结构不断调整的结果，也是产业结构优化升级的动力，第一产业的比重从 1955 年的 19.2% 下降到 1975 年的 5.3%，而第二产业的比重则从 33.7% 升至 43.1%，为政府带来了充裕的财政收入。随着政府对城市基础设施建设投入的不断增加，就业条件的不断改善，城市吸引了大量农村劳动力转移就业。这一时期，日本城市化水平从 37% 上升到 76%，日本开始成为经济发达的高度城市化的国家，城市化建设工作已经逐渐进入尾声。

第四阶段，城市化饱和阶段（完善阶段）。在世界金融危机和两次石油危机的冲击之下，日本工业经济的成本上升，大量的工业企业开始向城市周边的农村地区转移，城市工业对劳动力的吸纳能力减弱。在这一时期，虽然日本第三产业的发展带来了巨大的就业机会，但总体上城市人口已经达到饱和状态，城市化速度减缓，从 1975 年的 76% 上升到 2005 年的 86.3%，年平均增长不到 1%。在这一阶段，发达的城市交通网络和多样化的交通手段为城市向周边郊区的扩展提供了便利，大城市中心的人口开始向郊区或者农村分流，形成了以大城市为中心的都市圈。再加上农业现代化的实现，农村地区的社会经济也得到了提升，为分流大城市的人口提供了条件。

2. 日本城市化的特点

从日本城市化进程中工业化发展、产业结构调整以及人口转移等经济社会要素的变化来看，日本城市化的特点主要有：

集中型城市空间建设。由于土地资源的限制，日本的城市空间形成了以特大城市为中心的商业圈，主要表现在人口大规模地流向几个特大城市，形成了以东京、大阪、名古屋都市圈为主导的太平洋沿岸都市带。然而，以特大城市为主导的城市化方式也导致其他城市的发展动力不足，城市化发展速度缓慢。不过考虑到中心城市不断出现的城市问题，如环境污染、住房问题等，日本的集中型城市化建设将渐渐转向分散的郊区化发展。

工业化是推进城市化建设的主要动力。在日本城市化的初级阶段，工业的迅速发展，使大量的剩余劳动力开始了向城市的转移，促进了农民向市民身份的转变，进而推动了城市化的发展。从日本城市化率与工业化发展速度两者之间的相关性来看，日本城市化率增长最快的阶段（1960—1975年）也是日本工业化发展最为迅速的时期，这表明在日本推进城市化建设过程中，城市化与工业化是相互协调、同步发展的。

产业结构的不断优化升级为人口的转移提供了平台。纵观日本城市化的进程，它是一个伴随着产业结构不断调整，人口在地理空间转移的过程。一方面，城市化过程是一个产业结构不断调整的过程。在城市化初级阶段，日本第一产业占据了主导地位，农业的发展为工业提供了必要的物质资料基础。而随着工业化步伐的加快，日本的第二产业代替了第一产业，成为经济发展中的主导性力量，推动了高度城市化的实现。而伴随着经济发展，传统的工业化也逐渐被现代服务业所取代，截至2010年，日本第三产业产值已经占到总产值的73.6%，第三产业已然成为国民经济中最重要的组成部分。另一方面，城市化过程也是一个人口城市化的过程。人口作为工业化、城市化发展过程中最为关键的要素，城市工业化的快速发展，吸引了大量剩余劳动力向城市转移，城市规模不断膨胀，城市化水平不断上升。

政府的干预。日本城市化过程中政府的干预体现在三个方面：一是政府对特大中心城市周边卫星城市的扶持。由于中心城市的主导地位上升，导致一部分小城市发展动力不足，造成城市之间发展的不均衡。日本政府为了改变这种不平衡的状态，开始将基础设施、工业、投资等分配到东京、名古屋等大城市周围的中小城市，从而使中小城市的聚集效应扩大，有效地分流了大城市的人口，降低了中心城市的压力。二是政府对现代化农业的大力支持。在城市化初期，日本的农业发展滞缓，土地零散，农业机械化程度低，城乡收入差距较大。为了解决农村发展难题，政府加大了对农业的投资，一方面通过增大教育方面的投资，提高了农村农民素质和职业技术水平；另一方面通过大规模地投入农业机械，促进了农业机械化耕作，不仅增加了农业的产量，而且节约了土地资源，为城市的后续发展提供了更广阔的空间。三是政府推动企业规模化发展以吸纳劳动力就业。出于规模企业对劳动力的吸纳能力的考虑，日本政府通过出台产业政策鼓励规模企业之间的兼并，甚至对非规模企业进入某个行业或市场设置了严格的壁垒。

3. 日本城市化的评价

在日本城市化发展过程中，得益于产业结构不断优化而为城市建设、人口转移所打下的坚实基础，其社会经济发展与城市化发展水平相协调，同时政府非常注重大中小城市之间的均衡发展，充分发挥了作为城市化组织者的主导作用，但日本的城市化也造成了严重的城市问题，如污染问题、交通拥挤现象以及住房问题。在日本城市化推进期间，政府为了缓解城市之间的不均衡发展，连续出台了《促进不发达地区发展法》《促进新工业城市建设法》等；为了促进劳动力就业，在发展规模企业的同时，鼓励规模企业间的兼并等。但在日本城市化建设初期，工业化是城市化推进的主要动力，粗放型发展模式消耗了大量的资源并导致了环境污染问题。另外，由于大城市人口密度高，平均每两人就拥有一辆汽车，因此造成了交通拥挤。尽管日本出台了《公害对策基本法》，极力发展环保技术、鼓励环保企业的发展，同时形成了公交轨道现代化程度高、乘车环境舒适、输送能力强的公共交通网络，这些成功经验非常值得我们借鉴，但是如何尽力避免产生日本城市化过程中的问题同样也值得我们思考。

（五）法国分散型城市化模式

长期以来，与其他西欧国家相比，法国的农村人口向城市迁移规模小、速度慢、持续时间长。正是由于城市化进程较为平缓，法国城市化与工业化和经济发展的关系更加均衡和协调，城市体系分布中除了巴黎一个特大城市外，其余均以中小城市为主，分布也较为均衡。

1. 法国城市化进程

在法国城市化进程中，工业化与城市化协调发展，并且注重农业和乡村的发展。纵观法国城市化发展历程，可以将其划分为三个阶段：

第一阶段，基本实现城市化阶段（19世纪30年代—20世纪30年代）。这一阶段，法国农村人口向城市迁移比较缓慢。在工业化进程中，法国农民既没有像"圈地运动"后英国农民那样彻底割断与土地的关系，同时又缺少在城市就业的机会，因此影响了法国农村人口向城市迁移的进程。与其他西欧国家相比，法国乡村更为保守、封闭，农民的流动性很小。19世纪上半叶，法国乡村人口才开始有小规模的流动，直至19世纪下半叶农村人口迁移的趋势逐渐活跃。

第二阶段，实现高度城市化阶段（"二战"后—20世纪60年代末）。"二战"后，法国城市化进程明显加快，其城市化水平由1950年的55.4%增加到1968年的70.1%（见表3-1）。这一阶段，城市人口逐渐向大中城市集中，形成了巴黎这样的超大城市，也产生了人口超过了百万的大城市，如马赛和里昂。同时，法国把农业发展纳入整个经济与社会发展中，有效地协调了工业和农业的关系。一方面，法国制定了较为完善的农村和农业政策，如1960年出台了农业指导法和乡村行动特别区政策，政策中提出了建立农业与其他部门"等价"关系，建立土地与乡村整治公司，调整农业产业结构等与农村发展有关的内容。另一方面，法国积极建立"全国农艺研究所"，重点研究和推广国内外农产品优良品种和现代栽培技术，并形成了各地区专业化分工格局，推进农业产业化发展。这些举措为工业部门与农业部门协调发展提供了支持，有效地弥合了城乡二元结构。

表3-1　　　　　　　　法国高度城市化阶段城乡人口情况

年份	总人口（万人）	城市人口（万人）	乡村人口（万人）	城市人口比重（%）
1950	4174.0	2312.4	1861.6	55.4
1954	4270.5	2445.6	1824.9	57.3
1962	4642.5	2937.0	1705.5	63.2
1968	4971.2	3483.4	1487.8	70.1

资料来源：世界银行统计数据。

第三阶段，高度城市化基础上的分散型城市化阶段（20世纪70年代以来）。在这一阶段，法国的城市人口发展逐渐趋向于分散化和均衡化，并且注重城市自身历史、文化特色、自然环境和城市发展需求。法国 1970 年基本实现农业机械化，1980 年进入农业现代化阶段，1990 年以来绿色基础设施建设成为法国城市规划的核心内容。随着中小城市的增速加快，城市人口主要分布在中小城市当中。统计数据表明，从 1970 年前后开始，法国的城市空间增长远远超出了城市聚集区，快速的城市空间增长伴随着城市区域人口居住密度的降低，城市化呈现出分散化的特点（张振龙，2008）。

2. 法国城市化的特点

农业现代化与工业化协同推进城市化。"二战"后，法国开始推行以土地集中为核心的农业改革，由政府成立土地整治公司，从农民手中收购土地，经过整治规划后出售给具有经营能力的农场主，使大中型农场不断增加。土地规模的扩大，使法国有条件推广农业机械和生物技术，大大提高了土地的产出率，农村富余劳动力逐渐增多。加之，法国人口迁徙自由，随着城市工业化水平的提高，特别是第三产业的发展，大量农村富余劳动力被吸纳到了城市中，参与城市化建设，进一步促进了法国中小城市基础设施和公共服务职能不断完善。

注重农业和乡村的发展。"二战"之后，随着法国工业化的快速推进和劳动力加快转移，其城市化进程进入快速发展期。法国"光荣30年"工业化和城市化快速推进过程中，农业和乡村仍发挥着重要的基础性作用。为此，法国政府根据时代背景变化，制定了多项乡村政策并取得了较好效果。在顺利推进法国工业化和城市化的同时也保持了农业的快速发展和城乡稳定。

3. 法国城市化的评价

法国的城市化序幕虽然拉开得较迟，速度慢、持续时间长，但是法国在城市化建设过程中，保持工业化和城市化的协调发展，并且通过乡村和农业发展政策，发展大中型农场与农业现代化，借助第二产业与第三产业吸纳剩余劳动力优势，为法国城市人口的增加提供了重要支撑。总的来看，法国城市化过程中发展工业化的同时，又积极发展农业现代化，发挥农业科技示范，是一种健康的城市化道路，非常值得借鉴。

（六）荷兰紧凑型城市化模式

荷兰是一个比较典型的人多地少、农业资源贫乏的欧洲国家，其人口密度比我国高出 2 倍，是欧洲人口密度最大的国家。在城市化发展进程中，荷兰综合考虑到资源禀赋条件、地缘因素，选择了紧凑型的城市发展理念。

1. 荷兰城市化进程

荷兰城市化的启动略晚于其他西方国家，直到 20 世纪，乡村大量农业人口才向工业、贸易和服务业转移，进而推动城市化快速发展。从荷兰城市化过程中的城市规划体系变化可以看出，其城市化建设发生了从无序管理逐渐转向精明增长的紧凑形式转化。这里以城市发展中的重大事件为节点，将荷兰城市化划分成三个阶段：

第一阶段，城市化早期阶段（19 世纪 70 年代—20 世纪 40 年代初）。工业革命伊始（1870 年前后），乡村地区的劳动力过剩和工业化进程的劳动力需求引发了人口从乡村到城市的大量迁移，以阿姆斯特丹为例，城市人口从 1870 年的 25 万增加到 1960 年的 90 多万。但由于城市经济发展缓慢、社会基础设施有限，因此在乡村人口短期内快速涌入城市的早期阶段，城市居住条件迅速地恶化，"城中村"变成了人口过密的"贫民窟"，公共卫生问题成为制约城市可持续发展的主要问题。

第二阶段，城市化成长阶段（20 世纪 50 年代初—80 年代初）。在这一阶段，经历了第二次世界大战，荷兰城市发展进入了重建期，而随着重建的完成，荷兰城市建设又遇到了新的问题——中心城市收缩。随着中心城区周边卫星城的职能逐渐完善，城市人口开始向郊区转移，导致在这一时期荷兰的城市化水平提高缓慢（见表 3-2）。与此同时，外围小城镇的建设，疏散阿姆斯特丹等大城市的人口，避免二次城市化，并在城镇间保留缓冲带等规划原则，逐步形成了由大、中、小 12 个城市组合成的环状城市带，而这个缓冲区就是一块大的农业地区，称为城市"绿心"。"绿心"的这种布局保障了城市的农产品需求，改善了城市生态环境，城市居民有了休闲去处，为城镇持续健康发展提供了保障，同时又充分体现了农业的多功能特点，促进了农业的多次层发展。

表 3-2　　　　　　　　　1950—1985 年荷兰城市化率　　　　单位：%

年份	1950	1955	1960	1965
城市化率	56.14	57.98	59.75	60.75
年份	1970	1975	1980	1985
城市化率	61.66	63.18	64.75	66.72

资料来源：世界银行统计数据。

第三阶段，城市化成熟阶段（20 世纪 80 年代至今）。这一阶段，20 世纪 80 年代早期，严重的经济不景气加剧了城市中心的衰败，使城市陷入了高失业率的危机。特别是在替代外迁到新城的那部分荷兰居民而占据中心区的国外移民中，这种状况尤为严重。紧随着这种趋势，规划界提出了基于精明增长的紧凑型城市政策（皮特·胡梅尔等，2013）。紧凑型城市发展理念提出至今，荷兰城市化水平有了显著的提高，1985 年其城市化率为 66.72%，截至 2014 年，荷兰的城市化率达到了 89.91%，年均增长 0.8%，相较于 1950—1985 年的平均增长率 0.3%，增长了 0.5%。

2. 荷兰城市化的特点

注重和保护农业生产。荷兰在城市化建设中，政府通过诸如规划限制城市蔓延占用农地，增加农业结构调整补贴，拓展农业外销等途径来加强农业，推动农业健康持续发展；同时，农业多功能的特点如"绿心"的建立限制了城市的无序扩张，调节了城市生态环境，输送了鲜活农产品，为城镇化推进奠定了坚实基础，农业结构调整与城镇化之间相互促进，协调发展。

注重城市规划。1960 年，荷兰第一次国家空间规划报告，主张通过交通基础设施和新港口的发展来开发边缘地区，同时刺激区域经济增长来抑制人口向高度城镇化的西部地区迁移的趋势。1966 年，荷兰第二次国家空间规划报告，增加了将对重工业的调整和轻工业的重新布局作为手段的内容。1973 年，荷兰中央政府开始编制第三次国家空间规划报告，主张将全国性的公共服务设施向北部与南部迁移以促进那里的就业。

3. 荷兰城市化的评价

荷兰在推进城市发展的过程中，根据国内土地资源选择了紧凑型的城市发展模式。但荷兰在城市化建设过程中，郊区化使大量的人口离开城市，加剧了城市中心的衰败，由其引发的城市蔓延也对城市周边的乡村地区带来了巨大的威胁。城市规划在阻止城区人口减少方面无所作为，而是将注意力集中在引导郊区化的进程以形成若干新城。卫星城建设的密度比美国城市郊区更高，为使用小汽车在城郊之间通勤的新居民提供了大量的带有独立花园的联排住宅，导致了对新高速公路的不断需求以减少交通拥堵。

二　发展中国家的城市化模式

自"二战"以后，广大发展中国家的城市化进程也拉开了序幕。经过几十年的发展，发展中国家的城市水平得到了有效的提升，城市化率从1950年的18.1%上升到2005年的42.9%。根据诺瑟姆的"S"形曲线，发展中国家即将进入城市化发展的快速增长期。

（一）发展中国家城市化发展现状

发展中国家城市化进程的开启，是在国内缺少工业基础、基础设施薄弱的环境下进行的。与发达国家相比，目前发展中国家的城市化主要特点有：

第一，发展中国家的城市化水平在总体上大大落后于发达国家。从联合国发布的世界各国城市化水平来看：1950年，世界平均城市化率为29%，其中发达国家的城市化水平达到了52.1%，已经基本实现了城市化；而发展中国家的城市化水平为18.1%，则处于城市化的起步阶段。截至2012年，发达国家的城市化水平为78%，而发展中国家的城市化水平为48%，城市化水平差距虽略有缩小，但两者差距依然较大。

第二，发展中国家城市化水平的内部差异很大。一是不同发展中国家间城市化水平差距较大；二是在某些发展中国家一国范围内，城市的发展水平差距较大。在发展中国家中，1950年，最不发达国家和地区的城市化水平为7.3%，到了2012年也仅仅只有29%，而对于其他发展中国家，1950年城市化水平为19.5%，2012年则上升到51%，两者之间的差距不断扩大。而对于某发展中国家一国区域内部的城市化，以非洲国家为例，2012年东非、中非、北非、南非、西非的城市化水平依次为24%、42%、52%、60%、46%，可以看出一国区域内部的城市化水平差距也很显著。

第三，发展中国家的城市人口规模远远超过发达国家。发展中国家普遍人口基数大，如截至2012年，巴西人口数目达1.99亿、印度12.05亿、中国13.43亿，随着城市化建设的推进，越来越多的人口涌入城市，再加之人口不断增长，未来发展中国家的城市人口规模将更加庞大。从数据上看，1968年发展中国家的城市人口首次超过了发达国家，2012年发展中国家的城市人口规模更是达到发达国家的3倍之多。

第四，发展中国家面临严重的城市化问题。由于发展中国家城市化前期带有显著的殖民地性质，工业发展滞后或者无工业化，导致城市经济发展缺乏动力，不能有效吸纳农村人口向城市的转移。从这一层面上来讲，发展中国家人口向城市的聚集，并不完全是城市经济发展带动的，有时是战争或是农村衰败等原因带来的。从这一点来看，发展中国家的城市化带有很强的被动性、被迫性，而不是内生的、与经济发展相协调的，尤其缺乏有效、公正、开放的社会制度建设。

（二）巴西过度型城市化模式

巴西是拉美地区国土面积最大、人口最多、经济发展水平位居前列的大国，并拥有非常丰富的自然资源。巴西用了极短的时间，实现了高度城市化，并出现了超前城市化的现象，成为拉美地区城市发展的典型代表。

1. 巴西城市化进程

纵观巴西城市化进程，其总体呈现出"短时间，高速度，低质量"的特征，可划分为三个阶段：

第一阶段，城市化的准备阶段（20世纪30年代之前）。在这一时期，巴西的城市发展没有明显的工业化基础。受到殖民的影响，巴西成为商品和原材料的供应地，其城市的发展主要依靠殖民者政治中心迁移所带来的城市基础设施的完善和城市经济的发展，以及欧洲移民的大规模涌入，从而促进了巴西城市化的发展。因此，在20世纪30年代之前，巴西城市的发展实质上是为现代意义上的城市化发展奠定基础。

第二阶段，城市化的初级阶段（20世纪30—50年代）。1930年之后，瓦加斯革命结束了农业寡头统治，巴西的工业化拉开了序幕。为摆脱殖民国的经济控制，壮大民族经济，巴西全面实施进口替代发展战略，带动了中心城市的快速发展。但是受长期殖民地经济的影响，直到20世纪50年代前半期，巴西经济仍然以初级产品和原料为主，工业化的发展动力仍然不足，城市化的推进速度较为缓慢。

第三阶段，过度城市化阶段（20世纪50年代至今）。这一阶段是巴西城市化腾飞的阶段。在进口替代发展战略的作用下，1967—1974年，巴西的经济年平均增长率达到10.1%，并形成了以重工业和耐用消费品工业为主的发展体系。随着工业体系的不断完善，巴西的城市发展迅速，以大中心城市为主导的集聚和规模效应逐渐发挥作用。到了20世纪80年代，巴西的城市化率提升到67.6%，同样的城市化水平增幅在发达国家耗时长达 20 多年。但值得注意的是，其间发达国家的人均国民生产总值增加了 2.5 倍，而巴西只增加了 60%，成为典型的落入"中等收入陷阱"的国家。随着城市中越来越多的"贫民窟"以及城市问题的出现，巴西城市化与经济发展"脱节"的弊端逐渐暴露。

2. 巴西城市化的特点

巴西城市化发展耗时之短，速度之快，令世界瞩目，创造了著名的"巴西奇迹"。从巴西城市发展的几个阶段来看，其主要特征有：

城市化速度与经济发展脱节，过度城市化。城市的发展是建立在一定的社会经济基础上的，并会形成对经济社会资源的需求。巴西在城市化率快速增长期间，没有充分考虑到城乡结构因素、城市基础条件、工业产业布局、城市体系结构等方面影响，导致城市化率速度增加很快。而当城市化的发展速度过快，就会导致"供给小于需求"，即经济发展满足不了城市发展的需要，如公共设施建设投资不足、社会福利保障欠缺、城市就业岗位极度缺乏，产生城市贫困问题，造成过度城市化。

殖民经济造成工业发展滞缓，城市化先于工业化。由于葡萄牙的殖民，使巴西成为商品和原材料的供应地，巴西经济的依附性质相当强，几乎没有工业可言。而国内仅有的几个城市也都主要是服务于殖民经济，作为商品集散地，城市化主要依靠外来的移民。20 世纪 80 年代以来，巴西才开始支持劳动密集型企业发展，尤其是在一些中小城市支持纺织、服装、皮革等产业发展。

区域经济和区域城市化水平差异较大。20 世纪 30 年代之后，中心城市的快速发展吸引了大量人口的流入，大都市取得了进一步的发展，同时经济的差异化发展和工业化的推进使巴西区域经济之间的差异越来越大。1949 年，巴西东南部地区的 GDP 占全国的 67.5%，其中 36.4% 是由圣保罗生产的，而同一时期的东北部、南部、北部、中西部的产值占比分别为 14%、15.2%、1.7%、1.7%。尽管巴西政府采取了经济一体化的措施，但还是未能改变区域经济和区域城市化水平不均衡的这种局面。

3. 巴西城市化的评价

巴西的城市化是在没有工业基础、各方面措施落后的条件下快速实现高度城市化的发展中国家的典型。虽然在较短的时间内，实现了高度城市化，但是城市化"质量"不高，是城市一种病态的发展，因而产生了诸如城市贫困、城市发展不均衡等一系列的城市问题。巴西城市化的"病态"主要表现之一就是"过度"。由于前期受到葡萄牙殖民的影响，巴西的城市发展主要依靠殖民者政治中心的迁移和外部移民，其城市的工业基础非常薄弱。独立之后，在进口替代发展战略的指导下，巴西形成了较为完善的工业体系，城市经济发展迅速，城市规模也在快速扩张，城市化率快速提高。但是由于城市的就业机会、基础设施、社会福利保障等不能充分满足城市发展的需要，城市边缘化人口也在不断上升，城市问题逐渐凸显。

（三）印度滞后型城市化模式

印度是世界第二人口大国，截至 2012 年，印度城市化水平达到了32%，城市化发展处于中期阶段，与发达国家的城市化水平差距甚大。若以工业化和城市化发展水平的关系作为划分城市化模式的依据，印度城市化属于典型的滞后型城市化。

1. 印度城市化进程

以印度独立的时间点作为依据，印度的城市化可划分为两个阶段：

第一阶段，城市化的准备阶段（1947 年独立之前）。印度在独立之前，曾是英国的殖民地，在这一阶段，与巴西城市化的起始条件有些类似，其经济的发展具有显著的殖民地特征。由于受到殖民统治的剥削，印度这一时期的经济命脉主要掌握在英国那些垄断资本家的手中，殖民者为了在这里倾销自己的商品，掠夺生产所需的原材料，沿主要港口修建了大量铁路。虽然以铁路线为连接带，促使了沿线城市工商业的发展，城市人口比重逐渐提高，然而这种城市发展是畸形的。由于城市发展的基础条件欠缺，国内市场和区域经济发展严重脱节，容纳不了大规模流入的农村人口，造成了严重的失业问题，出现了类似于拉美地区的"贫民窟"现象。这一时期，印度的城市发展停滞不前，工业化的发展水平也很低。

第二阶段，城市化的初级阶段（独立以来）。1947 年，印度独立之后，在其后的 50 年间，为了解决前期城市畸形发展，城市工业动力不足的现状，印度形成了初具规模的独立工业发展体系，农业在这一时期也有了长足的发展。从 1950 年到 2012 年，印度的城市化水平提升了15%，与发达国家相比，发展速度极为缓慢，甚至与其他发展中国家相比，也稍显滞后。

2. 印度城市化的特点

印度城市化呈现出"起步晚，发展慢，质量低"的特征，具体包括：

从国际比较的角度看，城市化发展速度缓慢。20 世纪 90 年代之前，印度的城市化率高于低收入国家的平均水平，但是 90 年代以来印度的城市化率却低于低收入国家的平均水平。2005 年，低收入国家（包含印度在内）的城市化率水平为 29.95%，比印度高出 1.26%；不包含印度在内，低收入国家城市化率为 31.05%，比印度高出 2.35%。不过虽然印度的城市化发展相对缓慢，但是其人口基数大，城市人口的增量是巨大的。

城市化率提高的动力主要来源于城市人口的自然增长。城市人口的自然增长是印度城市人口增长的主要因素，这是其不同于其他发展中国家的显著特点。通常，一国城镇人口增长的三个来源是城镇人口自然增长、农村向城镇的人口迁移以及城镇地域范围的重新界定。根据印度 1991 年的人口普查资料，1971—1981 年印度城镇人口增量中，约 41% 是城镇人口的自然增长，约 36% 是农村向城镇迁移以及城镇建设范围扩大所致；但是在 1981—1991 年，二者比例分别变化为 60% 和 22%。

城市人口高度集中，即城市化进程突出表现在大城市和特大城市。除了大城市和特大城市迅速发展之外，中等城市发展缓慢或陷于停滞，而小城市则明显地衰退，其结果便导致城市等级规模呈现倒三角形的梯次结构。印度城市以人口规模为标准划分为六级，在印度城市化进程中，一级城市急剧膨胀，到 1990 年，全国 24 个特大城市的人口规模占到了全国总人口的 31.7%，二级城市的发展处于停滞状态，三级城市的发展则有衰退现象，四、五、六级城市的发展则呈现急剧衰退。这种不合理的城市体系结构，导致城市规模两极分化越来越严重，既不利于控制大城市人口规模的膨胀，又不能带动中小城市以及整个区域的发展。

城市化发展在区域之间呈现不均衡性，工业化程度较高的各邦，城市化水平则较高。以中央邦直辖区的昌迪加尔为例，昌迪加尔的经济发展水平最高，其城市人口比重更高达 93%，而达德拉和纳加尔哈维利仅为 6.7%。

3. 印度城市化的评价

印度的城市化属于典型的滞后型城市化发展模式，即城市发展远不能跟上工业经济的发展水平。从城市化的动力机制来看，印度的城市化属于"病态"发展。根据发达国家城市化发展进程的经验，工业化是城市发展根本动力，城市工业的快速发展，会带来城市的繁荣，往往会吸引大规模的农村剩余劳动力向城市迁移，导致城市人口不断上升，城市规模不断扩大，城市化水平上升。但是印度的城市人口增长主要来源于城市人口自然增长。另外，印度城市人口机械增长的动力机制主要是农村贫困的推动，而不是城市繁荣的拉动，这点可以从印度城市化过程中大量"贫民窟"的出现得到反映。

第二节　国内城市化建设的典型模式

诺贝尔奖获得者、美国经济学家斯蒂格利茨把中国的城市化与美国的高科技并列为影响 21 世纪人类发展进程的两大关键因素（吴良镛等，2003）。陈述彭院士也强调指出，城市化作为现代化的主旋律，正在成为中国区域经济增长的动力和源泉（邬冰，2008）。联合国发布的《世界人口展望 2012》，中国的城市化水平为 53%，按照城市化发展"S"形曲线的描述，中国已经进入城市化快速发展时期。

一　国内城市化建设的现状

作为世界第二大经济体，中国的城市化也在有条不紊地推进，回顾中国的城市化进程，一路曲折；分析城市化发展现状，隐患犹存。

（一）我国城市化进程

以改革开放为时间节点，中国的城市化进程基本上可划分为两个阶段：

第一阶段，改革开放前的城市化道路。改革开放前期，中国实行计划经济体制，政府掌握着经济社会发展的命脉，对城市的控制很是严格。在这样的环境下，中国的城市化发展徘徊不前，甚至出现波折反复。总的来讲，改革开放前我国城市化发展表现出政府控制、滞后性的特点。

一方面，政府控制、缺乏市场调节机制阻碍了我国城市化发展。在

"三大改造"完成之后，政府完全掌握了国内工商业的发展命脉，城市各企业的生产资料由国家计划供应，产品由国家包销和调拨；企业的成本（包括工资）、折旧基金和利润等财务指标纳入国家预算，实行统收统支；企业基本投资由政府决策，基建投资、固定资产更新、技术改造所需资金、新产品试制投入，乃至流动资金，全由国家财政拨款，季节性或临时性的定额外流动资金由国家银行贷款（刘传江，1999）。由于缺乏竞争，城市工商业发展缓慢，导致对人口的吸纳能力不足，城市化发展缓慢。另外，户籍制度把人口划分成了两类，即非农人口和农业人口，进而限制了人口的自由流动，在一定程度上阻碍了城市化水平的提升。

另一方面，"以农补工"的发展策略，导致农村发展滞后。与大多数发展中国家一样，我国在城市化发展的初级阶段，实行了优先发展城市工业的策略，导致农村发展缓慢。有学者指出，1952—1987 年，国家通过工农业产品不等价交换形式从农业转移资金 3971 亿元，以税收等形式转移出资金 953 亿元，两项合计 4852 亿元（杜鹏、宗刚，2004）。并且农业的发展为国家从国外进口工业化所需的设备和生产资料提供了大量的资金支持。如此使农村资源大量消耗，加之政府对农村发展的投入不足，"三农"问题日益突出。

第二阶段，改革开放后的城市化道路。十一届三中全会之后，中国进行了一系列的经济社会体制改革，经济、社会、政治、科技、文化等方面实现了快速的发展。在这一时期，中国的城市化也打破了长期徘徊不前的局面，城市化随着国民经济的高速增长，乡镇企业的发展和工业化的迅速推进而快速发展。随着城乡间的壁垒逐渐松动，城市人口比重迅速提高，城市数量大幅增加，城市综合实力大大增强。

小城镇建设快速发展，规模不断扩大。一方面，家庭联产承包责任制的改革极大地调动了农民的生产积极性，乡镇企业的建立吸引了大量剩余劳动力的转移，再加上政府对进城从商的限制解除，小城镇发展日新月异；另一方面，国家通过出台建制镇的相关政策，使这一时期的小城镇数量快速增加，其中有两次高峰：一是 1984—1986 年的"撤社建乡"，二是 1992—1994 年的乡镇"撤、扩、并"，此后建制镇增加了11997 个，极大地促进了城市化发展。

强调城乡统筹、以城带乡，发展新型的城乡关系。2004 年中央经济工作会议明确提出，我国已经进入以工促农、以城带乡的发展阶段，因此要建立以工补农、城乡互动、协调发展的新型城乡关系。随后党的十七届三中全会通过的《中共中央关于推进农村改革发展若干重大问题的决定》指出，要着力从城乡规划、产业布局、基础设施建设、公共服务一体化等方面打破城乡二元结构的束缚，促进公共资源在城乡之间均衡配置、生产要素在城乡之间自由流动，推动城乡经济社会发展融合。这从政策制度上为实现城乡一体化提供了保障，有利于城市化发展。

（二）我国城市化现状

目前，我国正处于城市化的快速发展阶段。从世界各国城市化发展的历程来看，都避免不了失业增加、住房紧张、交通拥堵、环境恶化等"城市病"的产生，其中拉美国家、印度还形成了"贫民窟"的独特现象。由于中国长期实行的户籍制度和对城市的严格管理，杜绝了"贫民窟"现象的产生，但是处于快速发展阶段的中国城市化依然面临严峻的城市问题的困扰。主要表现在：

第一，城市就业压力不断增大，农民市民化步履维艰。中国是世界人口第一大国，农村人口众多，一方面，城市工业的发展虽然创造了较多的就业岗位，但是仍然不能满足急剧涌入城市的农村剩余劳动力的需求；另一方面，由于户籍制度的限制，流入城市的人口未能享受到城市就业、住房、社会保障等方面福利，形成了"半市民化"的现象。

第二，城市用地急剧增长。人多地少，耕地资源稀缺是我国的基本国情之一，也是制约我国农业发展和城市化进程的基本因素之一。在城市化快速迈进阶段，城市的建设采取"摊大饼"的形式进行扩张，不断向周边蔓延，对土地实行低密度开发，造成了土地资源的浪费。

第三，自然资源的粗放利用，环境问题日益严重。快速城市化给城市资源和环境带来了巨大压力，加上粗放型的经济增长方式、滞后的城市基础设施建设和乏力的环境保护措施，城市中的交通拥挤、资源紧张、环境污染等问题日益突出。以环境污染为例，黄勇明（2013）在对城市化、环境污染与居民主观幸福感三者之间关系的研究中指出，中国严重依赖资源和能源消耗的城市化进程给区域环境容量带来巨大的压力，造成了严重的环境污染，导致居民的主观幸福感降低。

虽然如此，但不可否认的是，在我国城市化不断推进的过程中，也有不同地区结合自身发展的基础条件，开创了具有地域特色的城市化道路，形成了独具特色的城市化模式。例如，在毗邻沿海的城市借助工业和经济的快速发展，利用吸引外商资本投资、承接工业转移、发展对外贸易的优势，形成了以苏南乡企推动型、温州私企推动型和珠江外向经济推动型的城市化模式等。而农业地区个别城市在缩小城乡差距、在注重"三农"发展的兴农战略的机遇下，形成了以农业现代化为主导的胶南城市化模式和以农业为特色的洛川城市化模式等。

二　苏南乡企推动型城市化模式

苏南模式是对江苏省苏州、无锡和常州等地区以政府推动公有制经济为主体，通过发展乡镇企业实现非农化发展的方式，推进城市化迅速发展的总结。苏南地区通过政府主导，积极发展乡镇企业，带动了当地经济的发展，促进了乡镇的繁荣，进而加速了苏南地区的城市化建设。截至2010年，苏南地区的城市化率首次突破70%，达到了70.3%，城市化进入后期发展阶段。

（一）苏南城市化进程

事实上，苏南模式既是一条经济发展的道路，也是一条苏南地区城市发展的道路。在苏南模式下，苏南地区的经济实现了快速增长，城乡关系也日渐和谐。总体来讲，苏南城市化经历了三个阶段：

第一阶段，城市化的初级阶段（20世纪70年代末至80年代初）。在这一阶段，苏南地区发展的"主力军"集中在农村。面临国内市场经济的短缺，苏南地区紧抓机遇，利用毗邻上海的区位优势，积极引进上海的技术，政府出资兴办乡镇企业，大力推动了农村地区工业化的实现，为劳动力的就地转化提供了基础。

第二阶段，城市化的快速发展阶段（20世纪80年代后至90年代）。在这一阶段，适逢国际产业转移的契机，改革开放的步伐逐步加快。苏南地区通过建立国家高新技术开发区和众多的工业园区，积极引进外资企业，利用低成本优势承接国际产业转移。经济的进一步发展，给乡镇企业注入了活力，越来越多的小城镇成型，城市化水平不断提升。据统计，20世纪80年代后，在不足3万平方千米的苏南地区崛起了约300个小城镇。

第三阶段，城市化的完善阶段（21世纪以来）。一方面，通过深化改革，转集体为民营，激发了企业家的创业动力，民营企业如雨后春笋，成为经济发展的主要动力。当前，苏南经济中民营经济的比重已经超过50%。另一方面，产业不断升级，从原始的劳动力密集型向技术密集型过渡。进入21世纪以来，苏南地区城市建设稳步提升，城市化率从2000年的59.6%提升至2013年的73.5%。

（二）苏南城市化的特点

伴随乡镇企业崛起的苏南农村小城镇化构成"苏南模式"城市化的最初实践，总结苏南地区城市化的发展经验，具体特点有：

乡镇集体企业的迅速崛起为经济的腾飞插上"翅膀"。城市化前期，苏南地区以集体经济为主体，着力发展乡镇企业，加之农村家庭承包制实行后释放了大量的剩余劳动力，并且政府积极组织和配置劳动力和土地等资源，进一步促进了乡镇企业的发展，带动了苏南地区经济发展。

农村小城镇建设促进农民的就地转化。受小城镇聚集经济吸引，许多乡镇企业依傍小城镇建厂，农村工业向小城镇集中。在乡镇工业带动下，小城镇的劳动力需求快速增长，同时由于苏南地区小城镇相对密集、距离较近，交通十分方便，吸收和消化了大量农村剩余劳动力，农民实现了就地城市化。

政府的主导作用推动城市化发展。在苏南地区城市发展的过程中，政府的主导作用极为突出。政府作为城市发展的倡导者、组织者，在短缺经济的宏观环境下，政府通过土地、资本、劳动力等资源的配置，筹资建设乡镇企业，并指派企业负责人，有效地将企业家与社会闲散资本结合起来，跨越了资本的原始积累阶段，促进了农村工业化的发展。

（三）苏南城市化的评价

苏南乡镇企业推动城市化发展的模式，拉开了国内农村工业化、小城镇推进城市建设的序幕。在城市化建设过程中，苏南地区利用自身的区位、资源禀赋条件，为发展乡镇企业积累了必要的资金，并通过发展乡镇企业实现工业化，进而利用城镇工业化的快速发展转化农村剩余劳动力，促进了农民的就地转化，加速了城市化进程。

另外，从本质上来讲，苏南地区的城市化发展是政府超强干预的一种模式。在政府的超强干预下，乡镇企业承担了大量的社会政府职能和"公共企业家"职能。这种状况在城市化发展的初期对经济发展有积极的作用，但从长远来看，政企不分的集体产权制度安排必然不能适应市

场经济发展的需求，限制苏南地区经济的发展。因此，政府职能的重新
定位是在新时期下的必然选择。

三 温州私企推动型城市化模式

温州模式是对浙江省东南部的温州地区以家庭工业、民营企业和专
业化市场的方式发展非农产业，从而推进农村的工业化和城镇化的总
结。民营经济的发展，有效地将分散的民间资本聚集到一起，推动了温
州地区城市化的发展。

（一）温州城市化进程

温州城市化进程大致可以分为中华人民共和国成立前后、改革开
放、邓小平南方谈话三个转折点分为四个阶段。前两个阶段温州城市化
基本处于停滞阶段，后两个阶段温州的城市化逐步进入快速发展阶段
（徐旭、张殿发，2004）。

第一阶段，中华人民共和国成立前。这一阶段，温州经济已是百业
凋零，而且现代工业基础十分薄弱，年工业总产值为 0.68 亿元。工业
基础的薄弱，导致温州城市经济发展缺少动力，城市化水平提升速度极
为缓慢。

第二阶段，中华人民共和国成立后至改革开放前（1949—1977
年）。在这一阶段，温州经历了大跃进时期的城市化水平快速提升，但
20 世纪 60 年代的城乡分割限制了城乡人口的自由流动，导致工业化、
城市化停滞不前。

第三阶段，改革开放后至邓小平南方谈话前（1978—1991 年）。党
的十一届三中全会以后，温州全市农村和集镇形成了小商品大市场的经
济格局，经济发展速度大大加快。在这一阶段，温州城市化蓬勃发展。
但是由于姓"资"姓"社"问题的争论，在一定程度上制约了温州城
市化的发展。

第四阶段，邓小平南方谈话至今（1992 年至今）。温州实施了以提
高经济整体素质为核心的第二次创业发展战略，温州模式进入了一个新
的发展阶段，城市化也进入了飞速发展时期，城镇人口比重由 1990 年
的 28.2% 发展到 2013 年的 67.0%。

（二）温州城市化的特点

温州的城市发展很大程度上归功于"温州经济发展模式"，它贯穿
于政府调控、温州人精神等各个方面，成为有力推动温州城市化进程的

重要动力机制。温州城市化发展的特点主要包括：

民营经济和专业市场的兴起，是温州城市化的启动点和推动力。温州的城市化道路是以民营经济和专业化市场建立作为城市化发展的启动点，一方面，个体私营经济的迅速发展，使大批农村剩余劳动力从土地耕种中分离出来，向第二、第三产业转移，促进了农村人口的城市化；另一方面，以个体私营经济为主体的民营企业迅速崛起，使民间资本迅速集聚，为后续工业化的发展提供资本积累和技术的支持，从而促进城市化建设。

小城镇数量多，发展快，是温州城市化的主要突破口。温州小城镇发展迅猛，数量占全省建制镇总数的近1/6。小城镇数量的增加，得益于家庭经济以及商品市场的发展，剩余劳动力转向家庭生产及专业市场的经营，促进了人口向小城镇的集聚。这些城镇的崛起，在全市国民经济中发挥了支撑作用，在农村工业化中发挥了示范作用，在区域经济中发挥了辐射作用。

强大的社会网络，为城镇的发展提供了较多的融资渠道。温州人巨大的社会网络不仅仅支撑着温州人的流动和移民行为，更促进了大量的资金流向温州，为温州城市建设和区域发展提供了经济支撑，成为推动温州城市发展的强大动力。

弱化的政府调控，为民营经济拓宽了道路。宽松的政策为民营企业和市场建设提供了充分发展的机会，调动了基层政府和企业的积极性，壮大了市县经济，开创了自下而上的"温州模式"。

（三）温州城市化的评价

温州地区依靠民营企业和专业市场发展推动城市化进程的道路，是我国"自下而上"进行城镇化，推动城市化发展的又一次创新。在缺少国家政策支持、缺乏外来资金和人力资源的境况下，温州地区建立起了以农民自办企业，自担风险，小商品起步，以个体、私营经济为主体的发展模式，有效地集聚了民间资本，为改善和建设现代化的城市提供了支持。另外，民营经济的发展提高了非农产业的比重，促进了农村人口的城市化。同时，个体经济的发展也为农村发展提供了资金积累，乡村的基础设施也逐渐得到改善，缩小了城乡差距。

温州地区的私营集体经济的发展，在改革开放初期市场经济体系尚不健全的年代，其积极作用是明显的。但值得注意的是，温州地区的个体经济由于规模小、技术落后，导致规模经济效益不能有效发挥。因此，温州地区在后续的城市发展过程中，应该进行产业结构优化，建立特色化、规模化、技术创新化的工业园区，形成产业集群化发展，充分发挥规模经济效应。

四　珠江外向推动型城市化模式

珠江模式是人们对广东省珠江流域中以广州、深圳等为中心的 14 个市县，通过发展外向型经济推动乡镇企业发展，促进城市化建设道路的概括和总结。事实上，"珠江模式"既是指珠江三角洲地区的农村经济发展模式，同时也指这个地域上的农村城市化模式，它代表了我国最高水平的农村经济模式和典型的农村城市化模式。

（一）珠江城市化进程

从发展历程看，珠江地区的城市化进程可以大致分为三个阶段：

第一阶段，城市化缓慢发展阶段（1949—1978 年）。这一时期，工业基础薄弱，工业化发展缓慢，国家的投资是城市发展的主要动力。此外，城市对人口转化职能得不到发挥，这一时期城镇人口的增加主要依靠自然增长，制约了城市化的发展。截至 1978 年，珠三角地区仅有 28 个建制镇，城镇化水平不到 28%。

第二阶段，城市化提速发展阶段（1978—1992 年）。珠三角地区被列为对外开放地区，经济特区、沿海开放城市和珠江三角洲经济开放区的设立，加上"近水楼台"的区位优势，以东莞、宝安等地为代表的珠三角东部地区成了香港加工业的外迁地，逐渐形成了一批包括电子、家电、纺织服装等在内的轻型优势主导产业。工业化发展为乡村经济发展提供了动力，由此也带来了城镇结构和布局的改变，部分小城镇逐渐成长为中等城市、大城市，诸如深圳、珠海、东莞等，加快了城市化步伐。这一时期，珠三角地区的城市个数从 5 个增至 12 个，建制镇从 32 个增加到 374 个（不含县城镇），城市化水平达到 43%。

第三阶段，城市化快速发展阶段（1992 年至今）。1997 年 6 月亚洲经济危机爆发，房产、股票、债券的"热潮"使珠三角成为全国资金流入的"凹地"，为城市发展提供了源源不断的资金支持。与此同时，珠江地区在全国范围内率先实施乡镇企业产权改革，而随着新的产业要素（资本、技术等）加入工业化进程中，珠江地区的工业化、城市化快速推进。截至 2014 年，珠三角地区城镇人口占常住人口的比例达到了 84.12%。

（二）珠江城市化的特点

借着改革开放的东风，利用毗邻港澳的地理优势，通过引进国外的先进技术，发展外向型乡镇企业，加之本身农业发达，使乡镇企业的发展获得了诸如资金积累、劳动力以及农副产品供给等要素保证，珠江地区的城市化建设取得了显著成效。珠江地区的城市化发展特点主要表现在：

外向型经济为珠江三角洲地区乡村工业的发展提供了动力。随着改革开放区域的划定，珠江地区凭借自身的区位优势，以及政府的政策支持、产业基础设施的投入，以"三来一补"① 的形式发展乡镇企业，使珠江地区工业化在短期内实现了快速发展，以深圳、珠海为例，1980—1991年，其工业总产值的年均增长率分别为73.8%、52%。

工业经济的发展改变了城镇的规模和布局。随着工业在工农业总产值中的比重提高，非农业人口占总人口的比重也逐步上升。在珠江地区，由于工业的区位大多集中在各级各类城镇，因此乡镇企业的发展带来了人口向城镇的聚集，并逐步发展成为中等城市、大城市。

农村剩余劳动力的异地转化。珠江三角洲地区历来人口稠密，耕地紧缺，农村剩余劳动力比重很高。改革开放以后，农村剩余劳动力已经大部分实现了向第二、第三产业的转移，但是这些外来人口主要从事低层次的非农劳动，难以真正融入城市主流生活之中，属于城市的边缘人群，表现为"离乡不离土"。

（三）珠江城市化的评价

珠江外向推动型的城市发展道路，是"自下而上"利用外来力量发展乡村城镇化的新路子，是改革开放初期进行城市化建设的成功实践。

改革开放以来，珠江三角洲地区在政府政策的引导下，凭借区位优势，发展乡镇工业经济，促进了城市化。但值得深思的是，通过小城镇发展城市化的道路是一种典型的粗放非农化发展，从长远来看违背了走集约化模式的本质（陈玉和、孙作人，2010）。在城市化早期，珠江地区的农村城市化主要以量的扩张为主，集中表现为小城镇发展过多过快且比较分散，缺少一批具有承上启下作用的中等城市和高质量的小城

---

① "三来一补"是指来料加工、来样加工、来件装配以及补偿贸易。

镇，这在一定程度上造成了基础设施的重复建设，造成资源的浪费。因此，在城市化后期建设中，要逐渐完善小城镇的各项职能，如人口转化、资源配置、经济发展的微观主体等，充分发挥小城镇作为农村剩余劳动力"蓄水池"、缩小大中小城市间差距载体的建设优势。

五　胶南农业现代化主导型城市化模式

胶南作为山东省青岛市的一个市辖区，依山傍海，气候环境适宜，物产资源丰富。在胶南城乡发展过程中，工业化推动了胶南城市经济的快速发展，而以农业现代化为主导则有力地促进了农村经济发展，缩小了城乡间的差距，探索出了一条农业现代化促进城市化发展的道路。

（一）胶南城市化进程

在胶南城市发展初期，与其他地区类似都采取了优先发展城市的战略，工业化成为带动城市经济的主动力。随着胶南城市发展的推进，农村经济发展成为政府城乡建设中关注的焦点。根据胶南城市经济的发展，对应地将其城市化进程划分为两个阶段：

第一阶段，城市化的起步阶段（20 世纪 80 年代之前）。这一阶段，受到计划经济和城市偏向政策的影响，与众多地区一样，胶南将发展重点聚焦在城市经济的提升方面，利用农业生产剩余发展城市工业。截至 1978 年，胶南农业总产值为 8.70 亿元，工业总产值为 1.69 亿元，三次产业比例为 68.4∶20.9∶10.7。可以看出，改革开放之前，胶南的农业生产是经济发展的主导，这就导致城市对农村劳动力的"拉力"不足，城市化水平发展极为缓慢。同时，由于"大跃进"和"文化大革命"带来经济社会的剧烈波动，城市化水平也在 15%—20% 波动。

第二阶段，城市化的快速发展阶段（20 世纪 80 年代—2012 年）。20 世纪 80 年代之后，胶南地区在乡镇工业的蓬勃发展下，其城市产业基础体系逐渐成形，城市经济实力逐步增强，吸引了农村人口向城镇转移。2012 年，胶南市国内生产总值为 725.71 亿元，其中第一产业增加值 52.31 亿元，第二产业增加值 422.65 亿元，第三产业增加值 250.75 亿元，三次产业的比例为 7.21∶58.24∶34.55。在这一阶段，胶南开始重视农村经济的发展，以农业现代化推动农业发展、促进农民增收、繁荣农村经济。通过财力集中投入和技术集约利用等方式，着力发展八大农业主导产业，并通过农民教育培训计划，提高了农民科技素质，为发展农业特色产业储备了高素质劳动力。工业化和农业现代化的协调发展，有效推动了胶南地区城市化水平的提升。截至 2012 年，胶南市与黄岛区合并之前，全市共完成城镇建设总投资 2.91 亿元，小城镇人口达到 50.21 万人，城市化率达到了 60.5%。

（二）胶南城市化的特点

胶南以工业发展为基础，以农业现代化为推手，以小城镇建设为发展战略，大力推进了城市化进程，其城市化的特点在于：

工业发展壮大了胶南的经济实力，为城市化奠定了产业基础。胶南先后建设了海滨工业园和临港产业加工区，另外胶南还分别设立了外贸出口加工区、机电加工制造产业区、高新技术产业区、临港物流区和与园区配套的生活居住区、旅游度假区、公共服务区等，工业企业成为农村人口向城镇转移的蓄收器，保证了农村人口进城留得住，促进了人口向城镇集聚，提升了城市的人气。城市化实现了超常规、突破式发展，城市化进程不断加快。

以现代化农业为主导，第一、二、三产业融合发展。通过推进农业产业链条延伸，大力发展以农产品加工业为重点的农村第二产业，培育以农村物流业、休闲观光农业为重点的农村第三产业，推进第一、二、三产业融合发展，以加快城市化的发展进程。

小城镇的快速发展，促进了农村城市化建设。胶南地区按照大青岛"三点布局、一线展开、组团发展"的城市发展战略，全面推动小城镇建设快速发展，通过对小城镇基础设施的不断投入，小城镇道路、给排水、路灯等基础设施进一步加强，其环境卫生有了明显改善，加之胶南地区乡镇工业的发展，让小城镇经济快速提升，小城镇建设成绩显著，成为劳动力转移就业的重要平台，农村城市化进程不断加快。

（三）胶南城市化的评价

胶南区坚持把现代农业建设作为推动农业发展、促进农民增收、繁荣农村经济的重要着力点，紧紧围绕现代农业综合体规划进行布局，大力实施"品牌兴农"战略，按照园区化建设、企业化管理、品牌化运营的工作思路，通过资本集中投入、政策集成运用和技术集约利用等措施，着力促进农业主导产业发展，提升农业集约化、设施化、标准化、规模化和技术化水平。2012 年，胶南与黄岛合并设立黄岛区后，依然坚持"高新技术驱动、高效产业支撑、标准品牌提升、城乡一体融合、生态环境持续"的农业产业化发展战略,其特色城市化模式对以农业为主的地区进行城乡一体化建设具有重要的参考价值。

胶南具有良好的区位优势和产业基础,其城市化实现了超常规、跨越式发展。城市规划高瞻远瞩,基础设施日趋完善,小城镇建设蓬勃发展,胶南优越的区位优势和良好的投资环境更加明显。但胶南城市化也面临一些制约因素,如城市化滞后于工业化的问题仍比较突出,城市化质量有待进一步提高,东西部经济发展差距较大,小城镇的吸纳能力不强,城镇建设缺乏特色,建设的档次和水平较低。未来一段时间胶南城市化模式应选择同步、集中型城市化模式,注意将现代农业与工业结合发展,城市发展与小城镇发展相结合。

胶南应该走一条多元化、集约型、绿色化、可持续的发展道路。继续大力推动农业现代化,着力推进第二产业和第三产业,转变和优化产业结构,改善城市化的动力机制。抓好城市化的配套建设,推动城市化进程中教育改革、金融改革和社会保障机制的建立和健全。同时还要积极探索城市化的可持续发展问题,做到城市生态环境实现良性循环,城市人口适度集聚,以市场化和人性化为推手推进城市不断向前发展。

六 洛川农业特色型城市化模式

洛川县位于陕西省中部,延安市南部,地处陕北与关中的交界地带,交通条件便利,区位优势明显。洛川全县耕地面积 64 万亩,农业资源丰富,以农业特色为主打,积极推进城乡经济社会建设,为农业特色县城市化建设提供了有益的范例。

(一)洛川城市化进程

以洛川县两次总体规划为时间节点,可将洛川的城市化进程划分为三个阶段:

第一阶段,城市化的准备阶段(1950—1998 年)。这一时期,农业发展缓慢,虽然经历了从集体经济到家庭承包责任制的转换,但由于缺乏科学的种植经验和市场导向的经营理念,农业产值增长缓慢。洛川工业基础薄弱,工业化和城市化进程缓慢,人口居住主要以利于农业生产的分散村落为主,难以形成城市发展的人口集聚形态。此外,由于工业化技术未能融入农业生产,导致农业资源的效用未能得到充分发挥,县域经济发展缓慢,进而城市对人口转化职能得不到发挥,制约了洛川城镇化水平的提升。

第二阶段,城市化的成长阶段(1999—2006 年)。自 1999 年洛川县城市总体规划编制实施以来,洛川县政府以农业特色县城市化发展为目标,借助丰富的农牧业资源,奋力打造洛川苹果产业品牌。2006 年,总人口 20.29 万人,非农业人口 3.41 万人,县域城镇区居住人口约 7.44 万人,占总人口比重的 36.67%。

第三阶段,城市化的加速阶段(2007 年至今)。2007 年,洛川县政府考虑到国家政策发展的总体趋势、人口增长和城市建设用地矛盾及生态环境不断恶化等因素,重新编制了洛川县城市总体规划。这一阶段,洛川县以现代化农业技术不断地提高农业生产水平,农业附加值不断提升。县域经济的快速提升,也带来人口的集聚,截至 2014 年年末,洛川县城镇化率达到了 50.8%,城镇化水平快速提升。

(二)洛川城市化的特点

洛川城市化建设,坚持规划先行,以农业特色为指导,城市化水平不断提升。

以农业特色为主导。在洛川城市化发展过程中,一方面把提升农民苹果生产技术作为推动农业结构优化升级的重要手段,另一方面把果业贸易作为现代果业产业升级的重点之一。果业加工贸易在洛川经济发展中扮演着极其重要的角色,洛川政府大力推广苹果专业合作社营销模式,并积极完善农资配套设施。产业发展为农民进城创业提供了机会,园区建设创造了集聚效应,各大园区建设为苹果产业链的延伸和结构升级提供了平台,也为农民城市化奠定了良好的基础。

坚持规划先行。在推进城市化建设的过程中,洛川县政府先后委托规划设计院、高校制定了洛川城市发展总体规划,并不断完善各类规划,为城乡建设提供科学依据。1999 年,由陕西省城乡规划设计研究院编制完成了《洛川县城总体规划(1999—2020)》,用于指导洛川城市空间布局。按照总体规划的要求,目前洛川县"三横四纵"的道路骨架已经基本形成,城市各项建设与基础设施不断完善,城市面貌正发生着巨大的变化。2007 年,又相继委托西安建大城市规划设计研究院完成了《洛川城市总体规划(2007—2025)·说明书》的编制,西北大学编制了《洛川城市文化视角设计规划纲要》,长安大学规划设计研究院编制了《洛川县城乡一体化建设规划》,用于指导洛川"县、乡、村"三级规划网络体系的建立,为城镇化建设奠定了良好的基础。

(三) 洛川城市化的评价

洛川县是农业大县，果业资源、农牧产品资源丰富，以发展农业特色为纲领，走出了一条具有洛川特色的城市化道路，但是资源优势并未完全转化为城镇发展的产业优势。城镇产业特别是第二产业发展滞后，制约着城镇规模的扩大，也使城镇集聚和辐射能力不强。因此，目前洛川县域城镇仅仅是作为行政管理的中心，还远未成为县域的产业集中区、人口集聚区，城镇带动区域发展的能力远未发挥。

洛川县城市化发展应该在城乡统筹规划的基础上因地制宜，加快推进果业产业价值链的延伸，做大做强第二产业和第三产业，打造以果业为中心的现代工业和旅游产业。推进以县城为中心，以乡镇和新型社区为组团的园林城市。推动果业规模化和品牌化经营，形成不断开放和进步的洛川苹果品牌市场，运用政府和市场两种力量形成和建立储运设施和配送体系，形成以出口为导向的营销战略。

第三节　国内外城市化模式比较及对杨凌农科城建设的启示

一　国内外城市化模式的比较

1. 发达国家城市化的比较

西方发达国家在 20 世纪先后完成了城市化进程。从过程来看，发达国家城市化道路是一条工业化与城市化相互促进、大中小城市协调发展、城市环境由乱到治、城市人口分布先集中后分散的动态均衡的发展道路。从动力机制来看，发达国家主要依靠市场机制，通过要素资源的自由流动来实现城市化，同时也重视政府的规划和调控功能，走出了一条以市场为主导、政府为辅助的城市化道路。从结果来看，发达国家在城市化进程中较为顺利地实现了从以农业和农村人口为主导向以非农产业和城市人口为主导的经济社会结构转变，并且在经济发达的前提下基本消除了城乡差别和工农差别，因而其城市化道路也是一条健康的、比较成功的道路。具体而言，西方发达国家的城市化道路包含以下几个方面的共同特征：

城市化与工业化同步发展。从 18 世纪 60 年代以来，三次工业革命浪潮的兴起，随之而来的工业化进程带动了人口和经济活动的集中，从而推动了城市化进程。城市化的发展促使人口聚集，增加了城市的数量，扩大了城市的规模，提高了工业生产和城市的规模经济效应。而这些反过来又有力地促进了工业化的发展，这表明了工业化和城市化之间相互促进、良性循环的内在机制。

产业结构的优化升级。发达国家城市化的发展动力源于工业化的发展，而产业结构的不断优化则为城市化的后续发展提供了基础。在城市化初期，第一产业往往占据着经济系统中的主导地位，以日本为例，日本城市化初期，第一产业的发展为从国外进口先进的工业生产设备提供了必要的资金支持。但是由于传统的第一产业存在效益递减的趋势，加上政府对发展工业化的大力支持，各个发达国家的工业化程度不断提高，第二产业逐渐替代了第一产业的主导地位，一方面工业化为实现农业现代化提供了物质生产资料，另一方面工业化的发展创造了更多的就业机会，为接受劳动力的转移提供了平台。这一时期城市化的发展水平快速提高，出现了众多大规模的中心城市。但是随着城市化建设步入成熟，粗放型的工业发展带来了一系列的城市问题，新兴的服务业成为经济体系中新的动力源。

城乡差别从扩大再到缩小。城市化初期城乡差别逐渐扩大是一种普遍的现象，这一点集中体现为城乡收入差别不断扩大，在发达国家造成这一问题的原因主要有两方面：其一，城市化初期对农村资源的"掠夺"，以及传统农业的效益递减；其二，带有倾向性的城乡分配政策。在早期，这样的差距在一定程度上促进了生产要素在城乡之间的流动，为工业化和城市化提供了有力的资本和劳动力支撑，但是这种差距不可能长期存在，否则将会制约城乡之间的协调、健康发展。因此，在进入工业化和城市化中期阶段，发达国家通过市场力量的驱动或者是政府政策的支持，采取各种措施来弥合城乡差距，努力促进城乡一体化发展。

城市化发展模式的差异性。发达国家的城市化有一定的相似性，但由于各国城市化发展起始条件的差异，如资源禀赋、工业基础、政府政策制度等，注定了城市化发展模式上的差异性。这些差异表现在城市化的空间类型特征、实现机制、城市规模以及政府政策导向上，具体如表 3-3 所示。

表 3 - 3　　　英国、美国、日本、法国、荷兰城市化模式比较

城市化模式	起始条件	动力机制	城市规模	城乡关系
英国小城镇模式	工业起步早，人均资源占有较多，市场体系发达，社会文化条件优越，向外移民多	市场主导与政府调控并重	城市体系中以中、小规模城市为主，小城镇建设	城乡关系较为协调
美国大都市区模式	经济发达，人均资源丰富，自然和社会环境优越，市场体系发达，教育水平高，外来移民规模大	自由放任式的城市化道路	郊区化、分散型城市发展，大城市占据主导地位	城乡"双赢"，对农业发展支持力较大
日本集中型模式	人口众多，国土面积狭小，人均资源稀少	市场主导与政府干预相结合	城市密度大，人口密集，空间布局以集中为主	城市较发达，农业发展停滞
法国分散型模式	农村人口向城市迁移规模小、速度慢、持续时间长	工业化与城市化协调发展，并且注重农业和乡村的发展	以中小城市发展为主体	城市工业化与农业现代化协调发展
荷兰紧凑型模式	人多地少、农业资源贫乏	注重城市规划，保护农业生产	卫星城建设的密度较高	城市"绿心"的建设，保护了农业发展

2. 发展中国家城市化比较

由于发展中国家在所处的时代背景、内外部的基础与环境条件、面对的发展任务、可选择的发展战略等方面与发达国家有着非常大的不同，因此，发展中国家在城市化道路上与发达国家存在很大的差别。事实也证明，发展中国家不可能重走发达国家走过的城市化道路。发达国家城市化道路呈现的总体特征是均衡，而发展中国家的城市化道路呈现出明显的非均衡特征。这种非均衡的城市化道路，其特征表现在以下几个方面：

工业化与城市化发展失调。工业化与城市化发展失调主要表现在两个方面，一是过度城市化，二是滞后城市化。以印度的城市化进程为

例，经济发展过程中长期偏重于优先发展资本密集型和技术密集型的重工业，而忽略了劳动密集型的轻工业，并且重工业长期受到政府的保护，缺乏竞争力，因此印度工业化的发展并没有发挥吸引大量农村剩余劳动力向城市转移的作用。另外，由于劳动力在农业领域的就业比重高居不下，造成了工业的发展不足，导致城市化水平偏低。长此以往，则抑制了工业化与城市化相互促进协同发展的作用，使其陷入恶性循环之中。

特大城市为主导，城市人口高度集聚。城市人口过度集中在几个特大的中心城市，是发展中国家的共性之一。特大城市的形成，原因在于在发展中国家经济发展的初期，受到殖民者的剥削和掠夺，资本、技术和资源缺乏，采取了非均衡发展的策略，优先发展部分基础条件较好的城市和地区，然后通过"增长极"的辐射带动作用，促进周边地区的发展。但是事与愿违，"涓滴效应"和"扩散效应"没有很好地发挥，造成其他地区发展的停滞甚至衰退。另外，在以大城市为主导的不均衡发展战略下，政府政策也带有明显的城市倾向，比如政府对城乡基础设施的投资力度、收入分配制度、社会保障制度等，城市优越的生活条件，吸引了大量农村人口向城市的转移，城市人口规模持续扩大。

城乡关系、城乡收入分配关系严重失衡。城乡发展失衡主要表现为国家片面强调工业和城市的发展，而忽视农业和农村的进步。一方面，许多发展中国家为了快速实现城市化水平的提高，实行了向城市和工业严重倾斜的产业政策，在资本短缺的情况下以牺牲农业和农村的发展为代价来支持现代城市工业的发展，这种"名正言顺"的对农村资源的"剥削"和"掠夺"，造成了农村和农业的发展动力不足，加剧了城乡发展的不平衡。另一方面，由于贸易环境的变化，发达国家对初级产品的需求减少，这使一直依赖于初级产品出口的发展中国家面临巨大的经济难题，城市工业和农村农业发展受限，造成城乡关系失衡。对于城乡收入分配关系差异，通过一组数据就可以说明，2004 年，巴西年收入最高的20% 的人口占有总收入的 61.21%，而收入最低的 40% 的人口却仅占有总收入的 9.25%；印度收入最高的 20% 的人口占有国民总收入的 45.34%，收入最低的 40% 的人口仅占有国民总收入的 19.35%。

对于每个国家而言，由于自然地理条件、资源禀赋、历史文化背景

以及经济发展水平等因素的差异，所以城市化道路的选择表现出多样
性，以及城市化发展水平的多层次性。表3-4从城市化的起始条件、
城市发展的动力、工业化与城市化关系、城市发展以及城乡关系角度描
述了发展中国家城市化的差异性。

表3-4　　　　　　　巴西、印度城市化模式比较

城市化模式	起始条件	动力	工业化与城市化关系	城市发展	城乡关系
巴西过度型模式	城市人口多，人均资源相对较多，土地占有严重不平等	以市场为主导的城市化道路	城市化超前发展，工业化不能满足城市化需求	城市人口密度集中，城市首位度高	城市发展很快，但是农村发展停滞，城乡严重失衡
印度滞后型模式	殖民时期工业化畸形发展，人均资源少，城市环境较为恶劣	以市场为主导的城市化道路为主	城市化发展滞后于工业化发展	城市发展水平低，城市首位度高，城市人口规模大	城市发展较快，农村发展缓慢，城乡失衡

3. 国内城市化模式的比较

苏南模式、温州模式、珠江模式、胶南模式和洛川模式的发展，是
国内城市化道路探索的成功实践。表3-5从五种模式的起始条件、模
式特征、发展核心以及条件变化和模式局限等方面进行了对比。

表3-5　　苏南、温州、珠江、胶南、洛川五种城市化模式的比较

模式	起始条件	模式特征	发展核心	条件变化和模式局限
苏南乡企推动型模式	农业基础良好、交通便利、资金和人力资源丰富	大力发展乡镇经济，劳动力就近转移	乡镇集体经济	市场竞争加剧，市场外部环境恶化；资源约束不断强化；利益和权力条块分割，低水平的重复建设和过度竞争

续表

模式	起始条件	模式特征	发展核心	条件变化和模式局限
温州私企推动型模式	农业发展条件差、远离大中工业城市、农村集体经济薄弱	以家庭经营为基础，以市场为导向，以小城镇为依据	民营私有经济	松散合作和分散经营阻碍企业扩张；家族式经营管理对企业成长的不适应性；传统劳动密集型产品面临激烈竞争
珠江外向推动型模式	农村经济发展基础较好、区位条件良好、国家对外开放政策的倾斜	发展"三来一补"的外向型经济、对外开放政策为主导的经济发展	外向型经济	对外开放的政策制度优势不再明显；外向度过高，受国际经济环境影响明显；加工贸易下游企业竞争激烈，企业利润下降
胶南农业现代化模式	物产资源丰富	工业化为主动力，以农业现代化发展农村经济	工业化、农业现代化	现代服务业发展缓慢，不利于城乡经济长远发展
洛川农业特色模式	土地资源优质，果业发展基础良好	以苹果为特色主导产业，科学规划城乡布局	农业特色产业	特色产业的结构单一，抗风险能力弱；城镇产业集中程度低，规模效应尚未发挥

二 对杨凌农科城一元化建设的启示

1. 城市化要与工业化、农业现代化协调发展

目前，我国正处于一个经济全球化、区域经济一体化和信息化的时代，同时我国也处于农业经济向工业经济的一般转型和计划经济向市场经济的特殊体制转型交织在一起的"双重转型"过程（李忠，2012）。在此"特殊"的背景下，我国的城市化不仅要与工业化同步发展，而且也要符合农业现代化、信息化、市场化和全球化的发展需要。世界各国的发展经验也表明，超越工业化进程和经济发展阶段的城市化是畸形的，而滞后的城市化也是不符合城市发展规律的。因此，保持城市化与工业化、农业现代化的协调发展，是杨凌城乡一元化发展的必由之路。

2. 土地要集约利用，实现城市的可持续发展

土地资源配置在推动城市化过程中扮演着十分重要的角色，根据各国城市化过程中对土地的利用方式，主要有以荷兰为代表的紧凑型城市化、以日本为代表的集中型城市化以及以美国为代表的分散型城市化等。杨凌面积有限，人口基数不大，在发展过程中面对的是地少人少、耕地资源短缺的现状。杨凌的人均可耕地面积不足我国平均水平，面对土地资源稀缺、人口不断增长的情形，以荷兰为代表的紧凑型城市化的经验值得我们汲取。因此，根据杨凌的资源环境承载力，走集约型、可持续的城市化道路，是杨凌城市化的必然选择。

3. 根据区域资源禀赋，实行具有杨凌特色的城市发展模式

按照区域布局，城市化可划分为非均衡和均衡城市化两种模式。按照各国的发展经验来看，城市化之初，区域间的发展必然呈现非均衡的特征，并且城市化的目标之一就是实现从非均衡到均衡的转变。陕西省各地区之间，从陕北到关中，再到陕南，具有不同的自然资源条件和人口状况，工业化水平和经济发展阶段也各不相同，需要进行分类指导，实行差别化的城镇化发展模式。而杨凌受自然资源、人口环境承载力等因素的影响，其城市化模式不可能与其他城市一致，需要走杨凌特色城市化道路。

4. 完善杨凌城市的服务功能，实现城乡的协调发展

在世界各国城市化发展过程中，有的国家选择优先发展大城市，通过大城市的辐射效应带动中小城市的发展；有的国家则一开始就选择了大中小城市协调发展的道路。从我国的城市化建设来看，前期主张建立以大城市为核心的城市集群，农村、城镇、小城市的资源为大城市提供了发展的原始资本，因此也导致了大中小城市的非均衡发展。而随着信息化、经济全球化、区域经济一体化时代的到来，不同城市的功能、地位和作用不同，在区域经济中是不能替代的。大城市对于区域经济具有较强的辐射带动作用，其影响可能是跨区域的或者是全国性的甚至是全球性的。中等城市服务于整个区域，在这个区域内起"领头羊"的作用。小城镇的功能则是服务广大农村。大中小城市和小城镇有各自的服务功能，且不能相互替代，所以必须强调大中小城市和小城镇协调发展，避免人口向大城市过度集中。杨凌必须要建立更加公平可持续的社会保障制度，着力解决好医疗、教育、就业、金融等民生"短板"问

题，进一步完善城市服务功能，让人民群众享受到更多社会服务的同时，保证区域内城乡协调。

5. 政府调控和市场机制相结合，引导城市健康发展

政府一直以来在城市建设过程中扮演着极其重要的角色，而市场机制的完善能够促进城乡要素的合理配置，推动了城乡一元化进程。西方发达国家城市化经验表明，城市规模、城市布局、城市功能演进和城市产业分工基本都是源自市场选择和作用的结果。而绝对的市场主导型城市化，在缺少政府调控机制的情况下，其效率也会受到制约。相反，单一的政府主导型城市化，会造成城市化偏差。战后日本、韩国为了在短期内快速实现城市化，均是采取了政府主导型的城市化。因此，杨凌应当更多地借鉴欧美国家政府调控下的市场主导型城市化模式的成功经验，既要强调市场机制的作用，又要注重政府的调控作用，尤其要重视规划的作用，通过规划引导城市化健康发展，实现城乡一元化的发展目标。

6. 完善网络化交通基础设施，促进城市快速发展

便捷的网络化交通在很大程度上缩小了城市之间的距离，使城市逐渐集聚，从而形成"卫星城"或者城市集群。同时，随着城市之间交通网络的建成，城市的联系日益密切，城市功能也逐渐趋于完善，城市集聚带来的核心示范效应也趋于增强。以日本为例，日本国内土地资源有限，促使日本不得不实行人口和经济的高度密集，进而在太平洋沿岸形成了东京、大阪和名古屋三大都市圈，极大地推进了日本城市化进程。在信息化、网络化、经济全球化的时代，杨凌的城市化进程和模式不仅仅是要顺应世界城市化的新潮流和趋势，同时，还将对中国乃至世界经济产生重要影响。因此，完善网络化的交通基础设施建设，促进城市群或都市圈的发展，提高国际影响力和竞争力，是杨凌城市化的必然道路。杨凌应该协同武功、周至、眉县、扶风，加大公路路网布局建设，加快形成以杨凌为中心的区域交通路网体系，不断巩固和发展杨凌的区域中心地位。

7. 依托科技进步，发展农业现代化

在发达国家城市化进程中，荷兰与法国都将发展现代化农业作为城市建设过程中的关键问题，注重乡村和农业的发展。荷兰农业高度集约化，呈现出高质量、高产量、高附加值、高效益的发展态势。法国在推

进农业和乡村建设的过程中，通过快速推进农业生产机械化，积极推广农业科技，大力提高农民素质，培养新型农民，实现农业生产专业化和组建合作社等措施，有效实现了传统农业向现代农业的转变进程。从杨凌农科城实际发展环境考虑，杨凌作为一个农业高新技术产业示范区，有着厚重的农业科学技术积淀，利用农业科技成果转化，提高现代化农业水平是可行的，这也必将大力推进城乡一元化建设。

第四章　杨凌城市化发展现状及问题分析

城乡一元化建设需要结合区域城乡经济社会发展基础，形成科学合理的发展方案。本章从经济发展、居民生活、基础设施、公共服务水平等方面分析了杨凌城市化发展现状及存在问题，为杨凌城乡一元化的可持续发展建设提供现实依据。

第一节　杨凌概况

杨凌，位于陕西关中平原中部，拥有深厚的历史底蕴，优越的地理条件和丰富的自然资源。1997 年 7 月 29 日，经国务院正式批准成立杨凌农业高新技术产业示范区，成为我国唯一的农业高新技术产业示范区。截至 2015 年，全区行政土地总面积 135.4 平方千米，规划面积 22.12 平方千米，常住人口 20.34 万人。

一　历史沿革

杨凌历史悠久，在我国农业发展的历史上具有重要地位。根据《史记·周本纪》的记述，早在 4000 多年前，我国农耕文明的始祖——后稷就在现在的杨凌一带带领农民开始进行最初的农业种植，使杨凌地区成为我国传统农业的重要发祥地之一。

杨凌的行政隶属关系变化频繁。汉时杨凌属扶风管辖，魏时归武功郡，晋改名为平郡，北周时为雍州属地，唐代设稷州，宋初属武功归京兆府管辖，后改属醴州，金时属武亭县，元明两代为乾属地，清属武功。新中国成立后，1956 年设立杨陵镇，1959 年改为杨陵公社，1979 年设立杨陵特区，属宝鸡市，1993 年划归咸阳市。1997 年经国务院批准成立杨凌国家农业高新技术产业示范区，纳入国家高新区管理，由陕西省直辖，并和 23 个中央部委共管，具有地级行政级别。

杨凌是中国西北地区现代农业高等教育的发源地。1934 年，于右任先生与杨虎城将军，在此创办了中国西北地区第一所农业高等专科学校——国立西北农林专科学校（今西北农林科技大学的前身）；新中国成立后，国家和陕西省在这里陆续布局建设了 10 所科研教学单位，在不足 4 平方千米的土地上，有着农、林、水等 70 个学科，约 6000 名的科教人员，因而杨凌被誉为中国的"农科城"。

二　地理及空间布局

（一）地理条件

一般来说，城市的形成与发展取决于它所在区位的自然资源、社会资源、历史文化、经济贸易、交通运输等多项条件，这些条件是构成经济增长和社会进步的基础（曹昌智，1996）。研究杨凌城市发展，对区位条件的认识和把握程度决定着杨凌城市发展水平的高低。

1. 自然资源

水土资源的充足为杨凌农业发展提供了物质基础。首先，土地资源方面。杨凌属于典型的河谷地貌类型，地势相对平坦。区内地面组成物质以第四纪黄土为主，土层较厚，土壤肥沃，耕性良好，适宜农作物生长，属于优质的土地资源。其次，水资源方面。杨凌水资源丰富，水资源总量约为 28.7 亿立方米，区内宝鸡峡二支渠、渭惠渠、渭高干渠等灌溉渠系为人们日常生活和农田灌溉提供了充足水源。同时，杨凌示范区内地表水资源和地下水资源开发利用潜力很大，并且水质良好，适合居民生活用水和农业生产用水。

2. 地理位置

地理区位的优越性，使杨凌示范区成为区域发展中的重要城市。杨凌位居陕西关中平原中部，东距省会城市西安市 82 千米，西邻工业城宝鸡市 86 千米，处于全国宏观经济布局的一级发展轴线上，系属陕西传统的关中经济区，是关中高新技术产业带和星火产业带，即"一线两带"的重要结点城市，地理位置优越（见图 4 - 1）。

3. 交通运输

新欧亚大陆桥陇海铁路及连（连云港）霍（霍尔果斯）高速公路纵贯杨凌示范区，477 铁路货运专线、530 万吨铁路货运站保障物流运输，使杨凌成为东连我国中东部地区，西进西北、西南地区的重要通道。郑西宝鸡客运专线（高铁）途经杨凌，15 分钟可达西安。国家区

图 4 –1　杨凌区位

域性航空港咸阳国际机场位于杨凌以东 70 千米处，并有高速公路连接，交通运输便利。

（二）空间布局

城市空间布局是指城市各功能区的地理位置及其分布特征，是城市功能组织在空间上的投影（李晋威，2005）。在城镇空间布局上，杨凌构建了"一城—三办—两镇"的发展形态。一城：中心城区；三办：杨凌街道办事处、李台街道办事处、大寨街道办事处；两镇：五泉重点示范镇、揉谷沿渭重点镇两个中心镇。

三　杨凌城市化发展阶段

城市化是城市人口比重不断提高的过程，也是从以农业为主，产业结构相对松散的城市化低水平阶段，向集约化程度高、产业结构相对复杂的城市化中高阶段发展的过程（周毅，2009）。城市化水平的计算指标通常有城镇人口比重指标、非农人口比重指标、城市用地比重指标，其中城镇人口比重指标实用性强，反映了城市化的本质。图 4 - 2 中全国和陕西、杨凌城市化水平就采用这一指标计算。

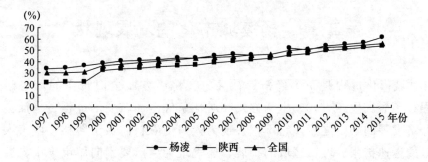

图 4 - 2　1997—2015 年杨凌与陕西、中国城市化率比较

资料来源：《中国统计年鉴》（2016）、《陕西统计年鉴》（2016）、《杨凌十年发展统计报告》（1997—2007）、《杨凌示范区国民经济和社会发展统计公报》（2008—2015）。

可以看出，杨凌的城市化发展虽然起步较晚，但其城市化率增长速度较快，领先于全国和陕西省。目前，杨凌的城市化水平已超过全国和陕西省平均水平，为其进行城乡一元化建设奠定了坚实基础。根据1997—2015 年杨凌城市化率的增减变动情况，可以将其城市化历程大致分为以下三个阶段：

1. 城市化缓慢起步阶段（1997—2000 年）

杨凌在示范区成立之前，是隶属于咸阳市的一个县级区，1997 年示范区成立之后才开始注重城市化建设，工业向城市积聚并逐步发展起来。1997 年，杨凌的城市化率仅为 33.61%，而同时期的全国城市化率为 29.90%，陕西省城市化率为 21.48%，杨凌进入城市化的缓慢起步期。

2. 城市化曲折发展阶段（2001—2009 年）

2001 年，杨凌的城市化率首次突破 40%，达到 40.56%。在这一阶段，杨凌城市化水平持续稳步增长，增长速度虽然有所下降，但整体上依然保持增长的态势。

3. 城市化加速推进阶段（2010—2015 年）

2010 年，杨凌的城市化率首次超过 50%，增速明显，杨凌城市化进入加速发展的轨道，城市建设不断加快。截至 2015 年年底，杨凌城市化率已达 61.87%，农村人口逐渐减少，城市人口不断增加，杨凌已经进入城市化的加速推进阶段，城市化水平不断提高。

第二节 杨凌城市化的发展现状

城市化过程是一个经济、社会、文化诸方面全面转变的动态过程，是居民生产方式、生活方式和居住条件全面转变的过程，是社会经济发展的必由之路。它不仅表现为人口由农村向城市转移、城市人口的迅速扩张、城市区域的扩展，还表现为生产要素向城市集中、城市功能的不断完善（曾凡慧，2012）。这里从经济发展水平、居民生活水平、基础设施建设和公共服务水平四个方面分析杨凌的城市化发展现状。

一 经济发展水平

经济发展与城市化的相互作用表现为一种相互促进、相互推动的高度正相关关系，即经济的发展能够推动城市化进程，城市化水平的提高也必然推动经济的发展（赵显洲，2006）。自 1997 年杨凌农业高新技术产业示范区成立以来，经济的快速发展，使人们的收入不断增加，需求也随之提高。同时，需求结构的变动，也必然带动投入结构、资本与劳动的投入产生相应的变动，并且在市场机制的作用下其配置结构也逐渐趋于合理。资本与劳动力在空间上高度集聚和合理配置，极大地促进了经济的可持续发展，城市化步伐加快。

（一）人均 GDP

人均 GDP 可以反映一个地区经济发展的整体水平，是衡量城市化的一个综合性指标。2015 年，杨凌实现生产总值 105.85 亿元，比上年增长 13.57%，如图 4-3 所示。单从 GDP 总量上来讲，杨凌经济发展在"十二五"期间取得了巨大的成就。伴随着总体经济的快速发展，杨凌的人均 GDP 也保持了较快增长，从 2011 年的 30169 元增加到 2015 年的 51293 元，人均 GDP 水平不断创新高，实现了对陕西人均 GDP 水平的追赶超越，如图 4-4 所示。

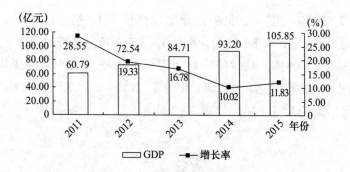

图4-3　杨凌生产总值及增速

资料来源:《杨凌示范区国民经济和社会发展统计公报》(2011—2015)。

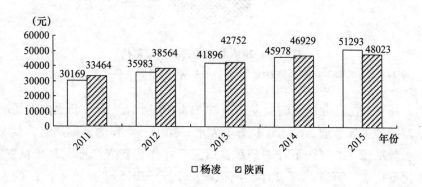

图4-4　杨凌和陕西人均 GDP 水平

资料来源:《陕西统计年鉴》(2012—2016)、《杨凌示范区国民经济和社会发展统计公报》(2015)。

(二) 产业结构

产业结构是地区经济结构的核心部分和基础,产业结构的高级化和合理化决定了一个地区的经济发展水平。杨凌充分发挥其农业高新技术产业示范区自身发展的特点,以农业科技作为"主线",将三次产业串联在一起,并通过政府调控与市场机制调整三次产业的比重,使其形成"二、三、一"的序列结构。尤其要在加强农业基础地位的同时,持续降低农业增加值在国民生产总值中所占的比重,这是经济结构进行战略性调整的客观要求,也是杨凌城市化发展的内在要求。

随着经济的发展,杨凌示范区的产业结构开始呈现优化趋势。2015年,杨凌经济总体呈现稳中有进态势,完成生产总值105.85亿元,较上年增长 8.99%。其中，第一产业实现产值 7.13 亿元，增长 2.95%；第二产业实现产值 54.84 亿元，增长 1.65%；第三产业实现产值 43.88 亿元，增长 21.08%。从时间序列角度分析杨凌三次产业的变化过程，可以看出：三次产业结构由 2011 年的 8.68∶51.54∶39.79 调整为 2015 年的 6.73∶51.81∶41.46，如图 4-5 所示。

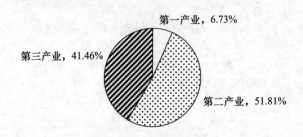

图 4-5　2015 年杨凌三次产业结构

资料来源：根据 2016 年《陕西统计年鉴》的数据计算得出。

　　杨凌三次产业比重的变动趋势如图 4-6 所示。第二产业作为杨凌示范区的主导产业，取得了良好的发展；第一产业作为基础产业，其发展态势平稳并有缓慢下降的趋势；第三产业作为新兴产业，起步良好，在比重持续下降之后于 2014 年迎来了转折。2015 年杨凌示范区的农业、工业生产总值和第三产业产值均呈上升趋势，其中工业在整个产业中所占比例最大。杨凌示范区第二产业增加值的增长变化最为平稳，其次是农业和第三产业。

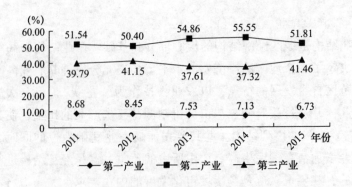

图 4-6　2011—2015 年杨凌三次产业比重变动趋势

资料来源：根据 2016 年《陕西统计年鉴》的数据计算得出。

1. 现代农业

杨凌示范区与西北农林科技大学、杨凌职业技术学院形成合力，共同构建了现代农业产业体系，并以农业高新技术为基础，将现代农业技术应用于对传统农业的改造升级中，着重在农业生产经营模式、技术集成应用、全生产链质量安全控制、社会化服务保障、生态循环农业发展等方面推进现代农业专业化，并充分发挥其核心示范作用。

2010 年，杨凌基本建成了占地面积 100 平方千米的现代农业示范园区，现代设施农业得以大力发展，传统农业规模缩小。在现代农业示范园区建设方面，杨凌吸纳了国内外农业领域的高科技成果，设计出集示范性、展示性、效益性、规模性、循环性与生态性于一体的"一轴、一心、八园"格局，主要进行现代农业新技术的创新、示范与推广，形成了奶畜、果林、蔬菜、花卉、食用菌、良种、农产品加工和观光旅游八大产业。

现代农业的快速发展，带动了杨凌示范区农业产值的提升。2015 年，杨凌实现农业总产值 12.47 亿元，较上年增长 5.14%。全年粮食播种面积 49360 亩，粮食产量 21058 吨，较上年增加 1713 吨，其中夏粮产量 10410 吨，较上年增加 1595 吨；秋粮产量 10648 吨，较上年增加 118 吨。蔬菜种植面积 32280 亩，增长 1.3%，蔬菜产量 145846 吨，增长 3.72%。2015 年全区植树 5.6 万棵，造林面积 2000 亩，育苗面积 1.78 万亩。

分行业看，2015 年杨凌现代农业中，农业产值 7.64 亿元，增长 13.12%；林业产值 1.16 亿元，较上年增长 16.00%；畜牧业产值 2.86 亿元，较上年增长 6.32%。从整体的发展趋势上看（见图 4-7），现代农业各行业的产值逐年递增，稳中有升。

2. 涉农工业

工业化是城市化的基础，同时城市化又为工业化的发展提供了生产要素，二者互为动力、共同发展。在不同时期，工业化与城市化在经济发展中的作用、相互关系有不同表现，如果说工业化是产业结构的变迁，城市化是空间结构的变革，那么经济发展就是产业结构与空间结构在不同区域的耦合（潘锦云，2006）。随着杨凌工业化水平的提高，社会生产迅速扩大，城市生活越来越舒适和方便，城市对劳动力的需求快速上升，吸引了农村人口向城市逐步转移。同时，工业生产也使农业生

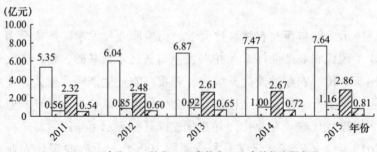

图4-7 杨凌现代农业分行业情况

资料来源：《杨凌示范区国民经济和社会发展统计公报》（2011—2015）。

产率得到大幅提升，农村劳动力进一步产生富余，从而为城市和工业的扩张提供了大量的劳动力资源。

目前，杨凌示范区已初步形成了食品加工产业、木材加工产业、医药制造产业、装备制造产业和肥料制造产业五大支柱产业，总体呈现出蓬勃的发展态势和良好的发展前景。随着杨凌涉农工业产业体系的不断完善，工业领域呈现出龙头企业快速发展、产业集聚规模不断扩大的特点。

2015年，全区96户规模以上工业企业实现总产值129.25亿元，增长13.3%；实现增加值36.43亿元，增长13.2%；实现工业销售产值119.01亿元，增长10.6%；工业产品产销率92.1%。按工业类型分，重工业产值41.27亿元，增长6.1%；轻工业产值87.98亿元，增长17.1%。全年实现主营业务收入97.17亿元，比上年净增6.84亿元，增长7.6%；实现利润总额5.19亿元，增长8.1%。

分五大支柱产业看，2015年五大支柱产业四增长一下降（见图4-8）。四增长：食品制造业完成产值68.04亿元，增长22.69%，增速虽然有所下降，但产值占规模以上工业产值的比重达到52.6%，处于主导产业的地位；木材加工业完成产值12.37亿元，增长3.43%；医药制造业完成产值14.08亿元，增长4.67%；装备制造业完成产值12.73亿元，增长20.12%，保持高增速，表明该行业具有潜力成为带动杨凌工业增长的新动力。一下降：肥料制造业完成产值9.71亿元，下降12.1%。

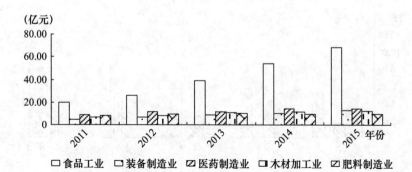

图 4 - 8　杨凌涉农工业分行业情况

资料来源：2011—2015 年杨凌示范区经济运行情况。

3. 第三产业

目前第二产业在杨凌 GDP 中的比重已达到 52.83%，根据产业结构演变趋势理论，未来通过依靠第二产业比重的进一步提高来提升城市化水平已经不太现实，而第一产业中短期内进一步下降的空间也非常有限，因此将来发展的趋势只能是依靠第三产业比重的提升来促进城市化水平的进一步提高。杨凌第三产业发展迅速，初步形成了以批发零售、餐饮业、旅游业、房地产业和金融业为主导的现代服务业体系。

2015 年，杨凌示范区第三产业快速增长，全年完成增加值 42.05 亿元，增长 12.7%，增速居全省第一，比上年提高 1.7%。杨凌第三产业增速高于第二产业 0.1%，连续 5 年第二产业引领经济增长的态势发生了变化。2011 年到 2015 年杨凌第三产业的总产值呈现出不断上升的趋势，在三次产业中所占的比重也缓慢增加，由 2011 年的 39.79% 增长到 2015 年的 40.34%。

分行业看（见图 4 - 9），2015 年杨凌第三产业中，批发业产值 5.11 亿元，较上年增长 75%；零售业产值 6.13 亿元，较上年增长 30.7%，呈现出良好的发展势头；旅游业发展平稳，全年接待旅游人数 402 万人次，增长 3.3%，实现产值 10.3 亿元，增长 19.8%；住宿业年营业收入为 0.54 亿元，较上年增长 11.06%；餐饮业年营业收入 0.47 亿元，较上年增长 0.39%，发展较为缓慢。

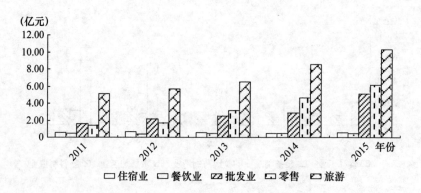

图 4 - 9 杨凌第三产业分行业情况

资料来源：《陕西统计年鉴》(2012—2016)。

（三）固定资产投资

固定资产投资是建造和购置固定资产的经济活动，在一定程度上，固定资产投资幅度的加大，将拉动整个经济的增长，即固定资产投资与经济增长存在相互促进作用（宋丽智，2007）。城市与农村的发展差距是由技术进步程度决定的，而固定资产和基本建设资本投入量的规模决定了技术进步的程度，缩小城乡固定资产投资比能有效改善现有的城乡技术结构状态，推动城市化发展。

近五年来，杨凌示范区固定资产投资规模不断加大。2015 年，全区全社会固定资产投资完成 144.25 亿元，增长 25.1%，其中，固定资产投资完成 139.94 亿元，增长 23.0%；农户投资完成 4.9 亿元，增长 0.07%；跨区域投资完成 0.13 亿元，下降 98.1%。固定资产投资中房地产投资完成 9.37 亿元，增长 17.23%；商品房销售面积 39.67 万平方米，同比下降 2.1%。

分三次产业看（见图 4 - 10），固定资产投资中第一产业完成投资 3.55 亿元，增长 72.3%；第二产业完成投资 71.02 亿元，增长 37.0%；第三产业完成投资 65.37 亿元，增长 13.6%。按照三次产业固定资产投资比重来看，第二产业依然是政府固定资产投资的主要对象，与当前第二产业成为杨凌示范区的主导产业相契合。

分行业看（见表 4 - 1），固定资产投资主要对象为制造业，其投资额为 452676 万元，占总投资额的 32.10%，其次是电力天然气行业，投资额为 235515 万元，占总投资额的 16.70%，而投资于科学研究的投资额为 2568 万元，占总投资额的 0.18%，排名第 17（统计年鉴中所统计的行业为 19 个）。

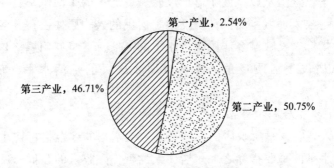

图 4-10 2015 年杨凌固定资产产业投资结构

资料来源：《杨凌示范区国民经济和社会发展统计公报》(2015)。

表 4-1 2015 年杨凌示范区各行业固定资产投资额及其比重

行业	投资额（万元）	占比（%）	排名
制造	452676	32.10	1
电力天然气	235515	16.70	2
房地产	191428	13.58	3
水利环境和公共设施管理	147827	10.48	4
交通运输仓储	98240	6.97	5
教育	64600	4.58	6
批发和零售	52505	3.72	7
农林牧渔	35510	2.52	8
建筑	32018	2.27	9
居民服务	21969	1.56	10
住宿和餐饮	17500	1.24	11
租赁	14275	1.01	12
公共管理	14205	1.01	13
社会福利	13611	0.97	14
信息传输计算机服务	13106	0.93	15
文化体育	2589	0.18	16
科学研究	2568	0.18	17
采矿	—	—	—
金融	—	—	—

资料来源：《陕西统计年鉴》(2016)。

二 城乡居民生活水平

居民生活水平是指居民在衣、食、住、行、医、教、娱等方面的既有消费水平。这里从以下两个方面反映城乡居民的生活水平：一是从城乡居民人均收入、城乡居民消费支出、居民的人均居住面积等各项物质生活条件指标来反映城乡居民生活水平的高低；二是使用恩格尔系数这一指标从居民生活质量角度来衡量城乡居民的生活水平（何满喜，2008）。

（一）城乡居民人均收入

居民人均收入是反映居民家庭实际收入水平的综合指标，也是体现居民生活水平的重要指标之一。居民人均可支配收入的高低，反映出居民购买力的强弱。根据马斯洛需求层次理论，只有水、食物这些最基本的需要满足到维持生存所必需的程度后，其他的需要才能成为新的激励要素。因此，当人均支配收入较低时，居民的有限收入应先满足对食物的需要，对其他商品的需求就会降低，此时居民生活水平就很低。

居民收入结构可分为工资性收入、家庭经营性收入、财产性收入和转移性收入四类，城乡居民收入来源和结构演变，也会影响到居民生活质量。其中，城镇居民工资性收入指就业人员通过各种途径得到的全部劳动报酬，以及从事第二职业、其他兼职和零星劳动得到的其他劳动收入；经营净收入指家庭成员从事生产经营活动（如开小店、摆摊、家庭作坊、私营企业）所获得的净收入；财产性收入指家庭拥有的动产（如银行存款、有价证券）、不动产（如房屋、土地等）所获得的收入，包括出让财产使用权所获得的利息、租金、专利收入，财产营运所获得的红利收入、财产增值收益等；转移性收入指国家、单位、社会团体对居民家庭的各种转移支付和居民家庭间的收入转移，包括政府对个人收入转移的离退休金、失业救济金、赔偿等，以及单位对个人收入转移的辞退金、保险、住房公积金、家庭间的赠送和赡养等。农村居民家庭经营性收入主要包括农业生产如种粮、饲养畜禽等的收入；工资性收入按来源渠道划分为在乡村组织等非企业组织中劳动得到的收入（如干部、教师收入）、在本地企业劳动得到的收入、常住人口外出务工收入和从其他单位劳动得到的劳务收入；财产性收入包括其拥有的银行存款、有价证券等动产以及房屋、土地等不动产所带来的收入；转移性收入包括在外人口寄回和带回、农村以外亲友赠送的收入、调查补贴、保险赔款、救济金、救灾款、退休金、抚恤金、"五保户"的供给、奖励收入、土地征用补偿收入和其他转移性收入。

"十二五"期间，杨凌城镇居民人均可支配收入一直远高于陕西省平均水平，除2014年略低于省会城市西安市，其余均与西安市水平相当，如图4-11所示。2015年，杨凌城镇居民人均可支配收入33109元，比上年增加2467元，同比增长8.05%。

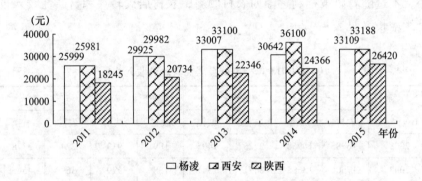

图4-11　陕西省部分地区城镇居民人均可支配收入

资料来源：《陕西统计年鉴》（2012—2016）。

"十二五"期间，杨凌地区农村居民人均纯收入水平也远高于陕西省平均水平，比省会城市西安稍低一些，如图4-12所示。2015年，杨凌农村居民人均纯收入为13792元，比上年增加1231元，同比增长9.8%。

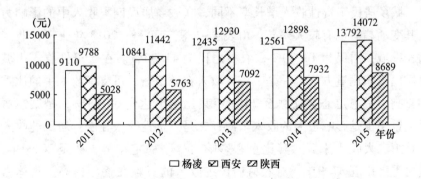

图4-12　陕西省部分地区农村居民人均纯收入

资料来源：《陕西统计年鉴》（2012—2016）。

从收入结构上来看，杨凌城乡居民工资性收入、家庭经营性收入、财产性收入、转移性收入四类收入均不同程度提升。工资性收入是杨凌城镇居民的主要收入来源，处于持续增长态势，并且随着务工需求的增加，也逐渐成为杨凌农村居民收入增长的亮点；家庭经营性收入仍然是农村居民的主要收入来源，城镇居民在摆摊、家庭作坊等经营方面的收入较小；财产性收入及转移性收入在城乡居民收入来源中所占比例均较小，不过随着政策福利逐渐向农村倾斜，农村居民转移和财产性收入也持续增长（见表4-2）。

表4-2　　　　2008—2013年杨凌城乡居民人均纯收入构成　　　单位：元

类别 年份	工资性收入		家庭经营收入		财产性收入		转移性收入	
	农村	城镇	农村	城镇	农村	城镇	农村	城镇
2008	1678	10958	2725	1403	109	913	224	3778
2009	1766	13688	3471	1541	138	979	369	4545
2010	1988.4	15794.5	4597.6	1668.9	154	1043.6	388	5258
2011	2313	18405	6079	1874	189	1165	530	6136
2012	3323	20965	6792	2151	191	1302	535	7225
2013	4713	23125	6991	2303	192	1402	539	8044

资料来源：《陕西区域统计年鉴》（2014）。

1. 工资性收入

城乡居民工资性收入增长率不同，在城乡居民四类收入中的影响力及其变动趋势也有较大差异。由表4-2测算可得，2013年工资性收入增长率城镇居民为10.30%，农村居民为41.83%。在工资性收入占城乡居民收入比重方面，一是工资性收入在城镇居民可支配收入中的比重和影响力呈稳定态势，截至2013年其比重仍达到66.31%，是城镇居民最重要也是影响最大的收入来源；二是工资性收入在农村居民纯收入中是第二大收入来源，其比重和影响力呈不稳定态势，截至2013年，其比重已接近37.9%，对农村居民纯收入的贡献在逐年提高。具体占比见图4-13。

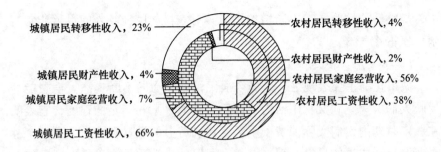

图 4 – 13 2013 年杨凌城乡居民人均收入结构

资料来源:《陕西区域统计年鉴》(2014)。

2. 经营性收入

城乡居民经营性收入与工资性收入的情况相反,2013 年农村居民该项收入的增长速度(2.93%)远低于城镇居民(7.07%)。经营性收入在农村居民纯收入中的比重呈逐年下降趋势,但截至 2013 年,其比重仍达到 56.22%,是农村居民最重要的收入来源;经营性收入在城镇居民可支配收入中是第三大收入来源,其比重呈逐年递增态势,截至 2013 年其比重已接近 6.60%,对城镇居民收入的贡献在逐年提高。

3. 财产性收入

城镇居民的财产性收入增长速度很快,2013 年保持在 7.68% 左右,而农村居民的财产性收入增长则呈现出不稳定状态,2009 年至 2012 年其增长速度分别为 26.61%、11.59%、22.73% 和 1.06%,2013 年更是跌至 0.52%。财产性收入对城乡居民收入的贡献都比较小,其在城镇居民纯收入中的比重基本维持在 4% 左右,在农村居民可支配收入中的比重略低,2013 年前仍在 1.5% 左右。

4. 转移性收入

转移性收入与经营性收入相似,2013 年农村居民该项收入的增长速度(0.75%)远低于城镇居民(11.34%)。转移性收入是城镇居民可支配收入的第二大收入,对城镇居民收入水平的提高起着至关重要的作用,其比重呈先上升后稳定态势,近年来维持在 23% 左右;转移性收入虽然在农村居民纯收入中位列第三,但其作用无论从绝对量还是相对量,无论是当前水平还是增长速度都无法与其在城镇居民收入中的作用相比。截至 2013 年,农村居民纯收入中的转移性收入均在 539 元以下，虽然转移性收入在不断增加，但其对农村居民纯收入的贡献非常有限，仅占 4.33%。

（二）城乡居民消费能力

城市化的主要表现之一是城乡居民消费能力的不断提高。消费能力反映人们的物质和文化生活需要已经达到的水平和满足的程度，它表明在一定时期内人们实际消费了生活资料和劳务的质量和数量，是整个社会经济活动成果的最终体现，对城乡居民的生活质量有着极大的影响。

杨凌城乡居民人均收入的快速增长，有效地拉动了居民消费能力，居民的人均消费支出有明显提高（见表4-3）。2011—2015 年杨凌城镇居民人均消费支出以年均增长速度 8.32% 左右递增，消费水平高于陕西省平均水平；农村居民人均消费支出增速较快，但与陕西省平均水平相比还有一定差距。同时，杨凌城镇居民人均收入增长的幅度与消费支出的增长相比略显滞后，农村居民人均收入增长则略快于消费支出的增长。城镇居民支出占收入的比重由 2011 年的 61.62% 上升到 2015 年的 66.58%，农村居民的支出占收入的比重由 2011 年的 36.09% 下降到 2015 年的 29.73%。

表4-3　　　　2011—2015 年杨凌及陕西城乡居民人均消费支出　　　单位：元

年份	城镇居民		农村居民	
	杨凌	陕西	杨凌	陕西
2011	16021	13783	3288	4496
2012	17869	15333	3681	5115
2013	19135	16399	3694	6488
2014	20718	17546	4087	7252
2015	22045	18464	4100	7901

资料来源：《陕西统计年鉴》（2012—2016）、杨凌统计数据。

收入水平的高低不仅直接制约着居民的消费能力，同时也影响着居民的消费结构。当居民的收入变动时，居民对每一种商品的需求量也会随之变动。城乡居民收入水平的差异决定了城乡居民的消费能力和消费结构也必然存在一定的差异。居民的生活消费品分八大类，分别是食品、衣着、居住、家庭设备用品及服务、医疗保健、交通和通信、教育文化娱乐服务和其他。2013 年杨凌城乡居民的消费结构如图 4 - 14 所示。其中，城镇食品支出占消费支出的比重最大，达到了 34.89%；农村食品支出占比为 19.78%。农村居住支出占消费支出的比重最大，为 33.41%；城镇居住支出占比为 9.09%。随着越来越多的城镇居民在满足基本生活需求的基础上，开始追求丰富的精神文化生活，城镇居民在教育、文化娱乐方面的消费潜力巨大，支出比重将逐渐加大。而农村居民在穿衣观念方面从"有得穿"到转变为"穿得好"，越来越讲究服装的品牌、质量，衣着消费将快速增长。

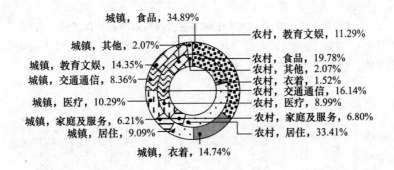

图 4 - 14 2013 年杨凌城乡居民人均消费支出结构

资料来源：《2013 年杨凌城市社会经济基本情况表》。

（三）城乡居民生活质量

恩格尔系数是指食品支出总额占个人消费支出总额的比重，它是衡量居民生活质量高低的重要指标。根据联合国粮农组织提出的标准，恩格尔系数在 59% 以上为贫困，50%—59% 为温饱，40%—50% 为小康，30%—40% 为富裕，低于 30% 为最富裕。一般来讲，该系数越高，表示人们的贫困程度越高；反之，则表示人们的富裕程度提高，一般随居民家庭收入和生活水平的提高而下降。

杨凌、陕西及全国的城乡居民家庭恩格尔系数处于 30%—40% 之间，均已经达到富裕水平，如图 4 - 15 和图 4 - 16 所示。截至 2015 年年底，与陕西和全国的农村、城镇居民家庭恩格尔系数相比，杨凌城乡居民的生活质量与全国平均水平和陕西省平均水平还稍有差距，这在一定程度上说明，虽然杨凌示范区城乡居民可支配收入有了显著提高，但是居民的生活消费观念尚未被激发。

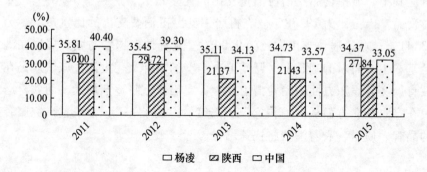

图 4－15　2011—2015 年杨凌农村居民家庭恩格尔系数

资料来源：根据《中国统计年鉴》（2012—2016）、《陕西统计年鉴》（2012—2016），杨凌统计数据计算得出。

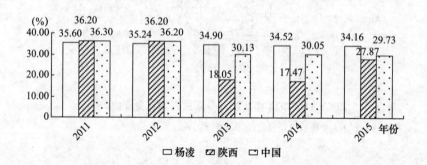

图 4－16　2011—2015 年杨凌城镇居民家庭恩格尔系数

资料来源：《中国统计年鉴》（2012—2016）、《陕西统计年鉴》（2012—2016），杨凌统计数据。

三　基础设施建设水平

基础设施建设水平的高低与城市化的发展程度具有高度的关联性。基础设施是指在一定区域内为满足城乡经济、社会文化、生态环境可持续发展和居民生产、生活需要而提供的各种物质设施总和。根据所提供产品或服务的直接性和间接性，可分为经济性和社会性两类基础设施，前者包括交通运输、能源供给、邮电通信等设施，后者包括学校教育、医疗卫生、社会福利等设施（吴涛，2011）。基础设施的分类如图 4－17 所示。

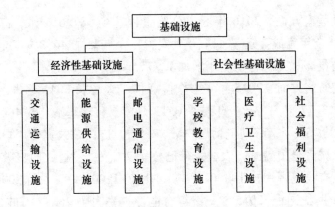

图 4 - 17 基础设施的分类

基础设施也是发挥城市辐射作用的重要物质保障。有了这一载体，杨凌的城市化建设才能持续健康发展。2015 年，杨凌示范区累计完成水利环境和公共设施管理 147827 万元，居民服务 21969 万元，教育 64600 万元，卫生社会保障和社会福利 16311 万元。随着城市基础设施投入力度的不断增强，意味着杨凌城市服务功能的不断完善。

（一）经济性基础设施建设

杨凌示范区经济性基础设施发展迅速，特别是交通、邮电等接入性基础设施的不断完善，使居民能更好地与外界进行交流，增加了居民生活的便捷性。2015 年杨凌经济性基础设施水平见表 4 - 4。

表 4 - 4 　　　　　　　2015 年杨凌经济性基础设施水平

项目	指标	单位	杨凌	陕西
交通运输	人均道路面积	平方米/人	18.38	15.67
	人均公共汽车拥有量	辆/万人	2.95	3.62
邮电通信	人均邮政所拥有量	处/万人	0.3	8.67
	移动电话普及率	%	111.01	96.22
能源供给	居民人均用水量	升/人	144.03	155.71
	居民人均用电量	千瓦·时/人	579.77	495.14
	居民人均天然气用量	立方米/人	54.73	122.91

资料来源：《杨凌示范区国民经济和社会发展统计公报》（2015）、《陕西统计年鉴》（2016）。

交通运输方面，2016年区内公路里程达到387.6千米，高速公路14千米。全年完成客运量414万人次，比上年增加46.8%。全年完成货物运输量259万吨，比上年增加1.17%。

邮电通信方面，2015年年末全区通信光缆皮长8042千米，固定电话用户数3.77万户，比上年减少0.13万户；移动基站总数486个，其中4G基站255个，移动电话用户数22.58万户；全区宽带用户数3.06万户，除城区全覆盖外，农村宽带已覆盖71个自然村，用户数达8248户。全区有线电视用户19000户，其中城镇17000户，农村2000户。

能源供给方面，2015年杨凌综合能源消费量为26.87万吨标准煤，全社会用电量达到44069.62万千瓦·时，制约产业发展的电力、供热等一些"瓶颈"问题也得到了一定程度的改善。

2015年年底，杨凌城市绿地率达到36.36%，人均公共绿地面积从1997年示范区成立时的5.4平方米增加到14.36平方米，增长了1倍多。杨凌正在向一个城市功能完善、科教优势明显、产业特色突出、生态环境优美的现代化"农科城"转变。

可以看出，2015年杨凌在基础设施建设方面虽取得较大进展，但各项经济性基础设施建设如邮电通信、能源供给整体均与陕西省平均水平存在一定差距。

（二）社会性基础设施建设

随着经济的快速发展，杨凌地区社会性基础建设也得到了长足发展。在现代社会中，经济越发展，对基础设施的要求越高；完善的基础设施对加速社会经济活动，促进其空间分布形态演变起着巨大的推动作用。

1. 文化教育设施

2015年年末，辖区2所高校共有教师2901人，在校学生56017人，其中，西北农林科技大学教师2137人，在校学生40913人；杨凌职业技术学院教师764人，在校学生15104人。陕西国防工业技师学院、陕西医科学校、杨凌中等职业学校、杨凌现代中等职业学校等5所中等职业教育学校共有教师424人，在校学生5526人。区内职工俱乐部、青少年活动中心等文体机构及活动设施齐全，乡（镇）有文化站5个，村村有文化活动室，公共图书馆1个，藏书1.9多万册，群众文化馆1个。

2. 医疗卫生设施

截至 2015 年年底，全区共有医院 12 个、卫生院 5 所，拥有床位 1120 张，医生（执业医师 + 执业助理医师）955 人，注册护士 802 人。杨凌示范区自深化医疗卫生服务体制改革以来，逐步建立了以示范区医院为核心、乡镇卫生院和社区卫生服务中心为依托，村卫生室和社区卫生服务站为基础的三级医疗卫生服务体系，基本实现了城乡医疗卫生服务均等化。同时，根据全省统一部署，杨凌示范区从 2011 年 7 月起全面启动药品"三统一"工作，目前基本药物配送率达到 97% 以上，医院每人每次门（急）诊平均费用下降 26%，每人每次住院费用平均下降 30%，群众看病难、看病贵的问题得到了初步缓解。

四　城乡公共服务水平

公共服务是指建立在一定社会共识基础上，由政府主导提供的，与经济社会发展水平和阶段相适应，旨在保障全体公民生存和发展基本需求的基本社会条件。城乡公共服务均等化是建设和谐社会，促进城乡共同发展的重要部分，它指在公共服务过程中以政府为主体，以增加农村公共服务为重要内容，更为科学地在城乡之间配置公共服务资源，从而实现城乡公共服务的均等分配（陆道平，2013）。

（一）城乡社会保障

社会保障制度是由国家立法实施的，旨在抵御各种风险，保障国民基本生活，维持社会安全的制度安排，是促进社会经济持续、健康发展最好的稳定机制（董克用，2011）。根据《人力资源和社会保障标准体系》（人社部发〔2010〕53 号），我国社会保障体系包含社会保险、社会救助、优抚安置、公益慈善、住房保障五大类。社会保险是社会保障体系的基本层次，是社会保障的核心内容，包括基本养老、基本医疗、工伤、失业和生育保险制度五个项目。其中涉及城乡社会保障的共同项目为基本养老和基本医疗保险制度，这两个制度均以企业职工和城乡居民为对象，具体分为：企业职工基本养老保险、城镇居民社会养老保险（城居保）、新型农村社会养老保险（新农保）和企业职工基本医疗保险、城镇居民基本医疗保险、新型农村合作医疗保险（新农合）、城乡居民大病保险。

杨凌的社会保障体系以社会保险制度为重点，同时辅以社会救助。"十二五"期间，杨凌社会保障体系不断完善，医疗、养老、低保等 31

项社会保障政策基本实现了城乡一致，养老、医疗、工伤等五大社会保险实现全覆盖，率先在陕西省实现了城乡政策一体化。杨凌城乡居民基本养老、基本医疗保险和社会救助的情况如下：

1. 城乡居民社会养老保险

截至 2015 年年底，全区城镇职工基本养老保险参保人数 22055 人，其中离退休人员 3107 人，并且随着农村养老保险的不断普及，现阶段杨凌城乡居民社会养老保险已基本实现全覆盖。2014 年 7 月，杨凌将城乡居民社会养老保险参保缴纳标准由原先的 11 档调整为 12 档，与国家城乡居民社会养老保险政策实现统一。此外，2012 年 6 月起针对农村居民施行的被征地农民社会养老保险政策，对完全失地农民发放的"五大补助"，以及对部分失地农民实行的"双八百"政策，都切实有效地保障了杨凌失地农民的基本生活。

2. 城乡居民医疗保险

从 2013 年 1 月 1 日起，杨凌全面推行城乡居民医疗保障一体化政策，实现了居民医疗保险城乡统筹。城乡居民医疗保险政策虽已统一，即杨凌全区城乡居民门诊统筹基金划拨数额达到一致，但在某些方面还存在二者不一致的情况，如杨凌目前新农合门诊定点医疗机构有 138 家，而居民医保定点医疗机构仅有 2 家，由于两种门诊统筹在管理办法、覆盖人口数、定点医疗机构网点布局数量等方面不一致，城乡居民享受该项政策还存在较大的差别。

3. 社会救助

社会救助是社会保障体系的最低层次，是社会保障"安全网"的最后一道防线。社会救助的内容和方式主要有城市居民最低生活保障、农村居民最低生活保障、医疗救助制度、救灾（灾害救济）和扶贫等形式，其中最低生活保障是社会救济的基础和核心。

截至 2015 年年底，杨凌实现城乡低保补助标准基本一致、管理一体、全面覆盖，城乡低保差距进一步缩小，城乡低保政策体制基本接轨的城乡统筹发展格局。此外，杨凌政府部门进一步提高了救助标准，使城市"三无"人员、农村五保户、孤儿的基本生活得到了有效保证。全区享受最低生活保障 755 户，1943 人，其中，城镇 194 户，401 人；农村 561 户，1542 人。同时，杨凌全面实行城乡一体化户籍登记制度，进一步探索户籍改革相关配套政策，在户籍待遇上实现突破，打破城乡户籍"壁垒"，使进城落户农民在住房、教育、就业、养老、民政等方面享有与城市居民同等的待遇，形成合理流动、权益公平、城乡一体的户籍制度体系。

（二）城乡基础教育

基础教育的均等化不仅是确保社会公平的起点，也是确保社会公平的主要措施，更影响着一个地区的人力资源状况和经济的长远发展，因此，良好的基础教育对国民经济的发展有深远的影响。杨凌全区初中毕业生升学率57.8%，小学、学龄儿童入学率为100%。率先在全省通过了"两基"达标验收，教育普及率100%，脱盲率98.2%。2011—2015年杨凌示范区基础教育资源见表4-5。

表4-5　　　　　　　　2011—2015年杨凌示范区基础教育资源

年份	普通小学学校数（所）	普通小学专任教师数（人）	普通小学在校学生数（万人）	普通中学学校数（所）	普通中学专任教师数（人）	普通中学在校学生数（万人）
2011	31	694	1.33	8	826	1.33
2012	28	720	1.30	7	671	1.27
2013	28	689	1.20	7	666	1.14
2014	24	616	1.17	8	698	0.94
2015	25	560	1.22	8	816	1.02

资料来源：《杨凌示范区国民经济和社会发展统计公报》（2011—2015）。

但可以看出，杨凌普通小学数有所减少，致使一些小学学生剧增，师资力量严重不足。如随着李台街道办各个村小学的取缔，再加上周围小区人口的增多，邰城小学学生越来越多，出现一个班有70—80人的大班额现象。另外，示范区还没有完全消除导致乡村教师流失的硬件因素，如乡村教师上班难、用餐标准不如城区教师、没有健身保健室、不能同城区教师同等享受休养、访学、研讨等权利。乡村教育和乡村教师队伍建设仍然与城区存在差距。

城区与边远地区在教育硬件设施方面仍然存在差距。虽然示范区自2014年起实施了"薄改计划"项目，改善贫困地区义务教育薄弱学校基本办学条件，但仍有教学点在校门等关键部位未安装摄像头和报警装置，未配备多媒体设备，无体育设施，无专职体育教师，无新添图书等。

（三）城乡医疗卫生

获得优质的医疗卫生服务是居民的一项重要权利，对于提高城乡居民的生活水平有重要的意义。建立覆盖城乡的基本医疗卫生制度，即建设覆盖城乡居民的公共卫生服务体系、医疗服务体系、医疗保障体系、药品供应保障体系，形成四位一体的基本医疗卫生制度。近几年，杨凌医疗卫生水平变动情况见表4－6。

表4－6　　2011—2015年杨凌和陕西省医疗卫生水平变动情况

年份	杨凌每千人拥有量				陕西省每千人拥有量			
	机构数	床位数	人员数	卫生技术人员	机构数	床位数	人员数	卫生技术人员
2011	0.86	3.93	6.62	4.82	0.12	4.11	7.37	5.27
2012	0.82	4.79	6.93	5.06	0.12	4.51	7.83	5.76
2013	0.94	5.06	8.77	6.75	0.17	4.92	8.55	6.35
2014	0.94	5.22	10.44	8.68	0.17	5.28	8.91	6.69
2015	0.84	5.51	10.79	8.94	0.16	5.59	9.22	7.00

资料来源：《陕西统计年鉴》（2012—2016）。

可以看出，与陕西省医疗卫生平均水平相比，杨凌医疗机构的床位拥有量和执业（助理）医师、注册护士、药剂人员、检验和影像人员等卫生专业人员相对充裕，能满足城乡居民日常卫生保健需要，并且医疗机构规模和卫生技术人员总量与陕西省平均水平存在的差距已经逐渐缩小甚至超过陕西省平均水平，整体医疗实力有了进一步提升。

第三节　杨凌城市化进程中存在的问题

杨凌城市化进程的加快，促进了城市聚集效应和规模经济效应的发挥，有力地推动了经济的增长，提升了居民的生活水平，缩小了城乡差距。但是在杨凌城市化建设取得初步成效的同时也存在一些阻碍其城市

化发展的问题,这些问题突出地表现在以下四个方面:

一　经济增长动力有待提升

受到经济总量规模小的制约,经济增长动力稍显不足。杨凌示范区成立至今,虽然经济发展速度较快,地区经济实力不断增强,但其经济总体规模仍相对较小,城乡经济增长动力有待提升。2011—2015 年,杨凌的国内生产总值一直处于陕西省末位,同省内其他城市相比差距很大,几乎没有可比性,如表 4-7 所示。

表 4-7　　2011—2015 年陕西省各市区国内生产总值及位次　　单位:亿元

年份 地区	2011		2012		2013		2014		2015	
	DGP	位次	DGP	位次	DGP	位次	DGP	位次	DGP	位次
西安	3862.58	1	4366.10	1	4924.97	1	5492.64	1	5801.20	1
铜川	232.63	10	273.31	10	323.27	10	325.36	10	307.16	10
宝鸡	1175.75	4	1374.33	4	1545.91	4	1642.90	4	1787.63	4
咸阳	1361.32	3	1573.68	3	1860.39	3	2085.15	3	2152.92	3
渭南	1028.97	6	1157.32	6	1321.81	6	1423.75	5	1430.41	5
汉中	647.48	7	754.57	7	890.31	7	1002.83	7	1059.61	7
安康	407.17	8	496.91	8	604.55	8	689.44	8	755.05	8
商洛	362.95	9	423.31	9	510.88	9	578.99	9	618.52	9
延安	1113.35	5	1271.02	5	1354.14	5	1386.09	6	1198.27	6
榆林	2292.25	2	2669.88	2	2779.46	2	2920.58	2	2491.88	2
杨凌	61.20	11	68.17	11	85.51	11	97.11	11	105.85	11

资料来源:《陕西统计年鉴》(2012—2016)。

(一) 产业集群竞争力不强

产业集群竞争力是城市综合竞争力的主要体现,其强弱决定着一个城市的发展走向,提高产业集聚能力是实现城市跨越式发展的内在要求。根据弗朗索瓦·佩鲁的"增长极"(development poles) 理论,区域经济的整体发展应该由主导产业或具有创新能力的企业集聚发展而引领,促进自身发展的同时并推动其他地区的发展。"增长极"作为城市工商业、科技、信息的中心,一方面它能促进城市就业功能的提升,另一方面它能有效地发挥辐射作用,惠及周边农村,形成城乡产业之间的良性循环,协同促进。

杨凌产业集群多数处在初始发展阶段,产业配套能力低,没有形成规模大、带动性强的产业集群。首先,产业集群层次低。示范区成立之后,杨凌示范区内的企业数量逐渐增加,但在全国范围内尚未形成市场号召力,加之示范区人口总量小,市场购买力不足,多数企业只能向外寻求市场。其次,产业集群的发展整体上处于市场自发状态,政府引导和推动力度不够。产业的发展离不开政府的助力,而杨凌示范区产业配套能力薄弱,支撑服务体系发展较慢,制约了区内企业的发展。最后,集群内分工协作水平低,产业配套能力和水平不高,产品同质化现象突出,大企业、大集团"孤岛现象"明显,产业带动性不强。

(二)工业化程度偏低

工业化是城市化的经济内涵,城市化是工业化的空间表现形式,二者相互促进。一直以来,杨凌以农业发展为主,工业化基础较薄弱,虽然以食品加工、医药制造、装备制造和肥料制造产业等为主的涉农工业体系在不断发展完善,但工业化率较陕西的发展水平仍然偏低(见图4-18),制约了杨凌的城市化进程。

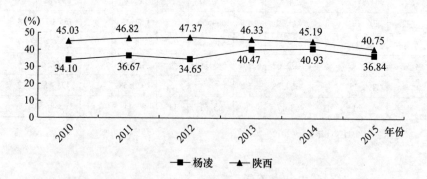

图4-18 杨凌与陕西工业化率的对比

资料来源:《陕西统计年鉴》(2011—2016)、《陕西区域统计年鉴》(2016)。

近五年来,杨凌的城市化速度较快,但受到就业结构的影响,工业化发展速度无法跟上陕西的步伐。农村人口就业率较低,农村居民由于缺乏知识技术,转向工业企业部门劳动时受到限制,进而对工业化率的提高形成了负面影响,也阻碍了农村人口转变为城市人口。

杨凌示范区工业化程度低，另一主要原因是城镇规模偏小，限制了杨凌工业企业规模效应的形成，影响了杨凌工业化发展速度。城镇规模小，对资源的集聚能力就小，难以吸引周边的有利资源，造成金融、信息、技术等方面的服务水平低，生产要素市场发育不足，使杨凌在人才、项目引进，产品技术更新，产业升级等方面受到很大的限制，进而阻碍了工业化发展。

二　城乡居民收入差距有待缩小

随着杨凌城市化进程的推进，在一定时期内，城乡收入差距有待进一步缩小。我国城乡收入差距不断拉大是经济转型后充当主要资源配置手段的市场造成的，这正是市场运行的正常结果，因为市场的本性就是追求效率，而不是社会公平（韩劲，2009）。尽管一定收入差距的扩大会促进资源的优化配置和经济效率的提高，最终会促进经济的增长，但是，如果这种差距过大，就不可避免地会影响整个经济的发展速度和质量，不利于杨凌城市化的建设。

城乡居民人均可支配收入比这一指标反映了城乡居民之间的收入水平的协调性，比值越小，城乡居民收入差距越小。收入差距是造成城乡居民生活差别的最主要的直接原因，而缩小城乡之间的收入差距，是全面推进城市化必须解决的问题。根据杨凌城乡一体化发展中居民收入水平相当的要求，城乡居民人均可支配收入比应该控制在2∶1以内。

虽然2011年至2015年杨凌城乡居民人均可支配收入比从2.85∶1下降至2.52∶1，城乡居民收入差距呈缩小态势，但距离杨凌城乡居民人均可支配收入比应该控制在2∶1以内的要求仍有差距，还需进一步缩小，如图4-19所示。另外，虽然杨凌城乡居民收入差的绝对值逐年递增速率放缓，从2011年的12%下降到2015年的7%，但收入差距绝对值仍然远高于陕西省城乡居民收入差距绝对值的平均水平15742元，还需进一步降低城乡居民收入差距绝对值的增长率，努力向负增长方向发展。

（一）城乡居民收入结构不均等

城镇居民的工资性收入与农村居民经营性收入的差异程度是影响杨凌城乡居民收入差距的最大因素。城镇居民的主要收入来源是工资性收入，开小店、摆摊等获得的家庭经营性收入，银行存款带来的利息等财产性收入和政府提供的退休金、政策补助等转移性收入为辅助收入。农

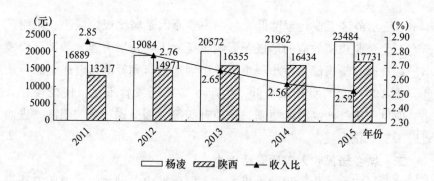

图 4 – 19 杨凌及陕西城乡居民收入差距对比

资料来源：《陕西统计年鉴》（2012—2016）。

村居民的收入来源主要是经营性收入，其通过打工等获得的工资性收入以及财产性收入、转移性收入均为辅助性收入。杨凌城乡居民收入差距问题的核心在于相较于城市居民，农村居民收入过低。一方面，杨凌农村居民原有的收入来源（经营性收入）相对优势逐步丧失；另一方面，杨凌城镇居民转移性收入绝对、相对量扩大，而农村居民工资性收入增长过慢，致使农村居民原有弱势收入来源（工资性收入、转移性收入）相对劣势扩大，因而城乡居民收入差距呈扩大态势。

（二）农村居民收入渠道单一

杨凌农村居民收入渠道单一，且各收入渠道的收入相对较低。杨凌农村居民的收入渠道主要包括农产品收入和外出打工收入。其中，农产品经营收入是农民收入的主要来源，但由于经营规模有限，农业生产技术落后，导致经营性收入并没有明显地提升。从外出打工的工资收入来看，农民选择离开农村到城市打工，由于缺少技术，职业素质较低，导致从事行业范围有限，只能从事体力和简单劳动，如砖瓦工、搬运工、环卫工等，收入微薄。

三 城乡基础设施建设有待进一步完善

城市建设和发展是一个非常庞大的系统工程，杨凌示范区仍需要投入大量资金，进一步加快推进城市建设，改善城乡基础条件，协调社会发展。目前，杨凌城市化建设在吸纳社会资金方面缺乏有效的机制，其投融资体制虽呈现出多元化的特点，但是资金来源仍较匮乏，主要还是靠政府投资，企业和社会资本参与投资开发的积极性不高，政府负担过重，因而在提高农村基础设施功效、弥补城乡医疗教育缺口方面仍有不足。

（一）农村基础设施功效不高

基础设施建设是城市化建设的载体和着力点，城乡基础设施的差异会导致工农业人均产出差距和城乡居民生活水平差距的增大，并造成农村居民获取工资性收入的机会减少。目前，杨凌城区基础设施政府投资比重较大，而农村基础设施功效不高，不利于城市化建设的健康发展。杨凌农村基础设施建设主要存在各类基础设施之间关联性较差、设施结构比例不合理和相应维护管理缺乏等突出问题，使农村基础设施的最大功效难以发挥。

1. 农村基础设施之间关联性较差

杨凌农村各类基础设施之间缺乏配套性和关联性，难以充分发挥基础设施的整体功效。如农产品仓储设施建设常常不考虑加工配套设施，科研设施建设中缺乏相配套的试验基地，农业科技教育和技术推广往往自成系统，没有形成一体化的有效运行机制。有些设施甚至在功能运用上相互掣肘、相互矛盾，特别是在能源、水利和交通运输等具有综合性功能的设施方面表现更突出，协调性差。

2. 基础设施结构比例不合理

杨凌农村地区基础设施呈现区域及内部的结构失调现象。首先，城乡基础设施发展结构不合理。近些年政府投入大量的财力用于主城区公共设施的治理，但是具体到地方性的、与农民生产生活密切联系的农村基础设施发展则呈现落后的状态。其次，农村基础设施发展结构不合理。大多数地区侧重于发展交通设施、水利设施和供电设施，而忽视环保设施和燃气设施等建设。最后，基础设施相互之间或者相同功能设施内部的结构比例关系没有处于最优状态，如在与农业科研开发和推广相关的基础设施方面，往往重视实验室的基础建设，轻技术推广的配套设施。

3. 基础设施缺乏相应管理维护

到目前为止，杨凌示范区内的水、电、燃气、通信、道路交通等相关基础设施建设基本到位，但有些行政村在这些方面的基础设施仍旧薄弱或管理运行不完善，即使在一些基础设施建设比较健全的农村，也存在达不到相应质量标准的问题。

在用水方面，2015 年杨凌示范区农村自来水普及率为 81%，仍然有行政村还没有通自来水，村民们大部分采取个体分散方式取水，主要靠自家院内打浅井，用手压泵取水，饮用水未经水质处理，水质污染严重。而对于部分已经用上自来水的自然村，由于水源不足、管理不善等原因，也往往无法保证正常供水。

在用电方面，还有部分农村电网陈旧、电压不稳、电费贵，而且缺乏正常的供电制度，隔三岔五停电时有发生；有些周边农村只有照明用电，变压器等电力设施配套不到位，没有380V的动力电，家庭电器不能满负荷工作，给农民生产生活带来困难；有些农村虽然电网经过统一改造，但是同网不同价，农民怨声载道。

尽管杨凌实施了农村"气化"工程，2017年9月杨凌已有1000余户农村家庭用上了燃气灶，但要实现杨凌51个行政村21279户天然气入户全覆盖，摆脱用柴火做饭、烟熏火燎的情况仍旧还有一段距离。

在农村信息化建设方面，杨凌的"智慧乡村、信息惠农"工程在2015年内完成2000户光纤入户任务，但由于条件所限，有些周边农村至今没有有线电视覆盖，或只能收到当地的一两个频道。有些农村虽然已安装宽带，但或者信号不稳定，或者只有一家运营商，价格昂贵，使农民难以承受。

在交通方面，截至2016年年底，杨凌共开通了13条城乡公交线路，共投放公交车68辆，基本实现了村村通公交车目标，但大多数公交发车间隔20—30分钟，5路、7路公交发车间隔60分钟，广大群众出行需求难以得到保证。有些行政村因为修路的原因暂停公交线路，但道路修好之后公交线路却迟迟没有恢复，居民出行困难。

另外，2015年杨凌农村卫生厕所普及率为51.9%，生活垃圾收集、转运和处理率为53.2%，仍有近半数农村地区并没有卫生厕所、生产和生活污水、垃圾处理的设施。而对于已有排水设施的一些村镇，仍然存在排水不畅的问题，致使平时的生活污水就存在管道里，下大雨时不少农户家的前屋被淹。

（二）医疗教育设施存在缺口

杨凌政府部门对经济性基础设施中通信和能源的投入是高于陕西省平均水平的，而公路的缺口随着城市化深入也在逐步缩小；但医疗和教育的投资缺口一直持续不变，甚至有扩大的趋势。这种趋势是城市竞争的直接结果，因为通信、能源和交通部门的投入创造了更好的投资环境，因此政府为了吸引生产要素加强了这些方面的投入；相反，由于医疗和教育部门的投入短期见效难，不能直接吸引厂商，政府往往仅提供最低要求的设施。

1. 医疗卫生发展滞后

目前杨凌只有综合型医院一座，拥有床位 250 个，高级专业技术人员 18 人，中级专业技术人员 40 多人，卫技人员 553 人。每千人拥有床位 5.51 个，每千人拥有卫技人员 8.94 人。随着经济社会的发展，人们对就医环境要求的提升，杨凌示范区目前的医疗卫生人员、设备等资源，无法满足城乡居民日益增长的卫生服务需求。另外，医疗机构主要集中于老城区，新城区缺乏相应的医疗设施。

2. 文化教育投入不足

2015 年杨凌固定资产投资中教育的投入为 64600 万元，仅占 4.58%。在文化教育的硬件建设方面，乡镇农业科技教育网、市场信息网等现代教育手段建设尚属空白，农村中小学教育设施落后，乡镇和学校阅览室缺书少舍，体育设施、文化基础设施建设薄弱。在对农民技术培训投入方面，教育机构各类师资数量不乏，但质量不高，反映出师资培训不够，以致师资知识更新滞后，难以胜任农业现代化对农民知识化、信息化整体素质提高的要求。

四　农村人口转移力度有待增强

城市化对农村人口转移起着根本性的决定作用，是农村人口转移的根本动因，而农村人口转移的状况直接依赖于城市化的进展状况与水平的高低（徐智环，2003）。如果把农村人口转移过程分成两个阶段来考虑，第一个阶段是农村人口向非农产业转移的过程，第二个阶段就是转移者在城市定居的过程（蔡昉，2001）。城市化是农村人口向非农产业转移并不断集聚的过程，如图 4-20 所示。

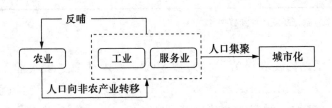

图 4-20　农村人口转移过程

随着农业现代化的不断推进，农业机械化程度和劳动生产率的提高，杨凌涌现出大量的剩余劳动力，但是，由于杨凌非农产业化程度低，又存在制度和人员自身问题的制约，农村人口转移的规模和速度均受到了限制。

（一）转移主体缺乏主观积极性

杨凌地区农村人口的转移缺乏内部动力，转移主体中绝大部分是中年农民，他们不愿意改变已有的生活环境，而且他们缺乏必要的工作技能，在城市的竞争能力和生存能力都相对较弱。因此，他们中的绝大部分都没有积极的意愿和动力进城来提高现有生活水平。要改变这一现状，既需要外部的力量起到前拉后推的积极作用，更要根据农民的心理特点，形成新的可让农村人口接受的转移模式。

杨凌在实施相关农村人口转移的政策时，由于政府部门缺乏有效的宣传和引导，得不到农民的积极配合和支持，导致国家的政策和计划不能起到相应的作用，农村人口的转移问题也得不到较好的解决。

（二）非农产业吸纳能力不足

非农产业尤其是第三产业是劳动密集型的产业，也是吸纳农村劳动力能力最强的产业。2013 年第三产业的就业比重陕西省为 29.76%，而杨凌为 23.32%；仅占经济总产值 7.91% 的第一产业却容纳了 50.23% 的从业人员，非农产业吸纳的从业人数占比不到从业人数总量的一半，杨凌城市非农产业的吸纳能力还需进一步增强。

表 4 - 8　　　　　　2013 年杨凌三次产业从业人员分布情况　　　　单位:%

项目	从业人员比例	产值份额
第一产业	50.23	7.91
第二产业	26.45	55.73
第三产业	23.32	36.36

资料来源：根据杨凌统计局数据计算得到。

2013 年，杨凌农村劳动力总数 86650 人，其中从事农业生产人数 27071 人，从事第二、第三产业人数 19375 人，劳动力转移就业人数 31219 人（新增农村劳动力转移就业 18647 人），富余劳动力 8985 人。非农产业从业人数只占农村劳动力总数的 58.39%，表明杨凌非农产业对农村劳动力的吸纳能力依然较弱，制约了农村人口的转移转化。

（三）城市生活成本过高

杨凌的农村人口进城之前，主要是通过种植为主的农业劳动从土地上获得了大部分生存发展所需要的生存物质，这些物质资源能满足他们的日常生活需求，从而减少了他们的购买消费行为，这样近乎自给自足的生活方式，生活成本是相当低的。商品化是城市化的特征之一，农村居民进城后所需要的一切物质资源，都必须像城市人一样用购买的方式获取，过去土地能够生产出来的物质资料，现在都变成了要用金钱去购买的商品，消费行为使他们的生活成本骤然增加。由于农民受教育程度较低，专业技能欠缺，在城市劳动力市场中处于劣势，导致他们所获得的收入有限，因此城市生活成本过高无疑是阻碍农村人口转移的原因之一。

第五章　杨凌农科城一元化建设的条件与环境分析

　　杨凌示范区作为我国农业科技示范区的战略高地，在推动我国农业现代化建设方面承担着重要的历史使命。国家交给杨凌的发展任务是：通过体制改革和科技创新，把科技优势迅速转化为产业优势，依靠科技示范和产业化带动作用，推动干旱、半干旱地区农业实现可持续发展，农业产业结构的战略性调整以及农民增收，最终为我国农业的产业化、现代化做出贡献。并要在"农业改革发展思路"，"培养、吸引、发挥人才作用"，"农科教结合"，"产学研结合"，"科教体制改革"，"干旱农业研究和开发"，"对外交流与合作"，"省部共建"，"农业产业链延伸"以及"行政管理体制改革"十个方面发挥示范作用。"关中—天水"经济区规划中对杨凌未来发展的定位和要求是：以杨凌为依托，建立全国农业高科技产业基地，将杨凌打造成经济区次核心城市。由于杨凌示范区是国际知名的现代农科城，是国家农业高新技术产业唯一的示范区，也是大西安的重要组成部分。陕西省规划委员会通过的《杨凌城乡总体规划》中提出，将杨凌规划区控制面积确定为 73.72 平方千米，到 2020 年，人口规模达到 30 万人，建设用地 35 平方千米，逐步将杨凌建设成为科教领先的农科城、经济发达的产业城、环境优美的生态城、文明开放的旅游城。按照国务院《关于支持继续办好杨凌农业高新技术产业示范区若干政策的批复》和省委省政府《关于加快推进"科技杨凌、人才杨凌、园林杨凌、富裕杨凌"建设的意见》的精神，杨凌要以基本建成大学城特色鲜明的世界知名农业科技创新城市为主线，加快建设科技杨凌、人才杨凌、园林杨凌、富裕杨凌（以下简称"四个杨凌"），大幅提升科技创新示范推广能力、城乡生态环境承载能力、人民群众幸福指数，进一步推动杨凌示范区又好又快发展。

　　经过多年的建设，杨凌示范区经济社会发展基础已逐渐夯实，为城乡一元化发展营造了良好的发展氛围。沿西农路的科研轴线已经基本形成，依托于新桥路的产业轴线也已初具规模，西宝中线横穿其中。工业为主要分布于西宝中线和新桥路十字的高新技术产业和老城区的旧加工制造业。生活居住用地主要分布在旧城中心和新城区西部。杨凌的用地布局比较简单，但路网结构已基本形成，城市空间布局也在按照规划所要求的"片、轴、带"的布局结构有序发展，使城市有了较好的再拓展空间。

城乡一元化不仅是时间概念上的动态发展过程，也是空间概念上的静态发展水平。建立一套相对科学完整的指标体系，分析和反映杨凌一元化农科城建设的静态发展水平和动态变化规律，对于杨凌一元化农科城建设中确定科学的发展战略、选择工作重点、采取合理措施等，具有重大意义。因此，本章在对杨凌一元化农科城建设基本状态进行描述性分析的基础上，进一步总结、提炼其建设一元化农科城的有利条件、不利因素、机遇和挑战，为农科城一元化建设可行性提供了宏观把握。结合城乡经济社会一元化内涵与外延的界定，构建了包含空间、经济、社会、环境、人口五大方面的城乡经济社会一元化评价指标体系，对杨凌农科城展开实证研究，并分析其影响因素。

第一节　杨凌农科城一元化建设的有利条件

一　优势明显的行政地位

杨凌示范区，作为全国唯一一个农业高新技术产业示范区，由陕西省人民政府直辖，并和 23 个中央部委共管，具有地级行政级别，这是全国其他高新技术开发区所不可比拟的。杨凌示范区作为全国唯一一个农业产业示范区，主要目的在于通过发挥杨凌农科教、产学研、农工贸相结合的整体优势，在农业高科技产业化、培养人才、科教体制改革、农科教结合、产学研结合、农业对外交流与合作以及省部共建等九个方面为全国做示范。因此，党中央、国务院及其有关部委和陕西省委、省政府等各级领导，对杨凌示范区的发展都给予了充分的重视。江泽民、胡锦涛、朱镕基、李岚清、温家宝、姜春云等中央领导亲临杨凌视察，18 个共建部委的领导先后多次莅临杨凌指导工作。陕西省委、省政府李建国、程安东、贾治邦等领导也多次指示、视察和调研，充分体现了各级政府对示范区建设的高度重视和极大关心。在政策优势方面，杨凌示范区是我国高新技术产业开发区中唯一的一个农业示范区，是国家重点扶持的五个开发区之一，已纳入国家高新技术开发区序列，享受国家和陕西省给予的国家级高新技术产业开发区、农林水产业、高新技术产业、校办产业和新产品的优惠政策。

另外，示范区管委会为省政府直属派出机构，享有地市级行政管理权、省级经济管理权和部分省级行政管理权。目前，杨凌示范区实行了"封闭式管理，开放式运行"的管理体制和运行机制，推行了"首问责任制""服务承诺制"和"办文办事限时制"等管理政策，对入区企业实行"一站式"办公服务，投资者在区内可快捷地办完开办企业的全部手续。这些都必将大大加快杨凌示范区的建设速度，扩大其建设规模，使示范区的功能和作用尽快得以发挥。

杨凌位于全国宏观经济布局的一级发展轴线上，是西部大开发的起点及陕西省政府重点建设的"一线两带"工程中心地带的重要城市，也是关天经济区一轴的重要节点，同时接受关中城市群的圈层辐射。国家"丝绸之路经济带"战略实施，陕西省委、省政府明确提出要把杨凌示范区建设成为丝绸之路经济带现代农业国际合作中心，这将为杨凌区争取国家和省市政策扶持，集聚资金、人才、科技、技术提供难得的发展机遇，大大促进区域现代农业发展方式的转型和升级，为引领干旱半干旱地区现代农业发展提供有利环境。

二　明显提高的经济综合实力

作为我国唯一的国家级农业高新技术产业示范区，杨凌高新区自成立以来积极推动经济发展，提高居民生活水平。近年来，杨凌经济发展的多项指标更是超过西安市，经济实力不断增强，正逐步成为西北地区新的经济增长点，基本具备了城乡一元化建设的经济实力。

1. 固定资产投资速度加快

杨凌不断增加的固定资产投资带动了地方经济的快速发展。固定资产投资是建造和购置固定资产的经济活动，即固定资产再生产活动。固定资产再生产过程包括固定资产更新（局部和全部更新）、改建、扩建、新建等活动，这一概念从总体上反映了为促进经济社会发展而投入的资本量。目前，已经有越来越多的研究学者认为固定资产投资能够促进经济增长，但存在一定的滞后效应（刘金全，2002；龙莹，2005）。2015 年，全区共安排重点项目 138 个，实际施工项目 100 个，其中，续建项目 69 个，新开工项目 31 个。全年完成投资 108.35 亿元。按项目类别分，产业发展项目完成投资 53.04 亿元，基础设施项目完成投资 10.68 亿元，城市配套设施项目完成投资 5.49 亿元，生态文明城市建设项目完成投资 2.44 亿元，民生及社会事业项目完成投资 27.61 亿元。从全年情况看，各月固定资产投资增速基本保持在 30% 以上，并呈逐月加快态势。通过纵向比较杨凌人均固定资产投资和人均 GDP 可以发现，一方面杨凌人均固定资产投资近年来保持快速增长的趋势，从 2011 年人均 27273 元增长到 2015 年人均 70919 元；另一方面杨凌人均 GDP 从 2011 年的 30169 元增长到 2015 年的 51293 元，如图 5 - 1 所示。

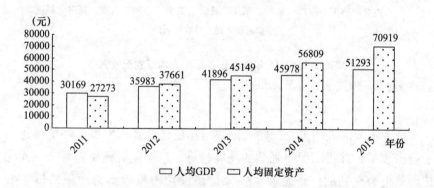

图 5 - 1　2011—2015 年杨凌人均固定资产投资和人均 GDP

资料来源：《杨凌示范区国民经济和社会发展统计公报》（2011—2015）。

很明显近年来杨凌地区固定资产增长速度明显高于区内生产总值的增长速度，展示出杨凌地区快速发展的投资势头。此外，根据现有学者的研究结论，固定资产投资对经济发展的提升具有一定的滞后作用（任歌，2011），所以杨凌区经济发展在未来一段时间内上升的空间还非常大。

2. 城乡居民收入更为殷实

"十二五"期间，杨凌人均收入保持良好的增长势头，2015 年其绝对数值在陕西省十一市（区）中稍次于西安，排名第二位，见图 5 - 2。2015 年，杨凌城镇居民人均可支配收入 33109 元，较上年增长 8.05%。

示范区成立以来，尤其是近些年，把农民增收作为"重中之重"，实现了农民收入高速增长。2015 年，杨凌农村居民人均纯收入达到13792 元，比示范区成立时的 1997 年增长了 10 倍，18 年年均增长13.71%，"十二五"期间年均增长 14.46%，增幅远远高于同一时期陕西省和全国的水平。

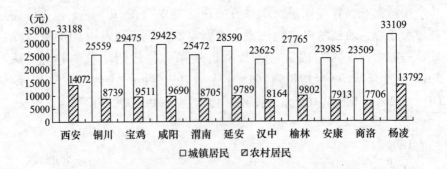

图 5-2　2015 年陕西省各市区人均可支配收入

资料来源：《陕西统计年鉴》（2016）。

杨凌示范区人均可支配收入反映出杨凌地区经济发展已经整体进入了较高水平，并仍旧保持强劲的发展趋势，这一点对杨凌农科城一元化建设是极为有利的。杨凌城乡一元化建设切不可理解为简单的以乡变城，而应该是在具有较高物质生活水平下，城乡生产、生活、生态的高度融合。因此，一定程度的物质积累对于杨凌农科城的建设来说是不可缺少的，这在一定程度上能够加速杨凌农科城一元化建设构想的实现。在示范区成立之前，杨凌农民基本上还是以传统农业为主，与关中其他地方没什么两样。自示范区建立以来，杨凌农民开始亲身感受到了示范区建设带来的好处，收入明显增加了，收入结构变了，生活改善了，观念改变了，精神充实了。在进入新阶段后全国农民收入普遍增长缓慢的情况下，杨凌展示出了"风景这边独好"的示范效应，显现出农业科技的神奇魅力。

3. 财政收入增长迅速

杨凌快速的经济增长带动了政府财政收入的快速增加。财政收入是衡量政府财力的重要指标，政府在社会经济活动中提供公共物品和服务的范围和数量，在很大程度上取决于财政收入的充裕状况。财政收入表现为政府部门在一定时期内（一般为一个财政年度）所取得的货币收入。根据杨凌财政局统计数据，2015 年，示范区实现财政总收入 17.53 亿元，同比增长 17.4%。其中，地方财政一般预算收入 9.26 亿元，同比增长 16.7%。杨凌财政收入的增加得益于杨凌地区长期以来的经济快速增长。关于生产总值和财政收入之间的关系，国内多数学者认为二者之间存在长期协整关系，虽然二者之间的关系在经济发展的不同阶段会有一定的波动，并且受到政治、文化、人口等因素的影响，但是生产总值对政府财政收入的显著性影响是成立的（曲振涛、于树彬、王曙光，2002）。"十二五"期间杨凌的财政收入和生产总值增长情况如图 5－3 所示。从 2011 年到 2015 年，杨凌地区生产总值保持了强劲的经济增长势头，5 年间年均增长率保持在 14.58%，受此影响，杨凌地区的政府财政收入也呈现出快速增长的趋势，同期杨凌政府财政收入年均增长保持在 27.41%。

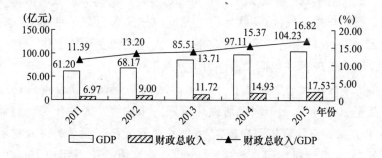

图 5－3　2011—2015 年杨凌示范区财政收入与生产总值增长概况

资料来源：《陕西统计年鉴》（2012—2016）。

　　杨凌政府不断增加的财政收入为政府充分行使行政功能、统筹城乡发展、建设一元化农科城提供了资金支持。首先杨凌持续快速的发展，需要源源不断的资金来进行投资，许多关乎民生建设的项目受制于市场机制下的趋利性，民间资本参与热情不高，因而需要政府以直接投资或对企业进行补贴等方式进行介入；其次应该看到杨凌虽然发展速度较快，但是城区面积较小，城市化进一步推进需要政府和企业投资完善城区的基础设施建设；最后杨凌快速的城市化发展产生了大量的失地农民，杨凌农科城一元化建设要充分考虑到这些失地农民，在城区创造更多的就业岗位来解决失地农民问题，这些都离不开政府大力的资金支持。

4. 基础设施不断完善

政府的先期规划为杨凌加速基础设施建设明确了方向，形成了"一城—两镇—五个新型农村社区——批美丽乡村"的空间布局，目前这一布局建设已经基本完成。这主要受益于国家对杨凌国家级农科城的定位，以及当地政府制定的有关农民进城落户办法及社会保障等八个方面的配套政策。"十一五"时期，杨凌实施了李台等12个村的村改居工程，1.2万农村居民转为城镇居民。建成温馨、景苑两个社区，西桥、李台、穆家寨、淡家堡、杜家坡5村5700多名居民迁入新区。五泉镇小城镇建设全面启动。康乐路延伸、常乐路中段步行街改造、休闲广场改造、城区绿化亮化等一批重点项目顺利竣工，市政设施得到完善，城市骨架逐步拉大。新建、改建公路320千米，建成了杨扶大道、杨临大道等主要交通干线。实施饮水工程17处，解决了4.22万人的饮水安全问题。新建户用沼气池6000多口，家庭改厕1.5万户，创建电气化示范村22个，农村生活环境不断改观。深入开展城乡环境卫生综合整治活动，城乡管理得到加强，被评为国家级卫生区。

在杨凌政府大力财政支持下，示范区内基础设施建设推进速度加快。截至2015年，城镇居民居住环境进一步改善，人均住房建筑面积45.6平方米，全区宽带用户数3.06万户，除城区全覆盖外，农村宽带已覆盖71个自然村，用户数达8248户。全区有线电视用户19000户，其中农村2000户，占比10.52%。

三 逐步优化的交通网络

不断完善的交通网络体系为杨凌经济社会发展提供了必要的基础设施支撑。杨凌处于西安和宝鸡两大中心城市之间，属于关中—天水经济区的核心地带，发达的交通网络将杨凌示范区与西安、宝鸡连接起来，加强了杨凌与区际之间的联系，既有利于借助两市优势发展自己，也有利于与两市分工合作、错位发展，构筑自我发展空间和辐射腹地。杨凌的外部交通网络体系如图5-4所示。第一，航空运输方面。杨凌距中国四大航空港之一——西安咸阳国际机场70千米；并于2017年6月与西安通用航空机场建设有限公司签订了金额高达48亿元的《通用航空机场合作建设与运营项目协议》，将在杨凌建一个通用机场、通用航空学院和通用航空基地。第二，铁路方面。杨凌示范区位于欧亚大陆桥陇海—兰新铁路线上，477 铁路货运专线、530 万吨铁路货运站保障物流运输，被定位为全国农业高技术产业基地核心区，有利于在经济区发展中得到更多发展机会，有条件在承接东部产业转移和参与全球一体化竞争中发挥更大作用。第三，公路方面。连霍高速公路从杨凌穿境而过，成为杨凌连接外部地区的重要线路。随着郑西宝鸡高速客运专线的开通，从杨凌 15 分钟可达西安。

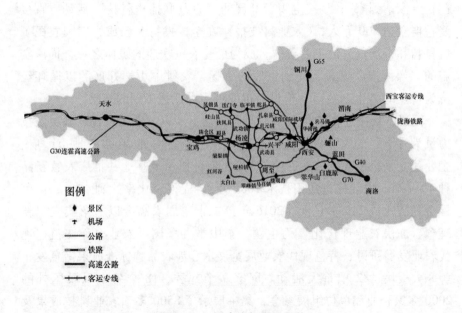

图 5-4　杨凌外部交通网络

四　稳步形成的农业科技示范

杨凌作为我国唯一一个集"农业教育—科研—示范推广"为一体的现代化农业产业示范区，依托西北农林科技大学的科研优势，积极推动科技成果进行转化，取得了显著的经济效益，并已经初步形成良好的对外科技示范机制。

自 1997 年示范区成立以来，杨凌逐步探索形成了科技示范和产业化带动的多种有效形式。管委会与两所大学在全国 16 个省区建立农业科技示范推广基地 150 个，引进、推广国内外良种 1700 多种，培训农民 400 多万人次，推广农业实用技术 1000 余项，推广农林作物良种 2 亿亩，治理水土流失面积 200 多平方千米，受益农民 5000 多万人，每年科技示范推广产生的效益超过 60 亿元。西北农林科技大学与宝鸡合作建立的"专家大院"，采取"科研＋基地＋农户"的形式，有效地促进了当地的产业结构调整，提高了农业的科技含量；以企业为龙头的"公司＋专家＋农户""公司＋基地＋农户"等模式，在全国 10 多个省区建立示范点和原料基地 1200 多个；杨凌乾兴公司的"动态专家＋公司＋客户（农户、企业和政府）"的"乾兴模式"，实现了"农民不出门，专家请到家"；杨凌电视台开展的"百县联播送科技"活动，直接受益群众达 500 万人；《农业科技报》在全国发行，已成为广大农民了解科技和市场信息的主要载体，成为最受农民欢迎的媒体之一，推广实施的"媒体推广模式"受到农民的赞扬；农村中小学开展的以循环经济为特点的"生态校园"建设，也取得多种意想不到的效果。

同时，杨凌还探索建立了"政府推动下、以大学为依托、基层农技力量为骨干"的农业科技推广新模式，已与省内外 20 多个地市政府、企业建立了科技合作关系，建立的 35 个科技示范基地共推广农牧新品种 40 多个、农业先进实用技术 100 多项，成果转化率达到 47%，产生社会经济效益 240 多亿元。2016 年第二十三届农高会以"落实发展新理念、加快农业现代化"为主题，集中举办了国际农业合作交流、现代农业发展研讨、特色现代农业展览展示、涉农品牌标准成果信息发布等 8 大板块、82 项重大活动。国家 9 个部委、18 个省市以及国外的 2000 多家企业和单位组展参会，集中展示了 8500 多项农业科技成果及先进适用技术。网上农高会点击量达 35.6 万人次，线上可交易单品 2200 多种。共评出"后稷特别奖"50 项、"后稷奖"161 项。项目签约投资及交易总额 1167.8 亿元，较上届增长 5.6%。其中，签约项目 349 个，总金额 1060.7 亿元；各展馆及场外贸易成交金额 107.1 亿元。接待国内外各界代表和群众 170 万人次。

自示范区成立至今，杨凌一直按照国务院领导关于"杨凌示范区要在八个方面做出示范"的要求，通过"政府牵动、项目带动、企业拉动、专家推动"的思路和办法，积极探索在推动自身农业发展的同时又能带动国内其他地区农业发展的方式方法。经过 20 年的发展，杨凌示范区以科技示范园、农业高新科技成果博览会（以下简称农高会）、企业基地为农业科技成果推广转化的三个主要平台，不仅探索出了"公司＋科教人员＋农户"的金坤合作模式，解决区内小农户分散经营的问题；还探索出了在全国范围选取试点，以更大范围推广科研成果的基地模式；以及以农高会为主体的科技示范区展会模式。这一系列新型农业技术推广模式的形成，打造了杨凌品牌，创新了农业生产的组织形式，增加了农民收入，推进了农业现代化。在现代农业示范基地建设方面，杨凌示范区以"现代农业看杨凌"为目标，以集聚国内外农业新品种、新技术，探索现代农业新模式、新机制为重点，初步建成了面积100平方千米的现代农业示范园区，引进展示了17类4500多个国内外新优品种，建成了一批标准高、规模大、示范性强的种植养殖基地，形成了粮油良种、蔬菜、苗木、生猪、肉牛、花卉、食用菌和经济林果八类产业，园区正在成为"看得懂、学得会、带得走、用得上"的现代农业示范基地。

1. 金坤模式

杨凌示范区为将分散的小农户经营与农业大市场连接起来，在科技示范工作中积极进行机制创新，成功地探索出了"公司＋科教人员＋农户"的金坤合作模式。该模式是由公司或企业提供资金、设备和场地，科技专家提供高新技术成果和技术服务，共同组成股份公司。公司根据生产需要、采取自愿原则组织农户，通过建立相对稳定的合同关系，形成比较紧密的产加销一体化的经济实体。这种模式始创于杨凌金坤生物工程股份有限公司，该公司是由陕西金坤集团投资3750万元，西北农林科技大学以8项技术作为无形资产入股（占1250万元）组建的高科技公司，由曹斌云、窦忠英等专家组成的专家组持有公司股份。公司依托西北农林科技大学，用生物高科技快速繁育世界名优牛羊良种，加工高档牛羊肉和制品，实现了科技成果转化的主体地位。金坤模式破解了农民增收缺良种、缺技术、缺信息、缺资金、缺市场的难题，实现了"六赢"（政府、农民、企业、科技专家、银行、保险），将农民增收落到实处。这一变革措施在市场经济条件下，完善了产业链，通过抓两头（应用高新科技繁育牛羊良种和产品深加工增值）、带中间（组织农户合同养殖良种牛羊和胚胎移植牛羊）的方法，实现了企业发展、农民增收的良性循环。

杨凌金坤公司的这种产业化经营、科技示范推广、农民致富的模式被当时陕西省委书记李建国同志誉为"金坤模式"。国家主席江泽民同志在 2002 年 3 月 31 日视察杨凌金坤公司时也称赞"这种模式好"（汪振宝，2004）。

2. 基地模式

为了能够让科研单位将干旱作物种植成果在西北更大范围内进行推广，杨凌逐步形成了由基地试点到全范围铺开的科技推广模式——基地模式。陕西省及西部广大地区农业生产环境恶劣，水土流失严重，严重影响农业生产的可持续发展，迫切需要借助农业科技创新技术的替代作用和渗透效应改善。经过不断的探索，杨凌示范区在水土保持、旱作育种、生态农业、节水灌溉等领域取得了上百项重大科研成果。为了实现杨凌示范区的使命，尽快把这些技术转化为现实的生产力，在较大范围的生态区域内加以整合推广、树立典型，杨凌在实践中摸索并初步形成了现在的基地模式。该模式是在企业缺少兴趣参与的状况下，以现有科研院所的专家教授为示范推广的主导，在典型的生态区域内选择一个较大面积的点，建设具有代表性的综合性示范基地，组装配套各种成熟的科研成果，整合各种资源，加以推广示范，通过取得点上的显著成效，来促进面上生产、生态的改善，成功地将杨凌示范区的农业科技成果推广到全国范围。同时，综合性示范基地又成为科研人员进行科学研究的野外台站，从而不断取得新的科研成果。

燕沟生态农业推广示范基地就是这种模式的典型。延安燕沟生态农业推广示范基地根据不同的生态特点，在基地分别建成了高效农副型、农果复合型、林（草）牧复合型三种不同类型的生态农业建设模式和典型，经济、生态、社会效益尤为显著，成为陕北黄土高原、丘陵沟壑区治理水土流失，发展生态农业的示范样板。燕沟生态农业基地的经验和成绩，分别受到时任国务院总理温家宝、朱镕基等中央领导同志的充分肯定和称赞。中科院曾在"十五"期间大力推广这种农业生产技术和发展模式（杨杰，2003）。

3. 展会模式

为了发挥农业科技示范的作用，将杨凌建设成为农业科技成果、市场信息、专业人才和高科技产品的集散地，杨凌以农高会为主体，演化出各种类型专业展览会，形成了科技示范区展会模式。杨凌经过多年的发展，利用展会的交流、交易、咨询，使科技示范辐射效应日益显著，成为中国西部干旱半干旱地区农业创新技术的推广中心、农业科技成果的转化平台、农业科技人才的培养基地以及各种高科技农产品的集散地。据统计,前九届农高会共有来自全国各省、市、自治区和美国、法国、日本等25个国家和地区的4000多家国内外涉农企业、农业科研教学推广单位和中介机构以及510余万客商和群众参展、参观,项目投资及技术和产品交易额累计470多亿元。第七、第八、第九届农高会时,组织"百名专家教授咨询团"科技咨询活动,累计接待咨询群众20多万人次,发放技术资料13万余份。九届农高会时征集到各类农业科技需求、难题2000多条,对绝大部分需求和难题进行了信息反馈。在成功举办农高会的基础上,示范区还根据杨凌的科技优势、产业优势,以及西部农业的发展方向,举办了苗木花卉博览会、畜牧博览会、节水设备博览会、奶产品加工博览会等专业性博览会。通过农高会和各种专业博览会,一大批农业高新技术成果得到转化,大量实用技术得到推广,科技、人才、资金、物资等方面信息得到迅速扩散辐射,从而在较大范围内推动了农村发展和农民增收。

农高会及各种专业博览会以其鲜明的特色,向世界传播"杨凌概念",并将"科技兴农"的观念深深植根于农民群众的心中。

五 得天独厚的生态旅游资源

杨凌作为"绿色硅谷",生态旅游资源特色明显,并且毗邻西安、宝鸡两个旅游资源丰富的城市,发展旅游业具有得天独厚的优势。2004年国家旅游局首批杨凌为国家农业旅游示范点,另外省部共建的管理体制及已经形成的形象与宣传优势又为其发展旅游业创造了良好的基础。与此同时,在大力发展特色旅游的过程中,杨凌针对不同群体开展农业休闲游、农业科普游、农业乡村游等促销活动,奋力打造杨凌农业旅游品牌。2015年,杨凌接待国内旅游人数401.9万人次,较上年增长3.3%;实现旅游总收入10.3亿元,同比增长19.8%。

1. 独具特色的生态农业旅游

发展休闲农业符合经济社会发展规律,是推进农村第一、第二、第三产业融合发展的重要途径,是人们对农业的新认知,是人类生态文明发展的重要内容,是居民怀念绿色田园的有效体现,是人们对生活质量的客观追求,是生存观、生活观、发展观、价值观的一种本质升华。2014年亚洲休闲农业市场规模达到了8900亿元,在中国只有20%的市场得到了满足，有30%的国人都选择出游国外。因此，拥有全国70%休闲旅游资源的农村地区，市场都处于不饱和状态，休闲农业发展空间广阔。

杨凌最能够吸引游客的是其"新、奇、特"的高新科技和农业。根据旅游者的旅游活动主导动机和目的对旅游业发展模式的划分方式，杨凌的农业旅游发展模式可划分成五类：第一类，休闲度假旅游发展模式。以国际会展中心酒店为代表的接待设施，以水上运动中心为核心的运动休闲设施，以田园山庄、神农度假村为代表的娱乐设施等。第二类，文化旅游发展模式。杨凌历史悠久，文化底蕴丰富，具有很强的农业科研能力，开发了修学旅游和地方特色饮食文化游。第三类，观光旅游发展模式。主要包括历史文化遗迹观光旅游产品、科技园区展示游览、科研单位参观游览。第四类，会展旅游发展模式。杨凌农高会作为全国四大科技展会之一，会展旅游引发的住宿、观光和娱乐需求，对社会经济效益产生了显著的影响。第五类，生态旅游发展模式。杨凌发展了畜牧乳品产业、花卉蔬菜产业、特种养殖观光度假、农家田园风光与农家乐体验、关中民俗文化、农业博览园游览教育、后稷教稼园景区游览等系列产品。

2. 星罗棋布的周边旅游资源

杨凌地处西安—咸阳—宝鸡—天水旅游主线，周围旅游资源的聚集效应大大增加了杨凌旅游业发展的潜力。向西看，杨凌距离天水约250千米，经宝天高速2—3小时就可抵达麦积山石窟、仙人崖、街亭古镇、伏羲庙、玉泉观、南郭寺等景点。向东看，西安—咸阳—宝鸡旅游主线基本是以西安为中心的人文古迹与民俗风情旅游，在整体上已形成了较大规模，具有比较完善的旅游服务。杨凌在区位关系上属于关中经济开发带，交通上与西安、咸阳、宝鸡等城市拥有共同的铁路枢纽和航空枢纽，并且处在法门寺、五丈原、太白山、茂陵、乾陵、楼观台等著名景点的中心位置，因此旅游业的发展也就自然地连为了一体。虽然从旅游的服务设施和规模上看，杨凌与西安等城市根本无法相比和竞争，且杨凌的游客大都分流于西安、咸阳、宝鸡等主要旅游景点，基本上都是一日游，很少有人在杨凌住宿，但从旅游的类型和特色上来说，杨凌在都市田园观光和高新科技旅游等方面却有着得天独厚的优势，是整个关中旅游开发带上不可缺少的重要补充，旅游资源的开发利用前景广阔，正逐步成为陕西旅游的亮点和热点，地区形象初步树立。

六　日益完善的土地流转机制

2004年，国务院颁布《关于深化改革严格土地管理的决定》，其中关于"农民集体所有建设用地使用权可以依法流转"的规定，强调在符合规划的前提下，村庄、集镇、建制镇中的农民集体所有建设用地使用权可以依法流转。2009年，杨凌地区开始推广土地流转政策，所提出土地流转模式称"土地银行"。目前土地流转已初见成效，并被国内其他地区纷纷学习，这为杨凌进一步释放束缚在土地上的农村剩余劳动力扫清了制度上的障碍。杨凌土地流转工作的成功开展，离不开政府制度的创新和改革，以及充分切实的发展规划，通过实地走访杨凌管委会和"土地银行"，总结出以下四点原因：

1. 政府组织规划推动实施

政府领导遵循"以镇为点、以区为面"的操作原则，从各个镇土地流转的大面积展开，进一步带动全区的土地流转，减少了土地流转的盲目性、无序性。杨凌土地流转与其他地区农民出于对自身经济利益考虑的自发流转行为不同，根据规模化推进、产业化发展的现代农业园区建设要求，在园区建设中首先制定了"一轴一心八园"的总体规划，在政府的宣传引导和行政推动下，按照园区规划分年度、分阶段进行土地流转，先规划后流转的做法增强了土地流转的目的性和长远性。

2. 全方位的宣传引导

在借鉴外地成功经验的基础上，杨凌把引导农户转变思想观念，加快土地流转当作发展现代农业的前提和基础来抓。首先，组织外出学习，上门动员住户。从2009年至2012年，杨凌示范区先后分六批次，组织参与土地流转的农民到山东寿光考察学习现代农业，并要求各镇派驻点包干抓工作，深入农户，上门宣传，在外出参观考察农民的现身说法和乡镇干部的宣传动员下，逐步打消了农民心中的顾虑，增强了进行土地流转发展现代农业的积极性。第二，对比算账，加强引导。为了让被租地农民更进一步了解土地流转的好处，各镇要求驻村干活深入农户中间开展"算对比账，做明白人"说服教育活动。通过宣传政策和对比算账，使农民认识到，通过土地流转，他们在减少劳作的情况下，不但一亩土地年获益和往年一样，而且还可以腾出人力外出打工，一年的收入算下来比以往增加了近2000元。第三，利用舆论媒体，深化思想认识。杨凌示范区利用广播、电视、报纸、网络等新闻媒体，大篇幅介绍全国和陕西有关土地流转的政策和各地发展现代农业的成功经验。并要求包村干部采取召开干部党员会、入户走访、深入田间地头等方法，利用宣传资料、张贴标语等通俗易懂、群众喜闻乐见的形式进行深入宣传。杨凌示范区在发展现代农业、促进农村发展方面的重要举措和土地流转的各项政策，为土地流转工作营造了良好氛围。

3. 建立完善的基层组织机构

为了加强对土地流转工作的管理、指导，规范土地银行的运行，杨凌区政府成立了土地流转服务中心和杨凌区土地流转仲裁委员会。土地流转服务中心的主要职责是为土地流转提供全面的服务和指导，规范土地流转程序和合同文本；土地流转仲裁委员会的主要职责是对土地银行无法调解的土地流转纠纷进行仲裁处理。乡镇成立土地流转办公室，主要负责各自辖区内的土地银行的监督规范、政策指导、档案资料管理、工作协调等事宜。流转土地的村成立土地银行，主要负责将农户的土地经营权集中起来，并流转给其他从事现代农业产业的农民专业合作社或企业。

杨凌"土地银行"土地流转工作的顺利开展，释放了农业上的剩余劳动力，扩大了农业生产规模，促进了农民收入增加，为一元化农科城建设创造了条件。目前杨凌地区土地流转已经形成了以"土地银行"为中心的土地流转体系，如图5-5所示。杨凌"土地银行"，其性质是在村两委会领导下由农民自发成立的一种公益性农村经济组织，主要职责是在杨凌现代农业示范园区内，将群众承包土地的经营权流转到土地银行，并对外进行出租，负责收取和兑现租金到户，协调解决土地流转过程中的各种矛盾纠纷。为现代农业园区八类产业规模化发展提供土地流转服务，杨凌"土地银行"不收取任何中介费。杨凌区政府为每个土地银行每年补助工作经费一万元，充分调动土地银行工作人员的积极性。以组建"土地银行"催生专业合作社土地流转的大胆尝试，让农民摆脱了传统小农经济的枷锁，释放了土地的能量，注入了市场活力，也为农业现代化奠定了基础。以杨凌区揉谷镇光明村为例，通过土地流转，采取"公司+合作社+农户"的模式，拉长了农业产业链，农业产业化水平得到了大幅提升，实现了农民增收、企业增效"两头甜"。

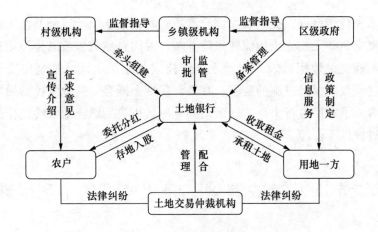

图 5 – 5 杨凌土地流转关系

自首批 7 个土地银行在 2009 年 1 月 1 日挂牌成立以来，杨凌现代农业园区共组建土地银行 37 家，涉及五泉镇、揉谷镇两镇，37 个行政村，流转土地 4.2 万余亩，涉及 1.1 万余农户 4.3 万人。全区组建的土地银行，主要职责就是配合园区建设和现代农业发展，组织、发动农户进行土地经营权的规模化流转。目前，现代农业园区土地流转率为 42% 以上，远高于 5.4% 的全省平均土地流转率。杨凌的土地流转工作取得了显著成效，主要体现在以下四个方面：一是优化土地资源配置，实现了土地的规模化经营；二是促进农村劳动力转移，推动了城市化进展；三是吸引社会资本投入，促进了农村经济发展；四是促进农民增收。

4. 切实的政策保障

为了促进土地流转工作顺利开展，政府先后出台了《杨凌区促进标准化生产园设施农业发展办法》《园区土地流转有关问题的规定》等政策性文件来保障失地农民的利益。主要体现在以下六个方面：一是保障在园区建设中土地被企业和其他经济组织全部租用，且不能从事设施农业生产的农户，享受政府按照人均耕地 0.02 公顷的最低生活保障标准，每年补贴农户每分地 40 千克小麦、40 千克玉米；二是对男年满 60 岁、女年满 55 岁的农民，每人每月发放生活补贴 60 元；三是由政府代交新型农村合作医疗个人自筹部分；四是其子女考上大专（包括职业技术院校）一次性补助 2000 元，大学本科一次性补助 3000 元；五是免费提供技术和技能培训，提高农民综合素质；六是设立土地风险基金，由政府按每亩 200 元建立土地流转风险基金，对因自然灾害或其他原因造成损失不能支付地租的农户、专业合作社或企业，从风险基金中支付租金。这些政策保障措施的实施，在某种程度上减轻了失地农民的后顾之忧，增强了农民进行土地流转活动的意愿，也为后续土地流转工作的深入推进提供了保障。

第二节　杨凌农科城一元化建设的不利因素

一　城市规模有限

在过去很长一段时间，我国城市建设坚持既定的方针：严格控制大城市规模、合理发展中等城市，积极发展小城市（郭凡生、王伟，1988）。但是以经济总量、企业数量、占地规模、人口数量等指标显示的城市规模与城市聚集效益存在显著的正相关关系，并且这一点被越来越多的城市化研究学者所证实（高志刚，2013；袁建文，2011）。目前越来越多的城市化研究学者认为城市合理规模是一个相对的概念，对某一特定的城市，在一定的历史时期内，根据其具体条件，研究其合理性是很有必要的（徐学强，2009）。本研究小组通过实地调研杨凌城市发展现状发现，一方面杨凌示范区作为省政府直辖特区，由省政府直接规划其科研和产业发展；另一方面作为行政区划的"杨陵区"，是咸阳市的一块飞地，它的外围属于咸阳市武功县，在空间上没有自己的发展腹地，没有城市的社会发展与聚集辐射功能，城镇人口也只以"西北农林科技大学"的数万师生为主体，其城市化发展明显规模不足，城市的过度聚集引发外部性还远未到来。

1. 城市占地面积有限

就目前而言，虽然杨凌城市化进入加速阶段，但杨凌面积仅有 135 平方千米，行政辖区范围小，发展布局空间窄，发展所能依托的自然和社会资源有限，难以独立发展区域经济。加之在有限的土地上低水平重复建设基础设施，造成资源浪费，新开发土地又需要支付较高的成本，这些都使杨凌的城市发展受制于区域面积，在一定程度上降低了杨凌的竞争力，使之与大城市相比显得比较落后。

2. 城市人口总量小

陕西省统计局公布了全省第六次人口普查（2010 年）数据，如图 5-6 所示。全省常住人口为 3732.7378 万人，同第五次人口普查相比，十年共增加 127.9706 万人，增长 3.55%。其中，杨凌示范区常住人口为 201172 人，增加 28217 人，增长 16.3%，年平均增长率为 1.52%。就常住人口与陕西省其他市区相比，人口规模丝毫不具可比性。例如第六次人口普查结果中，铜川年末的常住人口为 83.44 万人，为杨凌的 4 倍。人口规模偏小，在一定程度上限制了杨凌中心城区面积的规模，制约了城区面积的扩张。并且人口总量小，导致市场购买力不足，进而影响杨凌产业集群的形成，进一步制约经济发展和农科城一元化的实现。

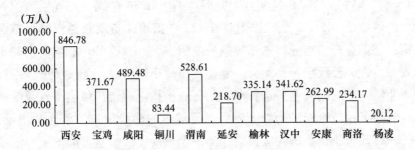

图 5-6　陕西省各市区人口普查数据

资料来源：陕西省 2010 年第六次全国人口普查主要数据公报。

3. 城市经济总量小

杨凌示范区成立以来，虽然经济发展迅速，区域经济实力大大增强，但就经济综合实力来看，杨凌示范区经济总量仍然偏小。2015 年，杨凌国民生产总值为 105.85 亿元，只相当于铜川市的约 1/3。与省内发达市区西安市、宝鸡市、咸阳市几乎没有可比性。这种情况如图 5-7 所示。此外 2015 年杨凌全区 96 户规模以上工业企业实现产值 129.25 亿元，已经超过了华阴市，但与兴平、韩城两市还有很大的差距（2015 年兴平、韩城规模以上工业总产值分别是 361.6 亿元、707.8 亿元）。因此，杨凌城市经济发展的总量还比较小，经济增长动力不足。究其原因，产业结构单一和财政税收压力过大则是制约杨凌经济总量提升的主要因素。

图 5-7　2015 年陕西省各市（区）生产总值

资料来源：《陕西统计年鉴》（2016）。

杨凌在产业结构调整方面取得了很大成功，但产业结构单一也是不争的事实。2015 年，杨凌规模以上工业总产值 129.25 亿元，按照产值过亿元企业划分，31 户亿元企业完成产值 100.36 亿元，占规模以上企业总产值的 77.65%。亿元以上企业 1/3 产值增速负增长是影响示范区规模以上工业产值增速回落不容忽视的因素，并且这些产业均具有较重的农业属性，涉及农产品加工、制药，反映出杨凌在产业发展过程中存在产业结构单一的问题。这种单一的行业结构不利于区域经济效益的提高，制约了示范区经济的综合发展，给城市的建设带来了矛盾和困难。另外，财政税收也是制约城市建设的一个重要原因。这方面的主要问题是财政税源的相对不足，享受减、免税政策的涉农企业的比重较大，使示范区的财力增加不够理想。由于示范区的基础设施建设任务重，资金缺口大，大量银行贷款衍生的财务费用支出占到本级财政收入的 2/3，造成财政压力大，可用于建设的资金减少。

二　建设资金来源不足

杨凌农科城一元化建设涉及经济、社会、基础设施等多个方面，需要充足的资金支持。在杨凌农科城一元化实施过程中，受到金融服务业体系、投融资体制等因素的制约，导致建设资金不足，严重阻碍了一元化工程的推进。

首先，杨凌金融业务的发展远远落后于当地企业的需要，这体现为园区高速发展的产业对资金的需求得不到满足。就目前而言，示范区内的商业银行对园区内企业的贷款需求无法有效满足，这主要是由于商业银行放贷存在较为复杂的评审程序，对企业的资质要求也比较高。为了解决园区内企业面临的这一困难，杨凌示范区管委会设立了中小企业担保中心，即便如此，中小企业快速发展所需要的大量资金依然难以得到满足，这在很大程度上限制了这些企业的发展。

其次，杨凌农科城一元化的投融资体制虽逐渐呈现出多元化的特点，但资金来源仍较匮乏，主要还是靠政府投资，融资渠道过于单一。这也说明，目前农科城一元化建设在吸纳社会资金方面缺乏有效的机制。加之，基础设施建设历史欠账较多，没能充分调动社会资金投入农科城一元化建设中来，政府财政压力过大。示范区原计划在基础设施上投资 1.2 亿元，结果只到位一小部分，致使镇内主要道路、供水、通信、环卫、消防等基础设施进展缓慢，排水管网计划埋设的 7810 米只完成了 828 米，无公害果蔬批发市场、"一街两区"等建设项目没有实质性的突破，这样，在吸引企业和农民向一元化农科城集中和定居起来就比较困难，不利于农科城一元化建设的健康发展。

最后，杨凌地区城中村改造投入资金大，政府难以承受。城中村改造所需的资金投入总量十分巨大，改造的经济成本相当高，主要包括：集体土地变成国有土地的征用费，对城中村旧房的拆迁费用，对村民的拆迁补偿费用，安置房的建造成本，集体经济组织改为法人公司的变更，资产评估费用，以及改造后原公共设施的建设管理费用等。可以说，城中村改造的资金投入涉及征地、拆迁、安置、建设等各个环节。

仅以姚安四村改造为例，具体见表 5 - 1，需要建安置房近 15 万平方米，所需总安置资金总额为 2.2 亿元，可以看出，如此庞大的资金需求给政府财政带来巨大压力。

表 5 - 1　　街道办姚安四村改造拆迁安置补偿（2011 年 4 月）

村名	征地面积（亩）	征地资金（万元）	安置房面积（平方米）	安置房成本（万元）	超面积补偿金（万元）	拆迁过渡费补助（万元）	其他资金（万元）	安置资金合计（万元）
姚南村	250	248	57276	6300	1199	125	815	8687
彭家窑	42.4	27	12930	1422	216	27	161	1853
姚北村	201.9	219	23930	2632	504	52	342	3749
姚东村	235.2	143	55081	6059	1019	116	728	8065
合计	729.5	637	149217	16413	2938	320	2046	22354

资料来源：马少军：《杨凌城中村改造问题研究》，硕士学位论文，西北农林科技大学，2010 年。

三 产业规模有限及商贸流动滞后

由于经济总量偏小、工业化基础薄弱、经济综合实力较弱等因素的影响，杨凌示范区产业化程度及规模相对较弱。受到市场意识、组织化程度的限制，工业方面主导产品规模小，规模经济难以形成，区域特色经济发展不足。虽然入区企业数量有所增加，但是在所有企业中年利润额在亿元左右的只有两家，多数企业规模较小，产品竞争力较弱，从整体来讲杨凌缺乏能支撑整个产业的企业和项目。主要的问题是企业扩大规模、拓展市场缺少资金支持。造成这种情况的主要原因有：一是驻区金融机构规格低、资金总量少、服务功能和手段不完善等；以民营中小科技企业为主体的入区企业，大多处于起步成长阶段，很难满足抵押、担保等银行贷款条件，获得贷款的难度很大。二是虽然产业特色明显，入区企业的成长性也比较好，但由于发展时间短，产业规模和企业规模都不够大，特别是缺少有较大市场影响力和凝聚力的品牌企业。三是国内外的涉农知名大公司、大企业入区的还比较少，目前仅有泰国正大集团一家，外资企业的比例也比较低，仅占入区企业的3.6%。四是专线专用"航空—铁路—公路"运输网络已成为制约企业发展的"瓶颈"。目前杨凌没有专门用于物流的铁路货运站，一些企业的原材料和产品的运输受到制约，加大了生产成本，影响了企业发展和投资环境改善。

传统农产品的流通一般在生产者和消费者之间经历着众多的环节，这些环节包括产地环节、销地环节以及包含在中间的各级经销商。如此众多的流通环节显然很不利于新鲜特色农产品的流通。目前杨凌地区在流通环节存在的问题主要包括：一是由于特色农产品市场营销主体的培育滞后造成流通组织和营销群体不足，销售渠道单一。二是相关物质基础设施薄弱，区内的冷藏库和保鲜冷藏车较少，不能满足需求，特别在农产品集中上市的阶段，运输的矛盾更加凸显。三是许多农产品不能及时、有效地进行深加工，造成了农产品附加值低且因保鲜困难而产生损失。

由于以上种种原因，加上杨凌城市建设起步晚，城镇规模和人口聚集度不够，导致了第三产业发展不足，商贸流动严重滞后于杨凌快速发展的步伐。

四 新型社区建设有待进一步加强

随着杨凌经济快速发展，城市化进程逐渐加快，周边农村不断地被纳入城市布局规划之中。农村由原来零星分散的状态逐渐集中，使许多村庄消失，与此同时出现了许多政府主导的失地农民集中居住小区。失地农民社区是城乡连续体中的一个特殊类型，是农村社区向城市社区的过渡型社区，兼有前两类社区的特点。在人口要素上，它与城市社区较接近；在组织和经济结构上，它又与农村社区的特征相类似；在服务设施、物质条件和管理水平上，它又介于前两类社区之间。根据实地调研、访谈获取的资料，可以了解到杨凌示范区在社区建设过程中面临政策滞后、观念滞后、管理滞后和理论滞后的困境。

1. 政策滞后

政策先行是保障撤村建居工程顺利进行的支撑，如若相关政策不能跟上新型社区建设的步伐，将会造成入区农民的安置不能得到保障，影响新型社区对城乡一元化建设推动作用的发挥。撤村建居是推进城市化进程，率先基本实现现代化的必然选择。撤村建居作为农村城市化进程中的关键一步，要真正实现在户籍管理制度、行政管理体制、经济组织形式和土地性质等方面，从农村管理体制向城市管理体制的彻底转变。但是，入住新建小区的农村居民，仍然保留着各自行政村的农民身份。这些方面的政策滞后致使社区管理中无法按规定成立"社区居民委员会"，仅能以"社区办公室"来暂行居委会的部分职能。如此造成在社区管理服务中缺乏执行力而使各项政策措施推进不力。

2. 观念滞后

杨凌在推进新型社区建设过程中，遇到的主要阻碍表现在社区管理思想的陈旧，以及入区农民固有的生活观念难以改变两个方面。一是社区和原有村干部在管理上因对象的"身份"重叠和地域的交错而出现了什么该管、什么不该管的困惑，同时村干部普遍缺乏现代社区建设理念和管理知识，他们中很多人习惯于管理村民而没有为村民服务的意识，从而出现居民对管理和服务的不满情绪。二是原有村民不能适应从农民到小区居民的角色转换，仍以村民自居，原有的思想观念和不良行为习惯需要较长时间才能逐步改变，居民缺乏社区认同感和归宿感。在管理服务上与居民所在行政村功能的交错也使社区功能得不到延伸，现代社区的计划生育、户籍转变、社会保障、医疗保险、义务教育等管理服务功能得不到保障。

3. 管理方式滞后

原有村的管理服务模式虽"破"不"立"，区村功能交错。随着各村的整体拆迁，村民分散居住在不同的安置社区中，原有行政村的居住和管理服务模式虽被打破，但没有撤村建居，村民的性质没有改变，带来了选举、财务管理、党员服务等管理服务的新问题。同时行政村的功能逐渐向社区转移，村民委员会的设置和人员安排也出现了新矛盾。

4. 新型社区住宅建设理论滞后

目前对杨凌新型社区住宅建设的理论研究不足。虽然绿色住宅、环保住宅、生态住宅、健康住宅及智能住宅的理念现在城市盛行，但有关农村住宅建设的新理论很少出现。一方面，从城市出发提出的建筑理念虽然对农村住宅建设有一定的促进作用，但是农村毕竟与城市不同，而且我国农村南北差异很大，在南方大部分农民进城转业，享受农村城市化的文明时，内陆大部分农民还以农业糊口，所以其对农村住宅建设的理念要求差异很大。另一方面，杨凌新型社区建设除了居住功能以外，还担负部分农业生产功能，但目前对杨凌农村住宅的产业化功能研究不足，存在农村住宅建筑功能单一，功能布局不科学合理的问题，不能与农村产业发展相适应。此外，新型社区的整体性、全局性调研欠缺，主要体现在有关农村住宅建设的标准、规程、规范目前没有形成。

因此，杨凌新型社区建设应结合其农村产业发展规划，以新型社区周边产业布局规划为指导，探索适合农村产业发展、农户实施的住宅建设模式，对实现农村产业发展战略意义很大。

五 失地农民的城市生活适应能力弱

为了实现土地集约化利用，杨凌示范区一方面推行土地流转工作，另一方面将失地农民安置在新建的社区中，然而村庄合并与农民集中化居住使农民的居住方式、生活方式、生产方式都发生了重大改变，导致很多农民处于无地可耕的"半农民"和无工可做"半市民"的状态，这阻碍了杨凌建设一元化农科城的进程。为了进一步理解杨凌失地农民城市适应性问题，本课题组调研了杨凌失地农民集中居住的五泉社区，发现失地农民的城市适应困境主要体现在收入来源不稳定和生活成本大幅增加两方面。

1. 失地农民的收入来源不稳定

收入是农民可持续发展中最为重要的条件，因而收入来源的变化影响着失地农民生活的方方面面。对于失地农民而言，失地之前的生产方式是农业生产，失地之后转变为工商和服务业等非农领域（叶继红，2008）。失地后，农民没有了土地这一强大的保障，必须寻求新的收入来源。由于长期实行的城乡隔离政策和二元社会结构导致农民科学文化素质较低，离开土地后，他们缺乏一项谋生的技能。加之，当地政府的产业扶持政策缺位，金融信贷排斥等因素，较大地影响了失地农民再就业。对于大部分青壮年失地农民来说，他们选择了打工。由于受到自身知识水平、劳动技能、工作经验的限制，以及对基于血缘、地缘和姻缘形成的长久稳定的农村乡土社会资本的依赖，失地农民更倾向于在本地寻找收入来源。据调查，大寨社区有76%的青壮年失地农民选择了在杨凌区内打工，但在社区附近，他们能够从事的也仅是一些收入微薄的工作，如建筑、清洁、搬运等。选择在本地打工的人中，有81.5%的人每月工资在700—1200元。大部分外出劳动力集中在河南、山东、湖南、广东等省份，从事一些简单的加工制造业，平均收入在1500元，每月给予家庭的费用平均仅为550元，最低仅有200元。

表 5-2　　　　　　　　杨凌失地农民失地前后收入对比

收入来源	失地前		失地后	
	年均收入（元）	占比（%）	年均收入（元）	占比（%）
工资性收入	12889.0	50	8889.0	30
经营性收入	9870.0	25	13870.0	45
财产性收入	4998.0	15	4998.0	15
转移性收入	3320.0	10	3320.0	10
家庭总收入	29980.0	100	26980.0	100

资料来源：杨凌实地调研数据。

由于失地农民不断增多，杨凌的劳动力市场处于饱和状态，导致许多失地农民没有固定工作，以打零工为主，收入来源极不稳定。甚至出现了不少闲置劳动力，完全没有收入来源，生计问题令人担忧。

2. 失地农民移居城市后生活成本大幅增加

失地之前，农民通过种植为主的农业劳动，从土地上获得了大部分生存发展所需的物质资料，如粮食、蔬菜、油、水果等。这些物质资源满足了他们的日常需求，从而减少了他们的购买消费支出。这样自给自足的生活方式，生活成本是相当低的。加之，农民一般习惯于朴素简单的生活，生活成本在这种状态下自然也就很低。商品化是城市化的特征之一，相对于原来的村庄，社区生活是开放的和商品化的。因此失地农民移居城市以后，大量的生活物质资料需要自己购买，因而消费行为骤然增加，参与本课题调查的98%的失地农民都认为移居城市后生活成本显著增加，具体见表5-3。

表5-3　　　　　　　杨凌失地农民失地前后生活成本对比

支出构成	失地前		失地后	
	年均支出（元）	结构占比（%）	年均支出（元）	结构占比（%）
食品支出	876.00	15	1276.00	33
衣着支出	556.9	25	556.9	25
居住支出	320.9	15	1820.9	23
家庭设备用品及服务	200.0	10	200.0	10
医疗保健	1500.0	12	1500.0	12
交通通信	800.0	10	800.0	10
教育文化娱乐服务	200.0	12	200.0	12
总成本支出	4453.8	100	6353.8	100

资料来源：杨凌实地调研数据。

第三节　杨凌农科城一元化建设的机遇

一　国家城市建设规划的要求

西部大开发、"一带一路"倡议、"十三五"规划的相继提出，为杨凌农科城一元化建设提供了发展的机会，杨凌示范区结合自身的发展优势，紧抓机遇，实现区域经济社会的快速发展。

1. 国家"十三五"规划提出加快新型城镇化步伐

《"十三五"规划纲要》的提出，为新型城镇化建设指明了方向。"十三五"规划提出，要坚持以人的城镇化为核心、以城市群为主体形态、以城市综合承载能力为支撑、以体制机制创新为保障，加快新型城镇化建设的步伐，提高社会主义新农村建设水平，努力缩小城乡发展差距，推进城乡发展一体化。要从四个方面入手，推进新型城镇化建设。首先，加快农民市民化。统筹推进户籍制度改革和基本公共服务均等化，健全常住人口市民化激励机制，推动更多人口融入城镇。深化户籍制度改革，明确地方政府推动农业转移人口市民化主体责任。其次，优化城镇空间布局。强调以城市群发展，推动跨区域城市间产业分工、基础设施、生态保护、环境治理等协调联动。同时，因地制宜发展特色鲜明、产城融合、充满魅力的小城镇，积极引导产业项目在城镇布局，完善市政基础设施和公共服务设施，推动公共服务资源向小城镇配置。加快拓展特大镇功能，赋予镇区人口 10 万以上的特大镇部分县级管理权限，完善设市设区标准，符合条件的县和特大镇可有序改市。再次，建设和谐宜居城市。转变城市发展方式，提高城市治理能力，加大"城市病"防治力度，不断提升城市环境质量、居民生活质量和城市竞争力，努力打造和谐宜居、富有活力、各具特色的城市。加快新型城市建设，加强城市基础设施建设，加快城镇棚户区和危房改造，提升城市治理水平。最后，推动城乡协调发展。推动新型城镇化和新农村建设协调发展，提升县域经济支撑辐射能力，促进公共资源在城乡间均衡配置，拓展农村广阔发展空间，形成城乡共同发展新格局。发展特色县域经济，加快建设美丽宜居乡村，促进城乡公共资源均衡配置。

杨凌示范区依靠农业科技优势，推动现代农业发展，特色农业、农业科技已逐渐成为杨凌的名牌。"十三五"规划对加快新型城镇化的指示，为杨凌示范区相关政策的实施提供了依据。以特大镇有序改市为例，杨凌示范区作为开发区试点，主要承担着发展区域经济的职能，而杨凌区政府则承担着行政职能，因此促进示范区和行政区体制的融合，提升杨凌行政管理权限成为杨凌未来发展的重要保障。

2. 西部大开发中杨凌地区的规划定位

西部大开发战略是我国社会经济全面振兴与发展的百年大计，因而作为西部功能特殊的新兴农科城，杨凌将获得持续的发展机会。党的十七届三中全会指出，我国总体上已进入以工促农、以城带乡的发展阶段，处于加快改造传统农业，走中国特色农业现代化道路的关键时刻，进入着力破除城乡二元结构、形成城乡经济社会发展一体化新格局的重要时期。这是我党在改革开放三十年后对我国经济发展阶段的准确把握，是全面推进我国现代化建设的战略性决策，也是贯彻科学发展观实施城乡经济社会一元化发展的总动员。为加快西部地区转方式调结构，促进区域协调发展，拓展国家新的发展空间，《西部大开发"十三五"规划》提出要加快成渝、关中—天水、北部湾、珠江—西江、天山北坡等重点经济区为支撑的核心增长区域建设。其中，关中—天水经济区要依托西安、咸阳、宝鸡、天水等城市和杨凌高科技农业示范区，重点发展航空航天、生物医药、电子信息、新材料、高效农业等产业，建设高技术研究基地，积极发展高技术服务业。

杨凌农业高新技术产业示范区是全国唯一的一个农业产业示范区，其主要目的在于通过充分发挥杨凌农科教、产学研、农工贸相结合的整体优势，着力推进创新试验，发挥创新集聚和示范引领作用，推动自身依托国家农业科技园区推进农业科技成果转化，在农业高科技产业化、培养人才、科教体制改革、农科教结合、产学研结合、农业对外交流与合作以及省部共建等九个方面为全国作示范，进而带动西部地区转变发展方式，调整经济结构，提升发展质量和效益。因此，党中央、国务院及其有关部委和陕西省委、省政府等各级领导，对杨凌示范区的发展都给予重视。

在过去杨凌示范区紧紧抓住了西部大开发的历史机遇，紧紧围绕制约陕西和西北地区干旱、半干旱农业长远发展的几个关键性技术问题，以省部共建为契机，以深化改革为动力，以杨凌整体科技优势为依托，依靠生物工程、旱作节水工程和生态工程等高新技术，尽快建立起干旱、半干旱地区农业科技创新体系。坚持基础研究同应用研究相结合，高新技术同常规技术相结合，自主研究同技术引进相结合，科学研究同成果推广相结合，力争在农作物品种选育、抗旱栽培、节水灌溉、水土保持、野生植物资源利用、农产品储藏加工、现代集约化种养等技术方面取得突破。争取在"十三五"期间，把杨凌示范区建设成西北地区及全国农业高新技术的生长核心、辐射源，使其成为名副其实的地方经济新的增长点。

3. "一带一路"建设对杨凌农科城的带动作用

2013 年 9 月和 10 月，习近平主席在出访哈萨克斯坦、印度尼西亚时，先后提出共建"丝绸之路经济带"和"21 世纪海上丝绸之路"的倡议，开创了我国全方位对外开放的新格局。为落实这一战略构想，陕西省委、省政府迅速做出建设丝绸之路经济带新起点的决策部署。同时，明确提出要把杨凌示范区建设成为丝绸之路经济带现代农业国际合作中心。时任陕西省委主要领导在《努力打造丝绸之路经济带新起点》的署名文章中明确提出，要"加快杨凌旱作农业国际合作中心建设，加强旱地作业与设施农业、环境调控与节水灌溉等方面的技术培训和技术支撑，在中亚国家建设新技术推广示范基地"。这些部署要求，为杨凌示范区在丝绸之路经济带发挥作用指明了方向，明确了定位，也为杨凌进一步加强与"一带一路"沿线国家的农业科技交流与合作提供了难得的历史机遇。

4. 社会主义新农村和美丽乡村建设机遇

社会主义新农村建设是指在社会主义制度下，按照新时代的要求，对农村进行经济、政治、文化和社会等方面的建设，最终实现把农村建设成为经济繁荣、设施完善、环境优美、文明和谐的社会主义新农村的目标。"建设社会主义新农村"，不是一个新概念，自 20 世纪 50 年代以来曾多次使用过类似提法，但在新的历史背景下，党的十六届五中全会提出的建设社会主义新农村具有更为深远的意义和更加全面的要求。新农村建设是在我国总体上进入以工促农、以城带乡的发展新阶段后面临的崭新课题，是时代发展和构建和谐社会的必然要求。当前我国全面建设小康社会的重点难点在农村，农业丰则基础强，农民富则国家盛，农村稳则社会安；没有农村的小康，就没有全社会的小康；没有农业的现代化，就没有国家的现代化。世界上许多国家在工业化有了一定发展基础之后都采取了工业支持农业、城市支持农村的发展战略。我国国民经济的主导产业已由农业转变为非农产业，经济增长的动力主要来自非农产业，根据国际经验，我国现在已经跨入工业反哺农业的阶段。因此，我国新农村建设重大战略性举措的实施正当其时。

在这样现实背景和机遇之下，2014 年，杨凌示范区将按照"近期拆迁村庄重在环境清洁、中期搬迁村庄重在环境美化、远期保留村庄重在环境改造"的思路，全面启动美丽乡村建设。在建设中以"村美、民富、人和"的新农村为目标，突出示范村、提升村、保洁村 3 个层次，坚持"重点打造、分步推进、全面建设、争创品牌"的原则，围绕建设"村容整洁环境秀美、三产联动村民富美、设施完善服务完美、乡风文明生活和美"的四美总体要求，努力推动农村环境面貌和农民生活品质、人居环境和自然生态、产业发展和农民增收、社会保障和公共服务以及农民素质和精神文明建设的全面提升，打造宜居、宜业、宜游的美丽乡村样板。

二 陕西省政府先行先试实施城乡一元化发展的定位

省政府对进一步加强杨凌城乡发展建设的决定和意见，为杨凌农科城一元化建设提供了支撑。2007年7月25日陕西省委、省政府在《关于进一步加快杨凌示范区发展的决定》（以下简称《决定》）中提出，到2020年，把杨凌初步建成具有较强产业聚集度和示范辐射效应的区域性中心城市，杨凌城区面积由现在的15平方千米扩大到30平方千米，城市人口由现在的8万人扩大到20多万人，总人口达到30万人，城市化率由现在的46%达到75%以上。2015年10月，陕西省人民政府出台《关于支持杨凌示范区加快城乡发展一体化的意见》（以下简称《意见》），提出可以通过完善城乡一致的政策体系、加快推进公共服务均等化、坚持协调发展，推进"四化同步"等措施，持续推进杨凌示范区城乡发展。《决定》和《意见》的出台，为杨凌农科城推进一元化建设提供了良好的政策环境。

三 科技推动杨凌农业创新升级发展的战略机遇

党的十八大明确提出"科技创新是提高社会生产力和综合国力的战略支撑，必须摆在国家发展全局的核心位置"。十八大强调要坚持走中国特色自主创新道路、实施创新驱动发展战略。《中共中央国务院关于深化体制机制改革加快实施创新驱动发展战略的若干意见》强调，要营造激励创新的公平竞争环境，建立技术创新市场导向机制，强化金融创新的功能，完善成果转化激励政策，构建更加高效的科研体系，创新培养、用好和吸引人才机制，推动形成深度融合的开放创新局面，加强创新政策统筹协调。杨凌示范区作为全国唯一一个农业高新技术产业示范区，在创新驱动发展战略的指导下，可以持续依托西北农林科技大学的科研能力，充分利用好国家农业科技园区协同创新战略联盟、全国高等学校新农村发展研究院协同创新战略联盟两个平台，积极推动农业技术创新和农业技术成果转化。着力将杨凌示范区打造成国家（杨凌）农业技术转移中心，提高杨凌示范区在现代农业中的话语权和影响力。

四　自贸区建设实现特色化发展

自贸区建设，再一次为杨凌示范区提供了农业科技"走出去"的机遇。杨凌片区作为中国（陕西）自贸试验区 3 个片区之一，总面积5.76 平方千米。大致位于东起新桥路，西至民乐路，南起城南路一线，北到兴平路的闭合区域内。杨凌自贸片区是我国现有自贸试验区中唯一以农业为主要特色的自贸片区，主要战略定位和目标是紧扣杨凌示范区国家使命，以农业科技创新、示范推广为重点，通过全面扩大国际农业领域合作交流与贸易便利化，打造"一带一路"现代农业国际合作中心，建设世界知名农业科技创新城市。在自贸区建设过程中，杨凌示范区通过坚持立足农科特色，发挥杨凌资源优势，重点发展农业高新技术产业，实现杨凌片区与陕西自贸试验区其他片区差异化发展，有助于杨凌特色农业科技品牌的塑造。

第四节　杨凌农科城一元化建设的挑战

外部环境的不断变化，使杨凌示范区未来发展面临着诸多不确定性因素，除了为杨凌带来发展机遇，也将对杨凌示范区发展提出新的挑战，诸如绿色贸易壁垒的制约、周边地区极点效应的负面影响等。

一　绿色贸易壁垒限制涉农产业的整体竞争力

经济危机之后，发达国家和发展中国家不平衡的经济复苏，从内部引起了贸易保护主义思潮。为了应对这场经济危机带来的国际经济利益格局的调整，美、欧的经济政策走向在潜移默化中发生着微妙变化，其着力点不仅放在当前的经济复苏上，更强调未来如何能够可持续繁荣，继续引领世界经济潮流。例如，以低碳技术改造传统产业和构建新的产业群，形成绿色产业体系，带动经济复苏，进而抢占危机过后的产业制高点。为了保护和促进本国绿色产业体系的发展，减轻来自外来进口商品的压力，各国通过征收碳关税、提高市场进入标准等措施，增强绿色贸易壁垒。

虽然杨凌对外贸易输出能力持续加强，但各国绿色贸易壁垒的提升必将对杨凌对外贸易提出挑战。随着全球化程度的加深，杨凌农科城同国内外的经济社会活动联系更为紧密，加入世界产业分工体系会使农产品相互之间的竞争更为激烈。尽管在农业发展方面杨凌已有诸多成就，如现代农业创新园 18 个种植示范区、国际合作园 30 个种植示范区的划分工作已完成；农业企业孵化园建设工作全面启动，已有省内外 8 家农业科技公司的 10 个新技术、新产品项目进驻发展；已开始积极实施"五个万"工程，促进农业增产、农民增收；新建设施农业大、中棚 307 座，在现代农业标准园规划发展设施农业 2400 亩，带动农户建棚 859 座。但随着城市经济对国际市场的依赖性加大，城市产业结构纳入国际分工体系，需要迅速依据国际经济网络的要求进行调整。特别是与杨凌城市产业关系密切的农产品关税的调低，将对杨凌农业产生很大的冲击，这是未来杨凌城市经济发展最大的挑战。

国际市场行情变化快，价格暴涨、暴跌，谁的商品新、奇、特、精，谁的价格合理，谁的销售速度快，谁就能取胜，谁就能在国际市场上占有一席之地（田维明、高颖、张宁宁，2013）。优胜劣汰在世界经济中反映得最为明显、直接。世界上一些发达国家如美国、日本、西欧各国的农产品贸易或工业品贸易，争夺得异常激烈，此起彼伏，特别是随着各国生产和资本进一步国际化，西方国家之间的贸易战、市场争夺战、关税战也在进一步激化。发展中国家积极参与国际市场的竞争，也已成为不可忽视的力量。另外，除世界贸易组织外，又出现了许多地区性经济合作组织的贸易集团，如东南亚国家联盟、中美洲共同市场等，在区域经济一体化发展背景下，杨凌农产品出口的竞争压力进一步加大。

二 西安和宝鸡的极点效应对杨凌的负面影响

在西安大都市圈和宝鸡市的极化发展过程中，位于大城市边缘地带的杨凌，未来一定时期内必然会承受较大的负面效应。目前杨凌城市等级偏低、规模偏小、第三产业发育不良、人气不旺等均与之有关。

按照国家定位要求，在打造现代农业示范高地方面，杨凌拥有技术、人才和政策等方面的优势，这是其他任何一个地方都无法比拟的。杨凌"农高会"更是与北京"科博会"、上海"工博会"、深圳"高交会"并列的我国四大高新技术窗口展会。但由于杨凌示范区内的人口主要是以西北农林科技大学、杨凌职业技术学院等高校、科研机构为主的数万师生、员工为主体，没有城市的社会发展与聚集辐射功能，同时受到西安和宝鸡两座现代化城市极点效应的负面影响，导致缺少金融、商贸和服务业等第三产业的支撑，人气不旺，对外来投资者吸引力不大。按照增长极理论关于城市对周围区域辐射带动的一般规律，周边大城市对杨凌产生大量的有利影响尚需一定时日。这就迫使杨凌必须加大城市建设力度，创造高水准、现代化、更优于周围大城市的生产性和生活性基础设施、服务体系及具有现代化景观风貌和人居环境的现代城市，通过城市社会经济活动的等级转移方式，实现杨凌城市的突破性、跨越式发展。

杨凌走独立设市的道路，使之向中国第一个现代化农科城迈进成为可能。有了完整的城市地位和行政功能，才能为杨凌农科城一元化建设扫清制度障碍，进而推进杨凌加快城市建设，真正发挥农业新技术示范作用，从而带动西部干旱半干旱地区农业发展。同时也在大关中城市经济带中显示自己的独特地位与魅力。设立杨凌市符合我省关于大西安都市圈的构建，有利于优化关中城市群的空间布局，能发挥杨凌示范区的区域性作用。

三　行政区划对城市发展的制约

杨凌是由我国西北农区的一个乡镇发展起来的，历史基础和未来发展空间决定了其城市发展规模不会很大。就我国北方来讲，无论从农业科技教育人才的数量及密集程度、农业科技研究开发的条件，还是从城市本身的设施水平、服务体系和社会文化氛围等多方面来比较，杨凌都与各省市自治区发达城市存在相当大的差距，在未来发展中面临着和这些地区及城市的激烈竞争。

第五节　杨凌农科城一元化水平评价

对杨凌农科城一元化进行综合评价能够从定量角度对杨凌城乡一元化的发展进行分析，通过建立主客观相结合的评价体系，能够对杨凌农科城一元发展进行自身的纵向比较和与国内其他地区一元化建设的横向比较，其分析结果可以对杨凌农科城一元化建设进行阶段性定位，弥补了仅从定性分析研究的不足。

一　一元化综合评价原则与层次

1. 评价体系设计原则

对于城乡一元化这样复杂的巨复合系统，目前还不可能用很少几个指标来描述其状态和变化。因而需要用多个指标组成一个有机的整体，通过建立指标体系来刻画系统的发展状况。在构建指标体系时，除要符合统计学的基本规范外，还必须遵循以下原则：

第一，建立的指标体系应既有综合性又具有针对性。城乡一元化是一个综合性的概念，因此构建城乡一元化程度评价指标体系应覆盖面广，能全面综合地反映城乡一元化的主要发展特征和发展状况。一方面，所建立的指标体系要体现综合性，能以多维角度构造出全面而综合的城乡一元化发展景观，不仅包括经济发展，还应包括社会、政治、文化、环境及其他方面。另一方面，所建立的指标体系还应该具有针对性，应该针对全面建设城乡一元化面临的主要问题和实际，确定关键性、决定性要素。

第二，设置的指标应具有可比性。城乡一元化程度评价指标体系不仅要用于对某一个确定的区域进行时间序列的纵向比较，还要用于对不同的空间地域进行的横向比较。由于城乡一元化进程有其自身的规律和共性的特征，所以设立的指标体系应具有普遍的适用性和可行性，才便于地区间比较。可比性有两个要求：一是在不同的时间和空间范围上具有可比性，如以货币为单位的指标（国内生产总值、人均收入等）必须扣除价格变动因素；二是地区之间进行比较时，除指标的口径、范围必须一致外，一般用相对数、比例数、指数和平均数等进行比较才具有可比性。另外，每一项指标的设置都应在某一方面反映某一地区城乡一元化程度的一个侧面，而这一侧面的实现程度只有通过比较才能有一个较为确切的认识。所以，设置指标不应过于强调创新，而更应强调所设置的指标能体现城乡一元化进程的共性特征，更具有普遍的适用性和可行性。

第三，指标体系应体现可操作性。构建指标体系的目的在于应用，对于一些指标，从理论上讲很有意义，但缺乏现实可操作性，实践中很难用某项确切的指标来描述。如果不考虑可操作性要求，强行设立，势必造成认识上和判断上的困难和错误。这样的指标体系则无法发挥其科学描述、准确评价的作用。同时，指标的设立还应充分考虑数据资料的可得性或可测性，虽然某项指标很重要，但却难以提供相应的数据支撑，则就无法判断实现程度，设立这样的指标也就没有意义。

2. 城乡一元化评价体系层次结构

系统的一个重要特征是具有层次性，即它是由多个层次构成的复合体，其中每一层次由不同作用和特征的子系统构成，每一子系统中又有作用程度不一的个体指标。城乡一元化程度评价指标体系层次结构是以城乡一元化的科学内涵为基础，按照系统科学层次分析方法分析而确定的。指标体系是由一组相互关联，具有层次结构的子系统组成，子系统的确定决定了指标体系的结构框架。根据城乡一元化建设的目标要求，本书选择了经济水平、基础设施、社会环境、人口数量与素质、生态环境五个截面来确定子系统。

　　根据对城乡一元化内涵、目标、任务的理解，指标体系分为总系统、子系统和个体指标三个层次，如图 5-8 所示。总系统是第一层次，以城乡一元化建设总水平为考量目标。子系统为第二层次，将对城乡一元化建设的考量细分为经济水平、城市基础设施、社会文化环境、人口数量与素质、生态环境五个方面。经济水平为城乡一元化提供了发展的基础，在城乡一元化建设过程中起决定性作用；城市基础设施满足了一元化过程中产业生产、居民生活的需求，是一元化实现的基础；社会进步是城乡一元化的根本性标志，是建设城乡一元化的重要目标；城乡居民人口素质的改善和提高是以人为核心的新型城市化的内在需求，是城乡一元化建设的核心；环境生态是全面协调、可持续发展的关键，是城乡一元化建设的内在要求，对城乡一元化进程有重要影响。子系统间的相互联系构成了城乡一元化程度评价指标体系结构。第三个层次为子系统下设立的个体指标。

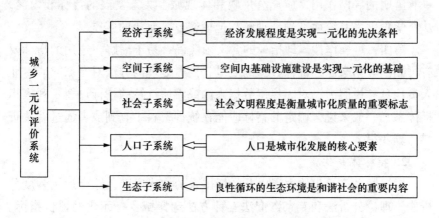

图 5-8　城乡一元化评价层次结构

二 一元化评价指标选取

1. 指标选取原则

由于影响城乡一元化发展的因素涉及经济、政治、科技、社会文化、自然环境等多方面，因此，评价指标体系的建立绝不是一些指标的简单堆砌和随意组合，它必须是一套科学且全面的、能将各方面兼顾的指标体系，从而客观准确地描述和反映城乡一元化的现实状态和存在问题。我们评价指标体系设计的总体目标为：全面、准确、科学地反映城乡一元化发展状态并进行综合评价和判断，体现"城、田、人"协调发展的一元化要求，为破除城乡二元、建设城乡一元化提供科学的参考。指标的选取应遵循以下原则：

第一，全面性。城乡一元化是一个以人为主体、以自然环境为依托、以经济活动为基础，社会联系极为密切的有机整体。因此，指标体系的内容是否全面、层次结构是否清晰，将直接关系到评价质量的好坏。应从多个方面和角度选择反映城乡一元化的指标，以满足评价的科学性、系统性。

第二，区域性。城乡一元化是一个区域的概念，在对其进行研究时，应当以整个区域范围为出发点，将城市与农村结合起来，用宏观指标反映其城镇建设、经济发展水平、区域基础设施系统、文化生活活动设施、可持续发展等方面，以体现该区域总体发展状况。

第三，导向性。即评价指标要与促进城乡融合的宏观目标相统一，具有鲜明的导向作用，应充分反映和体现城乡关系发展的目标和内涵，从科学角度去系统而准确地理解和把握城乡一元化的实质。

第四，可操作性。即指标的含义须明确、易于理解，选用的指标要有可靠的数据来源，确保数据的质量，同时处理的方法对专家或非专业人员均具有说服力，对无稳定数据来源或无法计算的指标可暂不列入指标体系。一般来说，确定的指标应能在统计资料中查到或者通过有关资料计算获得。

2. 指标体系构架

根据城乡一元化的内涵以及指标体系的构建原则，综合运用频度分析法、理论分析法和专家咨询法三种方法选择城乡一元化的评价指标。从内容上看，这套评价指标体系包括城乡空间一元化、经济一元化、社会一元化、环境一元化和城乡人口一元化五个一级指标，涵盖了城乡一元化的十大战略内容。① 从适用范围上看，这套指标体系既适用于对杨凌城乡一元化水平进行评价，也适用于对全国省级行政区划（省、直辖市、自治区）的城乡一元化水平进行评价，也可用于对全国市级行政区划的城乡经济社会一元化水平进行评价。从功能上看，这套评价指标体系能反映城市与乡村在空间、社会、经济和生态发展过程中相互作用的程度；能描述和表现区域城乡互动发展在任一时间内各个方面的现状和各个方面要素的变化趋势。指标体系具体如表 5 – 4 所示。

表 5 – 4　　　　　　　杨凌城乡一元化水平评价指标体系

目标	方面指标	基础指标	指标属性	指标含义或算法
城乡经济社会一元化水平	城乡空间一元化水平	X_1 城市化水平（%）	正向	（总人口 – 乡村人口）/总人口 ×100%
		X_2 交通网密度（千米/万平方千米）	正向	（公路运营里程 + 铁路运营里程）/区域土地面积
		X_3 人均邮电业务量（元）	正向	邮电业务总量/总人口
		X_4 每万人公交车数量（辆/万人）	正向	公交车总量/万人
	城乡经济发展一元化水平	X_5 人均 GDP（元）	正向	GDP/总人口 ×100%
		X_6 第一产业 GDP 比重（%）	正向	第一产业 GDP/GDP ×100%
		X_7 农村从业人员非农比例（%）	正向	农村从业人员中从事非农业人数/农村从业人员 ×100%
		X_8 农业机械化水平（万千瓦/公顷）	正向	农业机械总动力/区域耕地面积
		X_9 农业技术人员（人）	正向	
		X_{10} 城乡全社会固定资产投资比（%）	正向	农村固定资产投资/城市固定资产投资 ×100%

① 需要说明的是，由于指标数、数据可获取性等方面的限制，我们并没有按照课题提出的城乡一元化十个方面的战略内容来设计指标体系，而是选取了既能够涵盖这十方面内容，又相对简洁的五个方面的指标体系。这十个方面的战略内容是：城乡建设规划一元化、城乡产业布局一元化、城乡公共服务一元化、城乡社会管理一元化、城乡市场体系一元化、城乡经济主体一元化、城乡基础设施一元化、城乡生活方式一元化、城乡生态环境一元化、城乡收入分配一元化。

续表

目标	方面指标	基础指标	指标属性	指标含义或算法
城乡经济社会一元化水平	城乡社会发展一元化水平	X_{11}教育投入比（%）	正向	教育支出/财政支出
		X_{12}人均储蓄存款余额(元)	正向	城乡居民储蓄存款余额/总人口
		X_{13}城乡千人医院床位数比（%）	正向	农村千人病床数/城市千人医院床位数
		X_{14}城乡居民家庭人均消费差（元）	逆向	城市家庭人均消费逆向指标农村家庭人均消费
		X_{15}城乡每百户计算机量比（%）	正向	农村每百户计算机量/城市每百户计算机量×100%
		X_{16}城乡居民家庭文教娱乐支出差（元）	逆向	城市居民家庭文教娱乐支出逆向指标农村居民家庭文教娱乐支出
		X_{17}城乡小学生师比差(人)	正向	城市小学在校学生数/城市小学专任教师数，逆向指标农村小学在校学生数/农村小学专任教师数
		X_{18}城乡人均卫生费用投入差（元）	逆向	城市人均卫生费用投入逆向指标农村人均卫生费用投入
		X_{19}城乡基本养老保险参保人数差（万人）	逆向	城市基本养老保险参保人数逆向指标农村基本养老保险参保人数
	城乡生态环境一元化水平	X_{20}三废综合利用产品产值（万元）	正向	—
		X_{21}建成区绿化率（%）	正向	—
		X_{22}人均绿地面积（m²）	正向	—
		X_{23}农村安全饮用水普及率(%)	正向	—
		X_{24}农村卫生厕所普及率(%)	正向	—
	城乡人口一元化水平	X_{25}城乡恩格尔系数比	逆向	城市恩格尔系数/农村恩格尔系数
		X_{26}比较劳动生产率二元系数	正向	（一产 GDP 比重/一产从业人员比重）/（非一产 GDP 比重/非一产从业人员比重）
		X_{27}城乡居民人均收入比（%）	正向	农村居民家庭平均每人全年可支配收入/城镇居民家庭平均每人全年纯收入×100%
		X_{28}二元反差系数	逆向	|非农产业 GDP 比重 - 二三产劳动力比重|

3. 主要指标说明

（1）城市化水平。用以反映社会结构变化的重要指标，也是衡量城乡一元化整体水平的主要指标，属于正向指标。[①] 城市化包括人口职业的转变、产业结构的转变、土地及区域空间的变化，并在一定程度上反映了该城市的文明程度，在国际上非农业人口比重越高，现代化程度越高。城镇化提高对于改善农民的生产和生活条件，优化乡村投资环境，促进乡村非农产业合理布局，推进农村产业结构调整，加快农村富余劳动力的转移，促进农村精神文明建设和社会进步具有重要的现实意义（杨培峰，1999）。

（2）交通网密度。用以反映一个城市或地区的交通运输发展程度。显然交通网越密集，交通越便利，就越有利于促进城乡一元化的发展。便利的交通网可以增进城乡之间人员、物资的流通，对缩小城乡差距、提高城市化水平以及劳动人口的转移起着重要作用。

（3）人均邮电业务量。由邮政业务量和电信业务量两部分构成，反映了一个地区居民对外联系的程度。特别是在信息化程度日益提高的今天，邮电业务量越高，则说明其对外联系越频繁，信息化水平越高。

（4）每万人公交车数量。可以反映一个城市或地区的出行便捷度。拥有公交车数量越多，则出行便利度越高。

（5）人均 GDP。人均 GDP 是衡量一个国家或者地区经济发展整体水平的重要指标，是公认的能够较好地反映该地区经济运行状况的有效工具，反映了人民收入和生活状况。理想的城乡一元化中城乡人均 GDP 应该是一样的，而且地区人均 GDP 值应该不低于整个国家的平均水平。它在城乡一元化整个指标体系中是一个根本性、标志性、综合性的指标（顾益康，2004）。

（6）第一产业占 GDP 比重。这是反映国民经济结构的重要指标。第一产业一般包括农业、林业、畜牧业和渔业，主要集中在乡村。第一产业是国民经济的基础，加强第一产业是国民经济发展的首要问题，但按照产业结构升级转换"三、二、一"的发展方针和趋势，尤其要在

---

① 指标属性可以分为正指标、逆指标和适度指标三种，其中正指标是指指标值与城乡经济社会一元化指数值正相关，指标值越高表明城乡经济社会一元化水平越高；逆指标是指指标值越高反而城乡经济社会一体化水平越低；适度指标是指指标值与城乡经济社会一元化水平没有明确的相关关系。在一套评价指标体系中，适度指标不应太多。

加强农业基础地位的同时，持续降低农业增加值在国民生产总值中所占的比重，这是经济结构进行战略性调整的客观要求，也是城乡一元化的内在要求（周介铭，2004）。

（7）乡村从业人员非农比重。这一指标能主要用来衡量农业剩余劳动力就地转移的程度，以及反映农村非农化和现代化的发展水平。非农从业人口在总就业人口中所占比重是反映国民经济结构的重要指标，在国际上非农就业人口比重越高，现代化程度越高。

（8）农业机械化水平。农业机械化水平指主要用于农、林、畜、渔业的各种动力机械动力的总和，是衡量农业机械化程度的指标。我国正处在由传统农业向现代农业迈进的关键时期，农业机械化是现代农业的重要物质基础，加快推进农业机械化，是提高我国农业物质技术装备水平、发展现代农业的客观要求。

（9）农业技术人员。农业技术人员是指受过农业专业技术教育或培训并从事农业技术工作的人员，它是衡量农业技术发展水平的重要指标。目前我国正处于农业产业化、现代化的关键时期，农业技术人员是进行农业产业研究开发并转化的重要人力资源基础，增加农业技术人员人数，增强农业技术人员科研能力，是提高我国农业研究开发与转化能力、发展农业现代化的必然要求。

（10）城乡全社会固定资产投资比。全社会固定资产投资是以货币形式表现的在一定时期内全社会建造和购置固定资产的工作量以及与此有关费用的总称。该指标是反映固定资产投资规模、结构和发展速度的综合性指标，又是反映国家投资重点与产业政策倾斜的重要依据。从固定资产投资角度，可以更直观反映国家对城市与农村两大主体在改善基础设施、优化民生工程方面的倾斜力度。实现城乡一元化的根本目标在实践层面上是要求国家加大对农村的固定资产投资，着力于改善农村基础设施落后、民生工程少等现状，实现农村经济与社会同时一元化。

（11）教育投入比重。科学技术是第一生产力，科技教育直接关系到城乡发展及城乡居民的素质，科技教育投入关系到城乡发展的速度与水平。

（12）人均储蓄存款余额。储蓄存款余额是指某一时点城乡居民存入银行及农村信用社的储蓄金额，包括城镇居民储蓄存款和农民个人储蓄存款。人均储蓄存款余额越高，则说明该地区人民越富有，生活水平越高。

（13）城乡千人医院床位数比。从医疗设施情况评价城乡社会服务体系的发展水平，评价城乡人口接受社会服务的程度。

（14）城乡居民家庭人均消费差。消费支出是居民家庭支出最重要的一部分。家庭消费性支出，指家庭用于日常生活的支出，包括食品、衣着、居住、家庭设备用品及服务、医疗保健、交通和通信、教育文化娱乐服务、其他商品和服务八大类支出。它是反映居民消费能力、消费水平的最重要指标。城乡居民家庭人均消费差距，是反映城乡居民生活水平的重要指标，反映城乡在生活一元化的程度。

（15）城乡每百户计算机量比。计算机作为网络时代人们生活的一种重要工具与方式，反映了城乡居民在接受新信息、与人沟通交往、娱乐消遣等精神生活的差异。

（16）城乡居民家庭文教娱乐支出差。它是指城乡居民用于文化、教育、娱乐方面的支出，是反映居民文化精神生活及生活品质的重要指标。

（17）城乡小学生师比差。人力资本比物质资本和自然资本对经济发展的影响更重要，而教育是提升人力资本的关键。因此，教育贫困与经济贫困同根同源（刘精明、杨江华，2007），教师资源短缺一直是困扰我国农村地区义务教育发展的重大问题。学校师生比从数量上反映了一个学校的教师资源丰裕程度，城乡小学师生比差可以反映国家在城市与农村在义务教育初级阶段上教师资源的巨大差别，它是衡量城乡公共服务均等化程度的重要指标。

（18）城乡人均卫生费用投入差。公共医疗卫生服务是公民应当享有的基本公共服务。从理论上讲，公平是医疗卫生服务领域最重要的政策目标。城乡人均卫生费用投入差从总体上直观地反映了国家在医疗卫生资源配置上的城乡失衡程度，它是衡量城乡公共服务均等化程度的重要指标。

（19）城乡基本养老保险参保人数差。完善的养老保险体系是一个社会实现可持续发展的根本保障。我国城市是企业、社会型的养老保险模式，农村是土地、家庭型的养老保险模式，这导致了农民"拼命积蓄防老"。城乡基本养老保险参保人数差从数量上反映了城乡养老保险制度不同导致的结果，它是衡量城乡社会一元化程度的重要指标。

（20）"三废"综合利用产品产值。用来反映一个地区生态环境的污染情况，综合利用产品产值越高，则说明人类活动对生态的影响越小，生态环境保护得越好。主要由三部分构成，即固体废弃物、工业废水及工业废气作为原料生产的产品价值，间接反映了固体废弃物无害化处理率、工业废水处理率及工业废气处理率的高低。固体废弃物无害化处理率高，则城市排放的废弃物量就少，不仅能够减少对环境的污染，而且有利于废弃物资源化，促进生态系统的良性循环；废水处理率是指经过各种水处理装置处理的废水量与城市产生废水总量的比值，它是反映废水治理程度的重要指标；工业废气是目前城市大气污染的主要来源，工业废气的处理对改善大气环境的贡献最大，其处理率越高，大气质量越有保障。

（21）建成区绿化率。这是衡量城市绿化程度的最基本的指标，是指市区各类绿地面积与市区总面积的比值。它能反映环境的质量和人们的生活质量，是评价城市生态状况的一个重要指标。特别是在西北干旱半干旱地区，自然条件相对恶劣，这一指标也可用于衡量该地区生态状况。

（22）人均公共绿地面积。人均公共绿地面积是城市环境质量方面的一个重要指标。人均公共绿地拥有量越多，则生态环境越良好。《国务院关于加强城市建设的通知》中要求，到2005年，全国城市规划人均公共绿地面积达到10平方米，公共绿地包括公共人工绿地、天然绿地以及机关、企事业单位绿地。

（23）农村安全饮水普及率。安全饮用水普及率能够从一个侧面描述出城乡居民生存环境状况，饮用水的安全关系到城乡居民的生活及健康问题，是城乡一元化过程中面临的基本问题。

（24）农村卫生厕所普及率。饮用水安全和厕所类型是衡量居民公共卫生条件的基本指标。厕所类型在城乡之间差异明显，在城市地区有完整下水道水冲式厕所，而农村将近80%的居民使用不符合卫生标准的厕所（如马桶、旱厕等）。改造农村不符合卫生标准的厕所，提高农村卫生厕所普及率，已成为各省的目标。

（25）城乡恩格尔系数对比指数。恩格尔系数是指居民收入中用于食品消费的支出比重，收入越少，总支出中用于食物的支出所占比例就越大。恩格尔系数是国际通行的衡量和评价物质生活质量的重要指标，根据国际惯例恩格尔系数50%—60%为温饱型，40%—49%为小康型，20% — 39% 为宽裕型。通过对比城乡恩格尔系数，可以一定程度上揭示区域城乡生活水平的差别。城乡恩格尔系数对比指数值越大，城乡差别就越小，城乡一元化程度越高（黄国胜，2009）。

（26）比较劳动生产率二元对比系数。也即二元对比系数，是测度二元经济结构的重要指标，也是影响区域城乡经济社会一元化进程的一个重要因素。比较劳动生产率二元对比系数可以用来反映传统部门和现代部门经济结构发展水平的差异。其值越大，说明城乡产业差距越小，城乡经济协调发展水平就越高。根据国际统计数据，发展中国家二元对比系数一般在 0.31 至 0.45 之间，发达国家二元对比系数一般在 0.52 至 0.86 之间（李颖，2011）。

（27）城乡居民人均收入比。此指标反映城乡居民之间的收入水平的协调性。收入差距是造成城乡居民生活差别的最主要最直接的原因，根据城乡经济社会一元化的均衡发展的要求，城乡居民人均可支配收入比应该控制在 2∶1 以内。

（28）二元反差系数。它也是测度二元经济结构的重要指标，但它仅仅衡量一个部分（非农部门）的情况。即非农产业 GDP 所占比重与非农部门劳动比所占比重之差的绝对值。理论上该指数为 0—1 之间，与二元对比系数相反，二元反差指数越大，第一产业和第二、第三产业的差距越大，经济二元性越明显；当二元反差指数为 0 时，二元经济转变为一元经济，二元性消失。

三　一元化评价模型构建

每个指标在体系中的相对重要程度不同，因而要赋予不同的权重数。确定权重的方法有多种，如 Delph 法、AHP 法、因子分析法、主成分分析法等。因子分析与主成分分析都是可以避免指标相关性与权重主观性的方法，它们均是通过降维把多个具有相关性的指标约化为少数几个综合指标，可以在尽可能保留原有数据所含信息的前提下实现对统计数据的简化，是被广泛应用的指标合成技术。其中因子分析在应用上侧重于成因清晰性的综合评价，而主成分分析侧重于信息贡献影响力综合评价。主成分分析的权重是根据数据自身的特征确定而非人的主观判断，所形成的权重结构可以充分反映各维度各基础指标对于形成总指数的贡献大小。基于此，本研究运用主成分分析法来确定各单项指标在维度指数中的权重以合成维度指数，并进而采用同样的方法合成城乡经济社会一元化指数来对杨凌经济社会一元化的基本状态进行评价分析。

主成分分析法是一种降维的客观评价方法。它的核心是通过原有变量的线性组合以及各个主成分的求解来实现变量降维。它是在保证信息损失尽可能少的前提下，对原有变量进行浓缩，即将原有变量中的信息重叠部分提取和综合成因子，从而实现指标数据从高维到低维的简化。最经典的做法就是用 F1（选取的第一个线性组合，即第一个综合指标）的方差来表达，即 VAR（F1）越大，表示 F1 包含的信息越多。因此在所有的线性组合中选取的 F1 应该是方差最大的，故称 F1 为第一主成分。如果第一主成分不足以代表原来 P 个指标的信息，再考虑选取 F2 即选第二个线性组合，为了有效地反映原来信息，F1 已有的信息就不需要再出现在 F2 中，用数学语言表达就是要求 Cov（F1，F2）＝0，则称 F2 为第二主成分，依次类推可以构造出第三，第四，直至第 P 个主成分（张文彤，2011）。主成分分析的模型为：

$$\begin{cases} F_1 = a_{11}X_{11} + a_{21}X_{21} + \cdots + a_{p1}X_p \\ F_2 = a_{12}X_{12} + a_{22}X_{22} + \cdots + a_{p2}X_p \\ \vdots \\ F_p = a_{1m}X_{1m} + a_{2m}X_{2m} + \cdots + a_{pm}X_p \end{cases} \quad (5.1)$$

其中，a_{1i}，a_{2i}，$\cdots$，a_{pi}（$i=1$，$\cdots$，m）为 X 的协差阵 $\sum$ 的特征值对应的特征向量，X_1，X_2，$\cdots$，X_p 是原始变量经过标准化处理的值（在实际应用中，往往存在指标的量纲不同，所以在计算之前先消除量纲的影响，而将原始数据标准化）。具体计算步骤如下：

1. 指标的标准化处理

城乡一元化水平评价指标体系的各项基础指标分别具有不同的量纲和量级，无法直接进行综合，而且如果直接采用原始测度指标，会造成主成分过分偏重于具有较大方差或数量级的指标，因此我们需要对原始指标进行无量纲化处理。目前常见的无量纲化处理方法主要有极值化方法、标准化方法、均值化方法以及标准差化方法，而在现有研究中最常使用的是标准化方法，主成分分析默认的也是标准化方法（Z－score 法）。但标准化方法处理后的各指标均值都为 0，而标准差都为 1，它只反映了各指标之间的相互影响，在无量纲化的同时也抹杀了各指标之间变异程度上的差异，因此，标准化方法并不适合用于多指标的综合评价中。而经过均值化方法处理的各指标数据构成的协方差矩阵既可以反映原始数据中各指标变异程度上的差异，也可以包含各指标相互影响程度差异的信息。基于如上考虑，这里选择均值化方法对原始指标进行无量纲化处理。

均值化方法处理为：

$$y_{ij} = x_{ij}/\overline{x_j} \tag{5.2}$$

其中，$\overline{x_j} = \dfrac{1}{p}\sum_{i=1}^{p} x_{ij}$。

2. 计算相关系数矩阵

计算公式为：

$$R = \begin{bmatrix} r_{11} & r_{12} & \cdots & r_{1p} \\ r_{21} & r_{22} & \cdots & r_{2p} \\ \vdots & \vdots & & \vdots \\ r_{p1} & r_{p2} & \cdots & r_{pp} \end{bmatrix} \tag{5.3}$$

式中，r_{ij}（$i, j = 1, 2, 3, \cdots, p$）为原变量的 x_i 与 x_j 之间的相关系数，其计算公式为：

$$r_{ij} = \frac{\sum_{k=1}^{n} (x_{ki} - \overline{x_i})(x_{kj} - \overline{x_j})}{\sqrt{\sum_{k=1}^{n} (x_{ki} - \overline{x_i})^2 (x_{kj} - \overline{x_j})^2}} \tag{5.4}$$

3. 计算特征值与特征向量

首先解特征方程 $|\lambda I - R| = 0$，通常用雅可比法（Jacobi）求出特征值 λ_i（$i = 1, 2, 3, \cdots, p$），并使其按大小顺序排列，即 $\lambda_1 \geqslant \lambda_2 \geqslant \cdots \lambda_p \geqslant 0$；然后分别求出对应于特征值 λ_i 的特征向量 e_i（$i = 1, 2, 3, \cdots, p$）。要求 $\|e_i\| = 1$，即 $\sum_{j=1}^{p} e_{ij}^2 = 1$，其中 e_{ij} 表示向量 e_i 的第 j 个分量。

4. 计算主成分贡献率及累计贡献率

主成分 f_i 的贡献率为 $\dfrac{\lambda_i}{\sum_{k=1}^{i} \lambda_k}$（$i = 1, 2, \cdots, p$），也即主成分的权重；

累计贡献率为 $\dfrac{\sum_{k}^{i} \lambda_k}{\sum_{k}^{p} \lambda_k}$（$i = 1, 2, \cdots, p$）。一般取累计贡献率达 85%—95%

的特征值 λ_1，λ_2，$\cdots$，λ_m 大于 1 所对应的第一，第二，$\cdots\cdots$，第 m $(m \leqslant p)$ 个主成分。

5. 计算主成分载荷

主成分载荷，也即各基础指标的系数权重，它为各指标系数向量除以主成分特征根开方，计算公式为：

$$l_{ij} = p(f_i, \ x_j) = e_{ij} / \sqrt{\lambda_i} (i, \ j = 1, \ 2, \ 3, \ \cdots, \ p) \tag{5.5}$$

6. 计算各主成分得分

计算公式为：

$$F = \begin{bmatrix} a_{11} & a_{12} & \cdots & a_{1m} \\ a_{21} & a_{22} & \cdots & a_{2m} \\ \vdots & \vdots & & \vdots \\ a_{n1} & a_{n2} & \cdots & a_{nm} \end{bmatrix} \tag{5.6}$$

7. 发展状态评价

按照上述指标体系和计算步骤，以 1999 年至 2010 年杨凌地区 5 个乡镇为基本评价单元，利用 SPSS 14.0 统计软件评价杨凌农科城一元化发展状态。2011 年，杨凌整合部分镇（街道）及行政村（社区），撤销揉谷乡设立揉谷镇，撤销大寨乡设立大寨镇，撤销李台乡、杨村乡合并设立李台街道。之后，杨凌行政区划不断变化，2015 年撤销大寨镇，设立大寨街道，对五泉镇、揉谷镇、杨陵街道及李台街道部分行政村进行调整等，调整后全区辖 2 个镇 3 个街道 55 个行政村 23 个社区。为了研究问题的可靠性，前后研究对象和数据保持一致性，本研究采用数据截至 2010 年。下面以 2010 年为例，来说明杨凌农科城一元化评价具体步骤。

8. 主成分的确定

在对 2010 年评价杨凌城乡一元化指数的原始基础指标进行同趋化处理及标准化处理后，利用 SPSS 14.0 软件首先对各基础指标做主成分分析，确定各基础指标的系数权重，求得各方面指数，再用同样的方法求得城乡一元化指数得分。下面以经济方面指标为例展开说明。

利用主成分分析法提取特征值大于 1 的因子解作为主成分，结果见表 5 – 5。

表 5 - 5　　　　　　　　　　　　　特征向量和特征值

成分	初始特征值			提取平方和载入		
	合计	方差的%	累计%	合计	方差的%	累计%
1	1.891	31.524	31.524	1.891	31.524	31.524
2	1.776	29.607	61.131	1.776	29.607	61.131
3	1.175	19.583	80.714	1.175	19.583	80.714
4	0.607	10.113	90.827	—	—	—
5	0.300	5.004	95.830	—	—	—
6	0.250	4.170	100.00	—	—	—

由成分矩阵系数除以相对应的主成分特征值的平方根，得到相应的主成分系数矩阵，见表 5 - 6。

表 5 - 6　　　　　　　　　　　　　主成分系数矩阵

指标	1	2	3
人均 GDP	- 0.64336	0.179213	0.117865
第一产业 GDP 比重	0.210736	- 0.33575	- 0.69795
农村从业人员非农比例	0.370199	- 0.07246	0.650046
农业机械化水平	0.129008	0.671639	- 0.06748
农业技术人员	- 0.00129	- 0.59853	0.267711
城乡全社会固定资产投资比	0.622889	0.201409	- 0.01394

由特征值除以所有主成分特征值之和，得到各主成分权重，见表 5 - 7。

表 5 - 7　　　　　　　　　　　　　主成分权重

主成分 1	主成分 2	主成分 3
0.390561	0.366816	0.242623

由此，可以得到三个主成分的表达式为：

$$F_1 = -0.643X_1 + 0.211X_2 + 0.371X_3 + 0.129X_4 - 0.001X_5 + 0.623X_6$$
$$F_2 = 0.179X_1 - 0.336X_2 - 0.072X_3 + 0.672X_4 - 0.599X_5 + 0.201X_6$$

$$F_3 = 0.118X_1 - 0.698X_2 + 0.650X_3 - 0.067X_4 + 0.267X_5 - 0.014X_6$$

经济一元化指数得分为：

$$F = 0.391F_1 + 0.367F_2 + 0.243F_3 \tag{5.7}$$

代入标准化处理后的基础指标数据，得杨凌各镇 2010 年经济一元化指数得分，同理，可计算出杨凌各镇 2010 年空间一元化、社会一元化、环境一元化和人口一元化的得分，见表 5-8。

表 5-8　　　　2010 年杨凌各镇乡一元化水平各方面指数得分

地区	空间一元化		经济一元化		社会一元化		环境一元化		人口一元化	
	得分	排名	得分	排名	得分	排名	得分	排名	得分	排名
五泉镇	1.591494	1	0.35761	2	2.220769	2	0.886296	1	1.738846	1
李台乡	0.675763	2	0.451076	3	1.756153	1	1.151765	3	1.945051	2
杨村乡	0.572341	3	0.787844	1	2.151648	3	0.913812	2	2.253607	3
大寨乡	0.352644	4	0.750054	4	2.278997	5	1.180345	5	2.309058	4
揉谷乡	-0.36408	5	0.810096	5	1.400051	4	0.594748	4	1.790975	5

再将各方面指数代入主成分分析，得到其权重结构，见表 5-9。

表 5-9　　　　2010 年杨凌各镇乡一元化水平各方面指数权重结构

方面指数	空间一元化	经济一元化	社会一元化	环境一元化	人口一元化
权重	-0.05461	0.384444	0.429205	0.101723	0.048456

计算得出杨凌地区各乡镇 2010 年城乡经济社会一元化水平得分，见表 5-10。

表 5-10　　　　　2010 年杨凌各镇城乡一元化水平

地区	城乡一元化水平	
	得分	排名
五泉镇	2.15241	1
李台乡	1.077165	5
杨村乡	1.532992	3
大寨乡	1.567341	2
揉谷乡	1.375814	4

通过分析杨凌地区城乡一元化发展水平的空间差异与时序变化，可以看出影响杨凌地区城乡一元化发展水平的主要因素。

表 5 – 11　　　　　　　1999—2010 年各方面指标权重构成

年份	空间一元化水平	经济一元化水平	社会一元化水平	环境一元化水平	人口一元化水平
1999	0.235803	− 0.02236	0.48496	0.320439	0.326661
2000	0.347631	0.504933	0.055751	0.369492	0.05235
2001	− 0.02143	0.206002	0.468623	0.421532	0.296368
2002	− 0.22509	0.320626	0.465193	0.436728	0.048101
2003	− 0.14596	0.321415	0.386215	0.392971	0.336356
2004	− 0.05734	0.162738	0.434475	0.364718	0.409898
2005	− 0.25883	0.424613	0.158972	0.403641	0.357487
2006	− 0.17208	0.316238	0.245468	0.424899	− 0.17208
2007	− 0.26729	0.274827	0.404413	0.358593	0.341437
2008	− 0.256821	0.425437	0.2328675	0.305238	0.358226
2009	0.090098	0.076305	0.308866	0.091064	0.322024
2010	− 0.05461	0.384444	0.429205	0.101723	0.048456

四　一元化评价结果讨论

经过计算，杨凌地区各乡镇 2010 年城乡经济社会一元化水平由高至低的排名依次是五泉镇、大寨乡、杨村乡、揉谷乡、李台乡，具体得分见表 5 – 10。通过分析影响杨凌地区城乡一元化发展水平因素的空间差异与时序变化，可以得到以下四点结论：

第一，空间因素与城乡一元化水平呈现负相关关系。这与表 5 – 11 中空间一元化的权重为负值是一致的，说明空间一元化水平越高，城乡一元化水平越低。原因在于目前杨凌乃至我国大部分地区虽然城市化水平有了显著的提高，但是受西部地形地貌、基础设施建设、交通通信的影响，一些面积大的中心城市对周边农村的带动作用主要表现在其人口的集聚效应上，经济的集聚效益并不明显，扩散效应也不明显，因此导致的空间一元化水平高但城乡经济社会差距反而大。

第二，经济与社会因素对城乡一元化水平影响巨大。这与历年经济因素的权重与社会因素的权重较大一致。虽然经济因素得分普遍较低，但这并不影响它在促进城乡经济社会一元化中发挥的重要作用。杨凌各镇经济与社会发展水平的分布与城乡一元化发展水平呈现出较高的一致性，说明城乡一元化主要受到了该区域经济发展水平、农业发展条件、公共服务均等化程度及居民生活水平的影响，区域中心城市的辐射能力也对该地区农村及周边区域起着十分重要的作用。以点（城区）带面（郊县农村）的发展模式在杨凌地区城乡一元化发展过程中有着非常典型的展现。

但值得注意的是，2005 年杨凌地区在注重经济增长的同时，严重忽略了城乡社会协调发展问题，导致城乡在生活水平、生活质量、教育、卫生医疗等城乡社会发展方面的差距过大。自 2005 年之后，城乡社会发展差距过大的问题开始明显改善，凭借其强大的经济实力，城乡社会一元化水平快速上升。到 2010 年，城乡社会一元化水平高达 0.4292，实现了城乡在生活水平、生活质量、基本公共服务等方面的协调发展。

第三，环境因素与城乡一元化水平的相关关系比较复杂。从时间维度上看，环境因素与城乡一元化水平呈正相关关系，即环境一元化得分越高，该地区城乡一元化得分也越高，这从各镇时间序列变化图中环境一元化曲线与城乡一元化曲线变动趋势基本一致可以得出，从历年的环境因素权重为正也可以得出。但从空间维度上看，在同一时间点上，环境因素与城乡一元化发展又呈现负相关关系，即城乡一元化水平较高的地区，环境得分往往较低。

第四，人口因素与城乡一元化水平呈现正相关关系。人口因素主要从城乡居民收入差距及二元结构角度来度量，能够直接反映城乡一元化的水平。城乡二元结构主要由二元对比系数与二元反差系数两个指标测度，二元对比系数越大，二元结构越不明显，城乡人口一元化水平越高；二元反差系数越大，二元结构越明显，城乡人口一元化水平越低。城乡收入差异主要由城乡居民恩格尔系数比与城乡居民收入比两个指标测度，尤其是城乡居民收入比更加直观地反映了城乡收入的相对差距。城乡居民恩格尔系数比越大，城乡食物消费支出比重差距越小，城乡人口一元化水平越高；城乡居民收入比越大，城乡人口一元化水平越低。因此，城乡居民收入差距小、二元结构特征不明显的城镇，城乡协调发展的水平就高，城乡一元化水平也较高。

第六章　杨凌农科城一元化发展
定位、目标与布局

　　改革开放以来，随着社会经济的快速发展，城乡互动逐渐紧密，长期以来形成的二元结构越来越无法适应现实需要，城乡如何协调发展已成为政府和学术界关注的重要问题之一，城乡一体化已经被全国各地确定为促进城乡协调发展、转变城乡二元结构、缩小城乡差距和全面建设小康社会与现代化的重要战略举措。与城乡一体化的发展目标一致，随着城乡一元化思想的提出，对区域内城乡关系建设要求更高，各地区需要结合自身的城乡经济社会发展水平、城乡空间分布格局选择适当的城乡关系提升路径。

　　随着国家区域发展战略的深入推进，杨凌农科城将会承担更重大的历史责任，对杨凌农科城一元化建设也提出了更高的要求。目前，杨凌城市化水平呈现出较快的发展趋势，但随着西部大开发战略的深入推进和"丝绸之路"经济带建设的开展，杨凌应重新深入认识未来的重要作用和发展定位，细化空间和产业布局，初步形成具有特色的城乡一元化发展思路。另外，杨凌在自身发展过程中也出现较多亟待解决的现实问题，因而需要明确理解一元化含义，结合国家、陕西省、杨凌示范区规划的要求进行城乡发展定位，并进行科学、合理的空间布局和产业发展规划，推进杨凌示范区城乡一元化。

第一节　城乡一元化的内涵

　　确定城乡一元化的内涵，有助于进一步明确城市化建设的内容和提升路径。由于工业革命的兴起，伴随着城市化进程加快，使人口、资金、信息等要素在城乡之间的流动越来越频繁，城乡之间的联系日益紧密。城乡一体化和城乡一元化理念的相继提出，反映出城市化建设的不断深入，现有研究中大部分学者对城乡一体化的内涵已经做出了阐述，而对城乡一元化内涵的理论鲜有探讨。

杨凌农科城一元化发展定位、目标和布局的确定，需要以廓清城乡一元化的内涵为基础。城乡一元化的内涵应该包括哪些内容？首先，城乡一体化是针对二元结构提出的，各个学者从不同角度对城乡一体化有不同的解释，如有学者认为城乡一体化的内涵包括城乡经济的联动、社会的趋同、空间的融合与制度的一体（贺艳华，2017），部分学者认为城乡一体化实际上涉及了城乡经济一体化、城乡社会一体化和城乡生态一体化（倪楠，2013；吴丰华，2013）。借鉴学者们对城乡一体化内涵的解析，这里所探讨的城乡一元化是对具备完全城市化条件的地区，按照城市建设标准完善对农村地区的规划发展，消除城乡差别。城乡一元化是在政府与市场机制的共同作用下，改变城市偏向政策制度和完善农村市场，消除城乡两个部门之间的界限，达到资源互惠共享，经济社会发展协调，居民在公民权利、公共服务均等化及生态环境宜居的一项系统工程。一元化要求城市和乡村在经济、社会、生态环境、空间布局上实现整体性的协调发展。这既是一个城乡融合的理想模式，是一个长期的地区社会经济发展过程，也是社会—自然—经济复合系统演替的高级状态。

可以看出，城乡一元化的内涵和外延比城乡一体化更为丰富和深远，城乡一体化主要侧重于空间布局规划、基础设施建设等硬件建设方面，而城乡一元化除包含了城乡一体化基本含义之外，还包括在户籍、居民心理融入、公共政策、经济和生活等方面实现一元化。下面主要从城乡生活一元化、城乡经济一元化、城乡人口一元化、城乡公共服务一元化和城乡公共政策一元化五个方面具体进行阐述。

1. 城乡生活一元化

随着近年来社会学与经济学的发展，关于城乡生活一元化内涵及测度的研究也逐步深入。在内涵研究方面，其表现为由初期较为抽象的描述向具体化、多元化发展，即在初期注重主观生活满意程度的基础上，将住房、公共基础设施以及教育等客观因素加入城乡生活一元化的内涵之中。如 Masika（1997）认为城乡生活一体化应指城乡居民在生活水平、政治权利、安全、社会尊重等多方面达到相同或相近的水平。

O. Hare（2007）等则提出城乡生活一体化应包括城乡居民在生存条件、社会基本服务、教育条件、健康状况等方面的一致性。

以 Satterthwaite（2004）为代表的学者指出，城市与农村具有不同的生活成本，因而不能简单地利用生活成本的支出来评价城乡生活水平的一致性。他们通过构建一些能够用数据表示的指标体系来评价城乡的生活水平，如利用基础设施、卫生设施以及能源消耗评价社会基本服务水平，利用教育年限、识字量、每千人拥有学校数等评价教育水平，利用预期寿命、营养状况等评价健康状况。国内学者对城乡生活一体化的研究认为，社会提高国民生活的充分程度和国民生活的满足程度，是建立在一定的物质条件基础上，社会全体对自身及社会环境的认同感（周长城，2001）。张羽琴（2000）认为城乡居民生活质量是反映居民生活水平的收入、消费、储蓄及其他物质条件等一系列统计指标体系所组成的整体。

结合已有研究中对城乡居民生活的理解，本书认为城乡生活一元化是指在目前经济社会条件下，城乡居民在生活收支、生活环境和生活质量等方面达到同等水平。

2. 城乡经济一元化

经过我国改革开放 30 多年的发展，依靠要素和投资驱动拉动经济增长的旧常态已经不适应我国经济和社会发展的需要，目前我国城乡关系发展阶段中所存在的深层次矛盾和问题，特别是深层次经济问题的解决是实现城乡一元化的重要路径（徐丽杰，2016）。在经济领域，城市和乡村是社会劳动分工过程中形成的区域系统中两种地域性经济综合体，二者之间有着密切的经济联系，如产品和生产要素的交换、流动等。相关研究成果表明，区域经济整体发展水平是衡量某个地区整体进步的重要标准，城乡一元化具有两个重要基本特征，即经济上整体协调和空间上整体协调，具体来讲包括以下几个方面：①城乡生产力达到较高的发展水平；②地区经济发展比较均衡；③城镇相当密集；④交通、通信等基础设施能适应或超前于当前经济、社会发展的要求。

长期以来，影响城乡经济协调发展的因素包括经济发展战略、经济体制、技术进步、组织制度创新等。在加快城乡一元化建设过程中，其根本方法是统筹兼顾，即在城乡经济一元化建设中坚持"一盘棋"的发展思路。其工作重点在于从政策层面改变城市偏向，通过消除制约资源要素有效配置的因素，协调城乡关系，努力缩小直至消除城乡差别，改变城乡二元经济结构，实现城乡经济一元化。具体表现为两者之间相互依赖、相互补充和促进的统一性动态平衡关系，农村在城市的带动和辐射下不断发展不断进步，农村的发展又为城市的发展与进步提供支持和保障，从而使城乡总资源配置和社会福利改善达到帕累托最优状态。

本书认为城乡经济一元化是指在生产力发展基础上，统一布局城乡经济，加强城乡之间的经济交流与协作，使城乡生产优化分工、协调发展，进而使城市和乡村形成一个相互渗透、相互融合、高度依赖、共同繁荣的系统过程。城乡经济一元化应包括市场一元化、产业一元化和公共品供给一元化。

3. 城乡人口一元化

人口是经济社会发展的主体，统筹城乡人口协调发展是推进城乡一元化发展的重要依托。当前城乡人口的差距主要包括三方面：一是城乡人口政治权利差距，主要表现在城乡人口的投票权、城乡人口投票渠道等方面的差异；二是城乡人口健康差异，主要包括城乡人口预期寿命、城乡出生婴儿死亡率等方面；三是城乡人口结构差异，主要包括城乡人口自然增长率差异、城乡 15—64 岁劳动年龄人口比例差异、城乡老年人口比例差异、城乡男女人口比例差异等方面。城乡人口发展与经济社会发展是相统一的，随着经济社会持续、健康、快速发展，农民向市民转变的速度、强度和力度在不断提升。在推进城乡一元化工作中，需要把城乡人口协调发展作为一项重要的指导思想，统筹城乡人口发展政策和发展规划，注重未来经济社会发展对人口质量、人口结构的要求，特别是性别结构、年龄结构的要求，加强城乡人口的综合管理、统筹协调，促进城市、农村同发展、共繁荣。

综上所述，本书所探讨的城乡人口一元化是指通过体制改革、完善公共服务体系等措施，逐步缩小城乡人口政治权利差异、城乡人口健康差异及城乡人口结构差异。

4. 城乡公共服务一元化

城乡公共服务一元化需要面对并解决诸多矛盾，既要关注其基本矛盾，如农村居民不断增长的公共服务需求与公共服务供给不足的矛盾、农村公共服务发展与经济发展不同步的矛盾、公共服务单一供给与多元复合供给的矛盾等，又要解决农村公共服务发展慢与城市公共服务发展快、农村公共服务水平低与城市公共服务水平高，以及经济欠发达地区城乡公共服务一元化程度低与经济发达地区城乡公共服务一元化程度高等主要矛盾。城乡间公共服务的矛盾造成了城乡公共服务发展的不协调和不平衡。因此，要实现城乡间公共服务一元化建设，其关键和核心在于城乡公共服务资源的公正、公平分配，促进城乡公共服务均等化和地区间城乡公共服务平衡发展。

城乡公共服务一元化就是要把城镇居民与农村居民作为一个整体，统筹谋划、综合研究，通过医疗、养老等社会保障制度的变革和政策的调整，逐步改变长期形成的城乡医疗、养老制度和保障待遇的二元结构，让农民享受到与城镇居民同样的改革和发展的成果和实惠，实现城乡居民在政策上的平等、待遇上的一元化。城乡公共服务一元化的内涵包括城乡医疗保险一元化、城乡养老保险一元化和城乡教育一元化等。

5. 城乡公共政策一元化

城乡分治的户籍制度是造成城乡公共服务差距的根本原因。户籍制度改革的方向就是破除城乡二元户籍制度，建立按居住地登记居民户口的制度，使农民只是一种职业，与其他社会成员不存在身份、社会福利的差别。户籍制度的产生，以及以户籍制度为主体而演化出的城乡政策，造成城乡居民在医疗、社会保障、就业、基础设施建设等方面存在明显的不平等。周小刚（2010）等认为以户籍制度为基础的城乡分割的就业、社会保障和退伍安置等行政管理工作，使户籍登记失去本来面目并严重制约户籍制度改革进程。宋锦（2013）从劳动力职业分布视角分析了户籍制度的影响，提出城乡分割的户籍制度不仅带来了不同社会人群有差别的政治、社会和经济权利，而且带来了对农民的歧视和不公平待遇，导致城乡之间和城镇内部劳动力市场的分割，降低了劳动力资源配置的效率，扩大了城乡之间的收入差距。

随着经济社会的发展，户籍制度改革成为解决城乡经济、社会发展不均衡的重要举措。由于户籍制度与最低生活保障和养老保险政策、兵役、优抚安置政策、医疗保障政策、计划生育政策、住房保障政策、劳动就业、教育政策等方面存在协同，因此进行户籍制度一元化改革，需要国家层面的推动和各级财政的支持，积极实施"以城带乡"战略，逐步使依附于传统户籍制度的就业、优抚安置等政策与户籍脱钩，消除城乡户籍差别的不平等待遇。

综上，城乡公共政策一元化是指将户籍制度中的人口流动信息登记职能与附加在户籍制度上的社会保障、就业、教育等权利分开，恢复户籍制度的人口统计、管理职能，实现城乡在政策制度上的平等。

第二节 杨凌农科城一元化发展原则

根据《杨凌农业高新技术产业示范区"十三五"国民经济与社会发展规划纲要》的总体指导方向和发展原则，杨凌农科城一元化发展进程中应把握以下五个原则：

1. 统筹兼顾原则

杨凌农科城一元化建设是一项复杂的系统工程，在发展过程中需要树立"城乡一盘棋"的思想，统一布局规划。把统筹兼顾作为基本要求，统筹推进工业化、城市化、农业现代化和城乡一体化，加快统筹农业科技资源改革，探索更好地履行国家使命与自身发展有机结合的途径，实现经济社会健康快速协调发展。另外，在推进城乡一元化建设时，应该统筹处理各方面的关系，如在人力、物力、财力等使用上统筹兼顾城市和农村发展。

2. 农业示范原则

杨凌农科城作为农业科技"硅谷"，具有重要的引领示范作用，在提升自身农业科技水平的同时还应该充分发挥示范带动作用，推进我国农业现代化建设。杨凌未来主要功能是通过体制改革和科技创新，把科技优势迅速转化为产业优势，依靠科技示范和产业化带动，推动我国干旱半干旱地区农业实现可持续发展，带动这一地区农业产业结构的战略性调整和农民增收，并为农业的产业化、现代化做出贡献。在加快城市化进程中，杨凌在"农业改革发展思路""农科教结合""产学研结合""农业研究和开发"与"农业产业链延伸"等方面应发挥积极的示范作用。

3. 改革创新原则

在杨凌农科城一元化发展过程中，既需要科技创新，也需要发展理念、管理方式的创新。坚持以改革为先导，以创新为动力，加快体制机制创新，提升集聚创新能力；依靠科技和市场，优化经济结构，转变发展方式，加快产业融合，促进内生发展，提高发展的全面性、协调性和可持续性。在杨凌示范区发展理念、发展思路及政策制度方面体现出一定的创新，使其创新水平真正体现和达到国家级示范区的水平。

4. 民生优先原则

城乡一元化建设在于破除城乡二元结构，让城乡居民同等享受到城市发展带来的现代文明成果。因此，杨凌要坚持民生优先，把保障和改善民生作为经济发展的出发点和落脚点。千方百计扩大就业，完善就业体系，不断增加城乡居民收入。完善社会保障、医疗卫生、住房等保障和改善民生的制度安排，推进基本公共服务均等化。维护社会稳定和公平正义，注重生态建设和环境保护，使人民更加富足，社会更加和谐。努力使城乡一元化所产生的各项好处惠及全区人民。

5. 生态宜居原则

生态宜居是指经济较为发达、社会繁荣昌盛、市民安居乐业、生态良性循环四者保持高度和谐，城市环境及人居环境清洁、优美、舒适、安全，社会保障体系完善，社会自然达到充分融洽，最大限度满足人的需要和需求。生态宜居城市既包含优美、整洁、和谐的自然和生态环境，也包含安全、便利、舒适的社会和人文环境，是两者的有机结合，是适宜人类居住和生活的地方，也是所有城市发展的方向和目标。

杨凌是国家旅游局命名的首批全国农业旅游示范点，区内旅游资源独具特色，城市基础设施和旅游公用设施齐全，正向"国际知名、国内一流农业旅游目的地城市"不断努力，将逐渐成为西部地区假日特色旅游的新亮点。在城乡一元化进程中，要充分考虑到杨凌的特点，将其打造为生态宜居的农业示范区。

第三节　杨凌农科城一元化定位

近20年来，杨凌示范区善于在抢抓机遇中谋求新发展，善于在开拓创新中创造新经验，善于在埋头苦干中取得新业绩；被誉为我国推广农业科技、发展现代农业、促进农村发展的"试验田"，已初步成为我国农业科技创新创业的高地和支撑干旱半干旱地区现代农业发展的重要载体。

特别是"一带一路"倡议的提出，为杨凌发展带来了机遇。杨凌需要充分发挥区位、体制、科技、人才优势，加快融入"丝绸之路经济带"的步伐，推进区域经济社会发展，提升城乡建设品质，通过努力，将杨凌建设成为世界知名农业科技创新城市、全国城乡一元化的样板、全国"四化同步"发展典型、贯彻"五大发展理念"的范例。在此背景下，根据国家、陕西省、杨凌发展规划（见表6-1），并结合目前杨凌发展实际情况，杨凌现在与未来应当承担的职能与发展定位为：

表6-1　　国家、陕西省、杨凌示范区文件中对杨凌的发展定位

时间	文件	级别	内容
2009年6月	《关中—天水经济区发展规划》	国家级	以杨凌为依托建设全国现代农业高技术产业基地，把杨凌建成关中—天水经济区次核心城市
2010年1月	《关于支持继续办好杨凌农业高新技术产业示范区若干政策的批复》	国家级	通过5年到10年的努力，把杨凌示范区发展成为干旱半干旱地区现代农业科技创新的重要中心、农村科技创业推广服务的重要载体、现代农业产业化示范的重要基地、国际农业科技合作的重要平台、支撑和引领干旱半干旱地区现代农业发展的重要力量
2010年6月	《关于贯彻落实〈国务院关于支持继续办好杨凌农业高新技术产业示范区若干政策的批复〉的意见》	陕西省	以科技杨凌、人才杨凌、园林杨凌和富裕杨凌为目标，大力支持杨凌示范区科技创新、技术推广和产业化示范，加快推进杨凌示范区工业化、城市化和农业现代化进程，将杨凌打造成为陕西涉农工业发展的战略高地，成为国内一流、世界知名的农业科技创新型城市
2012年2月	《关于加快推进农业科技创新持续增强农产品供给保障能力的若干意见》	国家级	推进国家农业高新技术产业示范区和国家农业科技园区建设
2015年2月	《2015年陕西省政府工作报告》	陕西省	支持杨凌建设世界知名农业科技创新城市、现代农业国际合作中心
2016年5月	《杨凌农业高新技术产业示范区"十三五"国民经济与社会发展规划纲要》	杨凌示范区	全面实现国务院《批复》对杨凌的目标定位，将杨凌打造成为现代农业发展"排头兵"，陕西涉农工业战略高地，全域城乡一体化样板城市

其一，将杨凌打造成为世界知名农业科技创新示范城市。立足杨凌农业科技、人才、教育优势，实施创新驱动发展战略，加强区校合作，开展现代农业示范，加快科技成果创新、转化和示范推广，把杨凌建设成为我国干旱半干旱地区现代农业科技创新的重要中心和丝绸之路经济带现代农业国际合作中心。

其二，探索杨凌特色城乡发展模式，形成全域城乡一元化的样板，为国内其他城市发展提供经验借鉴。以推进城乡基础设施和公共服务建设、生态环境改善、产业发展为基本内容，把杨凌建成"城乡政策一致、规划建设一体、公共服务均等、收入水平相当"的全国城乡一元化样板。

其三，竭力推进"四化"建设，将杨凌建设成为全国"四化同步"发展的典型案例。坚持走农业现代化、新型工业化、信息化、城镇化道路，推动信息化和工业化深度融合、工业化和城镇化良性互动、城镇化和农业现代化相互协调，在互动中实现同步，在互动中实现协调，实现经济社会又好又快同步协调发展。

其四，紧跟生态城市发展新理念，使杨凌成为贯彻"五大发展理念"的范例。切实把创新、协调、绿色、开放、共享发展理念贯彻落实到杨凌经济社会发展全过程，让创新贯穿全区一切工作，不断增强发展整体性，推进"美丽杨凌"建设，发展更高层次的开放型经济，使全区人民共建共享发展成果。

根据杨凌未来的发展定位，杨凌未来将承担的职能包括但不限于现代农业产业化发展的示范基地、现代农业科技的推广中心、城乡一元化模式建设的标本等。

第四节　杨凌农科城一元化发展目标

"十三五"期间，杨凌要以破除城乡二元体制为着眼点，以现代农业示范园区建设和城镇化建设为抓手，强化规划引领和体制创新、政府推动和市场运作、自主探索和政策支持，大力推进工业化、城市化和农业农村现代化，切实增强工业反哺农业、城市支持农村的能力，充分发挥农业、农村对工业和城市发展的促进作用，逐步形成城乡基础条件明显改善、城乡体制基本接轨、城乡产业相互促进、城乡社会协调发展、城乡差距明显缩小的经济社会发展一元化格局。

在新的形势下，杨凌未来城乡统筹发展的新目标是：到 2020 年，全面实现城乡一元化目标，把杨凌建成体制机制灵活、统筹水平较高、示范辐射带动作用较强的统筹城乡发展先行区，对外展示经济发达、文化繁荣、生态良好、人民生活富裕的现代化农业科技商贸城。根据"十三五"规划提出的城乡建设目标（如表 6-2 所示），杨凌需要全面实施主体功能区规划，推进区域协调发展，科学划定城镇发展边界、基本农田红线、生态保护红线，完善城乡基础设施，加快中心城区开发和重点镇新型社区美丽乡村建设，创建面向未来的智慧杨凌，努力使杨凌成为全国城乡发展一元化的样板城市。

表 6-2　　　　　　杨凌示范区"十三五"规划预期指标设计

类别	指标	单位	"十三五"目标		指标属性
			2020 年	年均增速	
经济发展	1. 地区生产总值	亿元	200	10%	预期性
	2. 地方财政收入	亿元	25	15.7%	预期性
	3. 规模以上工业增加值	亿元	75	15.6%	预期性
	4. 五年全社会固定资产投资	亿元	【1150】	16%	预期性
	5. 五年招商引资实际到位资金	亿元	【1200】	15%	预期性
	6. 进出口总额	亿美元	1.0	—	预期性
	7. 社会消费品零售总额	亿元	30	15.4%	预期性
结构优化	8. 三次产业结构比例		5:50:45	—	预期性
	9. 服务业增加值占 GDP 比重	%	45		预期性
	10. 战略性新兴产业增加值占 GDP 比重	%	15		预期性
	11. 文化产业增加值占 GDP 比重	%	6		预期性
	12. 旅游总收入	亿元	20		预期性
科技创新	13. 科技进步贡献率	%	65		预期性
	14. R&D 经费占生产总值比重	%	6.5		预期性
	15. 五年科技成果和专利申报量	件	10000		预期性
	16. 每万人发明专利拥有量	件	50		预期性
	17. 五年审（认）定动植物新品种数量	个	200		预期性

续表

类别	指标	单位	"十三五"目标		指标属性
			2020 年	年均增速	
示范推广	18. 示范推广基地数量	个	350		预期性
	19. 五年科技和实用技术培训人数	万人	20		预期性
	20. 五年推广实用技术和新品种数量	项	1000		预期性
	21. 年示范推广总面积	万亩	10000		预期性
	22. 年示范推广总效益	亿元	230		预期性
社会民生	23. 城镇调查失业率	%	5		约束性
	24. 基本社会保险覆盖率	%	100		约束性
	25. 高中阶段毛入学率	%	99		约束性
	26. 信息化指数		90		预期性
	27. 社会安全指数		95		预期性
	28. 常住居民人均可支配收入	元	40000	>10%	预期性
资源环境	29. 耕地保有量	万亩	5.37		约束性
	30. 单位 GDP 建设用地面积	亩/万元	0.030		预期性
	31. 万元生产总值能耗降低	%	省下达		约束性
	32. 地区能源消费总量	万吨标准煤	省下达		约束性
	33. 单位 GDP 二氧化碳降低	%	省下达		约束性
	34. 单位工业增加值用水量降低	%	省下达		约束性
	35. 主要污染物排放总量降低	%	省下达		约束性
	36. 细颗粒物（PM2.5）浓度累计下降	%	省下达		约束性
	37. 环境空气质量优良天数	天	300		预期性
	38. 城镇污水处理率	%	97		约束性
	39. 城镇生活垃圾无害化处理率	%	95		约束性
	40. 城市建成区绿化覆盖率	%	45		约束性

注：【】表示 5 年累计数。

综合考虑未来发展趋势和条件，在"十三五"期间，杨凌要实现"一个率先（2018 年率先全面建成小康社会）、两个建成（2020 年基本建成四个杨凌、基本建成大学城特色鲜明的世界知名农业科技创新城市）、三个提升（大幅提升科技创新示范推广能力、城乡生态环境承载能力、人民群众幸福指数）、四个翻番（经济总量、地方财政收入、社会消费品零售总额和五年全社会固定资产投资翻一番）、五个重要（建设成为我国干旱半干旱地区现代农业科技创新的重要中心、农村科技创业推广服务的重要载体、现代农业产业化示范的重要基地、国际农业科技合作的重要平台，支撑和引领干旱半干旱地区现代农业发展的重要力量）"的目标，推进经济、科技、社会、民生、文化、生态等全面发展，将杨凌建设成为全国"四化同步"发展的典型，贯彻"五大发展理念"的范例。在此基础之上，坚持统筹城乡发展的基本方略，进一步优化空间布局，加大基础设施建设力度，完善城市功能，扩大城市规模，推动人口聚集，加快城市建设进程，推进城乡融合发展，构建城乡一元化发展新格局。

1. 经济发展目标

根据杨凌目前总体发展情况及《杨凌农业高新技术产业示范区"十三五"国民经济与社会发展规划纲要》，在提高发展质量效益基础上，经济保持平稳较快发展，地区生产总值年均增速达到10%左右，绝对值突破200亿元；地方财政收入实现翻番，达到25亿元；五年全社会固定资产投资累计突破1000亿元；五年招商引资实际到位资金突破1200亿元；社会消费品零售总额突破30亿元。

优化产业结构，构建现代化产业体系。在产业发展方面，农业现代化取得显著进展，第一、第二、第三产业深度融合，三产比例优化为5∶50∶45，基本形成以农业为基本产业的现代涉农产业体系。战略性新兴产业增加值占GDP比重超过15%，文化产业增加值占GDP比重超过6%，旅游总收入超过20亿元。

力争使城乡居民收入增加，生活水平提高。到2018年，人均GDP突破1万美元，常住居民人均可支配收入突破3.3万元，率先实现基本公共服务均等化和社会保障城乡一元化。在"十三五"发展期末，人均GDP超过1.3万美元，常住居民人均可支配收入突破4万元。

2. 社会发展目标

根据杨凌农科城社会经济发展水平以及《杨凌城乡总体规划（2010—2020）》，逐步打破制约城乡发展的二元化体制，促进要素在城乡之间的自由流动，优化社会资源的合理分配，提升城市化水平，使城市布局趋于合理、功能更加完善，全面完成城乡重大基础设施建设任务，形成"一城—两镇—五个新型农村社区—若干美丽乡村"的空间布局，田园特色鲜明的关中—天水经济区次核心城市基本建成。具体表现在：

城市化水平不断提高。城市功能进一步完善，吸纳、承载能力不断增强，新老城区差距明显缩小，形成比较合理的空间布局和城镇结构体系，城中村改造、中心村规划建设和村庄整治全面完成，实现区域有机联系、人口相对集聚、资源集约利用。建成关中区域性中心城市，成为关中—天水经济区次核心城市。

城乡体制分隔逐步打破。实行城乡统一的户籍登记管理制度，消除城乡居民在待遇等方面不合理的政策限制，建立农村集体资产管理制度、土地制度、就业管理服务和公共财政体制等，实现城乡体制的逐步融合。

城乡社会事业同步发展。基本形成覆盖城乡的终身教育、文化服务和公共卫生体系。到 2020 年，高标准普及学前教育和 12 年基础教育；建立完善的城乡社区卫生服务网络和疾病预防体系，农村公共服务设施达标率接近 100%。

城乡社会保障更加健全。大幅度提升就业率，到 2020 年城镇登记失业率保持在 2% 以内，非农就业比重达到 93%。健全农村社会保障体系，形成城乡统一的养老保险体系，城乡居民医保参保率达到 95% 以上，农村低保实现"应保尽保，应补尽补"，五保户自愿集中供养率 100%，基本形成形式多样、覆盖面广、相互衔接的城乡社会保障体系。突发事件应急管理、社会治安、安全生产、食品卫生安全等防控能力显著增强，人民群众安全感和幸福指数大幅提升。

城乡基础设施不断完善。城乡基础设施建设的内容包括但不限于交通、供水、供气。首先，在道路交通方面，根据杨凌示范区"十三五"规划，到 2020 年首次在城市网络交通方面构建以杨凌为核心的"城市主干道＋外出通道"区域性交通路网。其次，在城乡供水设施建设方面，加快管网改造和建设，形成以给水干管和区域加压站为主体，主次管网合理配置的分区输配水系统，确保城乡群众全部喝上清洁饮用水。最后，在燃气供给方面，实施"气化杨凌"二期工程，建成覆盖主城区、两个重点镇、五个新型社区的天然气管网，推动镇、村电气化建设，保障城乡人民生产生活需要。

3. 生态环境目标

持续改善杨凌生态环境，让良好的生态环境成为居民生活质量的增长点，充分发挥杨凌的生态环境示范效应和辐射效应。在"十三五"时期，杨凌力争生态文明城市和园林杨凌建设迈上新水平，生态环境质量明显改善。通过生态文明制度的建立、水生态文明城市系列工程、园林杨凌工程等实施，将杨凌打造成为国家生态宜居城市。力争到2020年，城市建成区绿化覆盖率超过50%，年均环境空气质量优良天数超过300天，天蓝地绿水净景美新杨凌基本建成，使未来的杨凌成为生态园林城市、森林城市、生态文明城市。

4. 城乡发展目标

结合《杨凌城乡一体化发展规划（2014—2020）》和《杨凌农业高新技术产业示范区"十三五"国民经济与社会发展规划纲要》，杨凌城乡发展目标应具体包括：

预计到2020年，城市面积扩展到35平方千米，城市建成区面积达到25平方千米，总人口达到35万人，城镇人口达到29万人，城市化率提高到85%以上；城镇人均居住面积达到40平方米。完成新集社区、蒋周社区、绛中社区、斜王社区建设，基本形成"一主（城）二副（镇）五支点（社区）"城乡居民点体系，即1个中心城区、2个优美市镇、5个新型农村社区。健全城乡一元化机制建设，实现城乡要素的合理配置和有效流动，实现生态环境优美、经济活力强劲、城乡一元化发展的新格局。

5. 农业科技推广目标

按照"十三五"规划设定的目标，未来五年杨凌在科技示范推广方面，需要层层递进，主要围绕以下内容进行：

第一，实施创新驱动发展战略。到2020年，R&D支出占GDP比重达到6.5%，取得一批在国内外领先的重大科技成果，年示范推广效益230亿元以上，提升干旱半干旱地区现代农业创新示范能力，把杨凌建设成为我国干旱半干旱地区现代农业科技创新的重要中心、农村科技创业推广服务的重要载体、现代农业产业化示范的重要基地、国际农业科技合作的重要平台。

第二，实施"创新英才汇聚行动""创新创业领军人才集聚工程"和"优才计划"。到2020年，引进并支持150个国内外高层次人才团队来杨凌创新创业。

第三，深化科技体制改革，加强科技成果转化，引导构建协同创新模式，促进科技与经济深度融合。到2020年，科技进步贡献率达到65%。

第四，建立旱区农业产业化实验示范基地。围绕粮食、畜牧、棉花、蔬菜等旱区优势主导产业，以及生态、节水等区域重大共性技术需求，建立50个左右集产业技术集成、试验示范、人才培养、信息服务等功能于一体的区域重大农业产业化试验示范基地。

第五，培养农业专业技术人才。到2020年，为每个示范推广区域主导产业培养10名左右高水平的产业技术推广专家、100名左右的基层农技骨干、1000名左右的职业农民，农民技术培训累计达到20万人次，保障农业科技推广。

第六，全面提升杨凌对外开放水平。紧抓国家实施"一带一路"倡议的重大机遇，建设具有国际影响力的杨凌现代农业国际合作中心，基本形成深层次、宽领域的对外多边合作新格局。到2020年，在国外建立国际农业科技及产业示范合作基地5个以上，引进优良作物品种超过150个，完成国家援外培训项目40期以上。

第五节　杨凌农科城一元化的布局

现有的杨凌总体布局规划，尤其是城区中心及城镇的空间布局较为科学合理，符合杨凌总体发展现状及客观发展规律，描绘出了杨凌未来总体发展蓝图。但是随着西部大开发深入实施及"丝绸之路"经济带建设，经过查阅、研究相关资料，发现杨凌在城镇布局优化、产业布局等方面仍需要进一步细化和改善，例如，随着西安国际化大都市建设进程的加快，以及受关中—天水经济区建设和"丝绸之路"经济带建设影响和辐射，杨凌未来发展过程中，人口规模、地理范围仍需进一步扩大，产业结构、产业发展类型和规模等需要优化。基于既有规划布局和综合影响因素，本书提出杨凌农科城一元化的布局方案。

一 布局总体思路

杨凌示范区下辖一个县级杨陵区，有 2 个镇 3 个街道办事处，55 个行政村，总人口 23 万，农业人口 13 万人，耕地面积 9.4 万亩。杨凌按照"城乡一盘棋"的发展思路，城乡建设优化为"一城—两镇—五个新型农村社区—若干美丽乡村"的空间格局，遵循"政府主导、政策鼓励、自愿有偿、有序推进"的原则，引导农民向城镇和社区集中居住。示范区有序组织农民向城镇转移，"村改居"任务的完成实现了 2.6 万农民进城落户。从 2010 年开始，着力推进行政村的搬迁改造工作，启动了温馨社区等 6 个新型社区的建设工作，共计 66.5 万平方米，实现了 1700 多户农民就地向社区转移，城镇化率达到 54%。自 2012 年 3 月起，杨凌积极开展田园村庄创建活动，在原有基础上加以适度改造，营造林草丰茂、绿色自然、环保安全的宜居环境，使广大农民居住在农村享受城市同等生活。

在农业高新技术产业示范方面，杨凌依托农业科技教育优势，加强科技创新和推广示范，大力发展涉农产业，带动了现代农业的发展，以生物制药、绿色食品、环保农资、农牧良种为主的特色工业不断壮大，以会展、物流、旅游等为主的现代服务业初具规模。截至 2016 年年底，示范区实现农业产值 13.1 亿元，现代种业、设施农业、特色林果、种苗、生猪、奶肉牛、花卉、食用菌等主导产业健康发展。农产品加工贸易、生物制药、机械装备制造三大产业聚集发展，累计实现工业总产值 603.73 亿元。其中，食品加工业拥有以果品、乳品、肉类、蜂产品等为主的加工企业 40 多家，产值 68.04 亿元，恒兴果汁、本香安全猪肉、李华葡萄酒、当代蜂产品、圣桑饮料已成为区域性知名品牌；拥有多家医药企业，通过国家药品 GMP 认证企业 10 家，已建成现代中药药品生产线 10 余条，拥有多个省级品牌和省级著名商标，从业人数 3000 多人，实现产值 14.08 亿元；中工装备制造、四季阳光芽苗菜、化建压力容器等 60 多个产业化重点项目建成投产，全区规模以上工业企业达到 118 家。

结合杨凌过去的发展成果和当前的背景与农科城一元化的新要求，本书提出杨凌要以全域共同发展为理念，积极整合空间布局，优化产业结构，利用区域的河流、台塬、农田、示范林等构筑城市绿色网络，形成绿色网络环绕、功能分区散落其间的绿叶般城市，将杨凌打造为一个

"村在田园之中、城在森林之中、人在公园之中"的21世纪新型田园城市。按照杨凌全新的发展战略，综合考虑区域范围内可利用土地资源、水资源、生态系统、自然灾害、环境容量、人口集聚度、经济发展水平、交通可达性等指标，对国土空间进行综合分析评价，合理划定禁建区、限建区、适建区范围，明确各功能区"红线"、功能定位、发展方向以及空间管制措施，形成合理的功能区划和城市空间形态；优化杨凌全域产业定位和经济格局；构筑起包含生态基础设施（河流、台塬、绿地、农田、林木等自然要素）、城乡空间形态（建设用地布局形态）和支撑体系（公共设施、基础设施、交通体系）在内的现代城市和现代农村和谐相融的新型城乡形态。

二　布局具体方案

为打破城乡二元规划格局，实现城乡一元化，努力成为关中—天水经济区次核心城市，全面提升杨凌城市形象和对外知名度，杨凌要立足区域空间自然状况，统筹配置土地资源，科学谋划区域开发，合理安排生产、生活和生态空间，推动形成空间布局合理、主体功能清晰、发展导向明确、开发秩序规范，人口、经济、资源环境相互协调，公共服务和人民生活水平差距不断缩小的协调发展格局。具体包括：构建"一城—两镇—五个新型社区——批美丽乡村"的城镇空间发展形态；构建"一核、四心、四区"和"两轴、两环"的主体功能区；强化与区域高等级公路的连接，规划"六横五纵"方格状道路网，构建现代道路交通网；优化产业布局，形成"一带—两园—八区—多点"的产业布局结构，促进产业向园区集中和三大产业在城乡之间的广泛联合，实现城乡产业优势互补。通过城乡空间合理布局、功能优势互补，产业化形成支撑和带动，要素交流整合、资源高效利用，环境有效保护，实现整体协调与共建共享，增强城市对全区城乡发展的集聚与辐射作用。

同时，积极推进老城区的改造，打造现代化城市。加快实施胜利巷棚户区改造，加快姚南、姚北、姚东、彭家窑、上代村、下代村、董家庄村、付家庄村等城中村的改造，建设现代化社区，实施集中安置，改善城市面貌，推进杨凌城镇化建设。并根据城乡一元化建设要求，明确农科城边界，按照集中安置和就近安置的原则，把城市外围的乡村纳入杨凌农科城一元化规划中来，使农业空间、生态空间与城市空间相互融合，实现杨凌农科城内没有城市和农村区分的构想，最终推进杨凌城乡一元化建设。

（一）城镇空间布局方案

探索实现以人为本的农村就地城镇化，必须坚持观念创新，科学合理规划小城镇、中心社区、田园村庄建设，优化公共设施规划建设，最终形成规划合理、功能完备的城乡统筹发展新格局。

1. 一城（即中心城区，设杨凌、李台、大寨三个街道办事处，12个城市社区）

中心城区范围为东到漆水河西岸，西至杨泉路，北至杨扶路，南至河堤路，规划范围面积为 55 平方千米（具体如图 6-1 所示）。发展定位为国家农业高新技术产业示范区，关中—天水经济区次核心城市。在产业体系建设方面，将杨凌建设成为以发展食品加工、生物制药、食品展览、现代农业科教、装备制造为主的国家现代农业科技创新城市。积极培育节能环保、信息技术、新材料等战略性新兴产业，改造提升生活性服务业水平，推动现代物流、金融服务、信息服务、商务会展等生产性服务业发展。到 2020 年，中心城区人口规模达到 26 万人，城市建设用地面积控制在 35 平方千米以内。

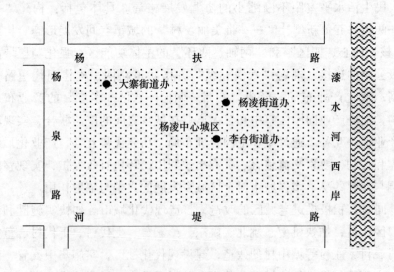

图 6-1　中心城区位置

2. 两镇（即五泉、揉谷两个中心镇）

两个建制镇在发展过程中，按照节约用地、促进产镇融合发展、提高城镇质量、体现特色等要求，推动小城镇与特色农业、农业加工业、服务业等协同发展。不断提升城镇发展品位，加强公共服务基础设施建设，提升城镇居民居住环境，凸显各镇特色和魅力。在用地规划中，五泉镇建设省级重点示范镇，建设用地面积控制在363.53公顷；揉谷镇建设沿渭重点示范镇，建设用地面积控制在257.96公顷，地理位置如图6-2所示。

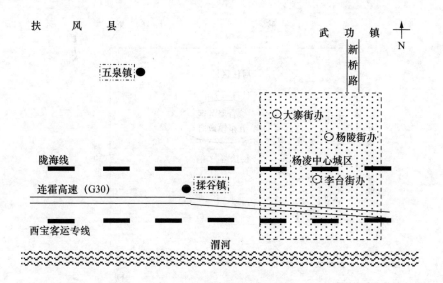

图6-2 两镇地理位置分布

五泉镇位于杨凌示范区西北部，是隋文帝杨坚寝陵所在地，辖区总面积26.6平方千米，耕地面积2.87万亩，下辖19个行政村，61个村民小组，5779户，总人口2.4万。近年来，五泉镇以统筹城乡为总览，以现代农业园区建设为基础、以中小企业园建设为支撑，以生态建设和谐宜居新五泉为目标，加快小城镇建设，实现了镇域经济的快速发展，2011年先后被省政府确定为全省107个重点镇和31个重点示范镇之一。

规划范围为北起高酸苹果南界，南至大棚北界，东至蒋崔路，西至五泉村宅基地西界，规划面积为384.86公顷（见图6-3）。发展定位为现代农业示范基地，以发展现代农业、农副产品加工、商贸服务和旅游业为主的生态宜居城镇。至2020年，五泉镇规划人口为3万人，建设用地总面积为 364 公顷。根据五泉镇自身优势及地理位置，未来可以重点打造现代农业示范基地，建成以发展现代农业、农副产品加工、商贸服务和旅游业为主的省级重点示范镇。同时加强基础设施配套建设，如重点建设污水处理厂及排水设施、垃圾处理场、农耕文化区、商业综合体等重点项目，建成集居住、教育、购物、休闲娱乐功能为一体，各功能之间协调有序的综合生活服务区。

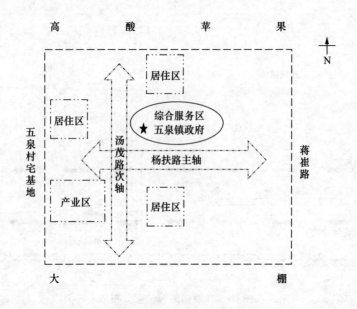

图 6-3　五泉镇规划布局

在总体规划上，可以规划形成"两心、两轴、五片区"的城镇空间结构，"两心"指由政府及周边的广场、公园、文化馆等公共服务设施形成的镇区综合服务中心和由新区街办、学校、商业等形成的新区中心；"两轴"指杨扶路城镇发展主轴和汤茂路城镇发展次轴；"五片区"指以镇政府为中心的镇区综合服务中心、镇区西南部的产业区和北部、南部、西部三个居住区（见图 6-3）。

揉谷镇规划范围为陇海铁路线以南，兴平路以北，高研路以西，高产路以东和陇海铁路线以北、高产路以东、北干渠路以南、高学路以西的区域（见图 6-4）。其主要职能是以发展农业科研、农副产品加工、旅游以及工贸等为主。城镇定位为打造农业发达、适宜人居的沿渭优美小镇。发展目标是至 2020 年镇区人口规划为 2.5 万人左右，建设用地总面积为 257.96 公顷，规划形成"一心、两轴、两片区"总体空间结构。根据总体规划及揉谷镇特点，可以建成以发展农副产品加工、旅游以及工贸等为主的沿渭重点示范镇。加快建设滨水景观长廊、污水处理厂等重点项目，提高镇区内配套服务设施的承载能力。

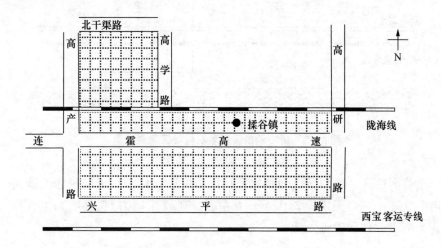

图 6 - 4 揉谷镇规划布局

3. 建设五个新型社区

根据杨凌示范区"十三五"发展规划，杨凌未来要建设 5 个环境优美的新型农村社区，如图 6 - 5 所示。其中包括：

毕公社区。规划范围为杨扶以北、天绛路以西区域，人口规模规划 1 万人左右，建设用地为 74 公顷。主要产业为苗木产业和养殖业。

秦丰社区。规划范围为揉谷镇秦丰村南侧、杨凌高产路以东、高学路以西，城南规划路以北区域，人口规模规划 0.4 万人左右，建设用地为 23 公顷。主要产业为观光农业和设施农业。

王上社区。规划范围为孟杨路与环陵路之间、南邻高干渠，东邻泰陵。人口规模规划 0.5 万人左右，建设用地为 40 公顷。主要产业为文化旅游和休闲农业。

新集社区。规划范围为新集村和除张村。人口规模规划 0.6 万人左右，建设用地为 70 公顷。主要产业为花卉种植和休闲农业。

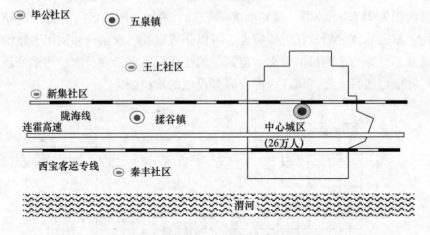

图6-5 杨凌示范区新型农村社区规划位置

蒋周社区。规划范围为蒋家寨、周家庄、官村，位于杨凌区大寨街道办北部。人口规模规划0.6万人左右，建设用地为60公顷。主要产业为肉牛养殖和设施农业。

（二）功能区布局方案

充分发挥规划的先导和引领作用，以深化土地流转为突破口，集约利用土地和资源，加强现代农业示范园区和农村社区的合理建设，明确生产区和生活区的功能定位，切实使规划落到实处，取得实效。具体如图6-6所示。

1. 一核

杨凌中心城区，作为城市的核心区域，必然是集金融、贸易、教育、服务等为一体的综合功能区。因此，在实现杨凌农科城一元化过程中，对该区域的布局应该站在杨凌全域视角下，将其打造为集科技创新、教育培训、金融服务、信息服务和商住办公等功能为一体的城市核心区。

2. "五心" + "五区"

五心。建设行政中心、商务中心、会展中心、商业中心、文化旅游中心五大中心，其中行政中心以杨凌区政府所在地为核心，商务中心、会展中心和商业中心以杨凌国际会展中心所在地为核心，文化旅游中心以西北农林科技大学等旅游景点为主。

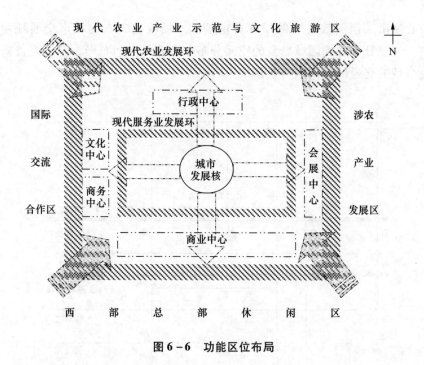

图6-6　功能区位布局

五区。打造涉农产业发展区、国际交流合作区、西部总部休闲区、现代农业产业示范与文化旅游区五大功能区。

通过产业园区建设推动城乡经济发展。根据杨凌未来确定的现代农业、高新技术产业、农业装备制造、现代服务业四大主导产业，规划建设专业化的、服务配套完善的产业园区，如生物产业园、绿色食品园、新型环保农资园、商贸物流园等，吸引企业入驻，促进产业集聚，创造产业优势，强化产业的支撑作用，推进现代农业示范园区全产业链的生产经营方式，推动城乡经济发展。

3."两轴"+"两环"

两轴。打造沿东西走向的渭惠路的商业发展轴和沿北接杨扶路、南至滨河路的杨凌大道南北城市发展轴。

两环。打造沿主要功能区之间区域，形成现代服务业和现代农业两条交通景观环。

（三）交通空间布局方案

交通网络作为连接城市与乡村的"线条"，为产业发展提供物流运输的载体，交通网络的合理布局，有助于缩小城乡之间的空间距离，为中心城市"涓滴效应"的发挥奠定基础。杨凌在未来的城市交通规划中，应充分考虑到区域城乡的空间分布、产业的空间布局，建设覆盖杨凌全域的交通网络体系（见图6-7）。

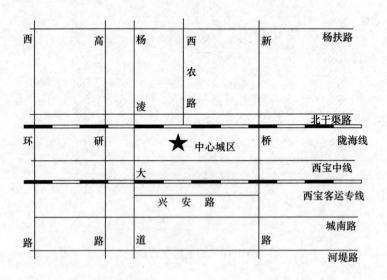

图6-7 杨凌城市"主干道+外出通道"区域性交通路网

六横。指杨扶路、北干渠路、西宝中线、城南路、河堤路、兴安路中段。

五纵。指西环路、高研路、杨凌大道、西农路、新桥路。

三 产业布局方案

（一）总体发展思路

以科学发展观为指导，紧紧抓住"丝绸之路"经济带建设以及国家发展现代农业和实施关中—天水经济区发展规划的战略机遇，立足于杨凌的科技优势，以招商引资为抓手，围绕"农"字做文章，扎实推进特色现代农业，壮大生物医药、农产品加工、涉农装备制造三大主导涉农工业，培育健康休闲养老业、现代物流业、文化体育旅游业等新兴产业，构建以农业产业化发展为主线的现代产业体系（见图6-8）。全面实施"互联网+"行动计划，坚持内生增长，加大供给侧改革，进一步挖掘增长潜力，培育发展动力，厚植发展优势，拓展发展空间，推动经济总量上台阶。坚持创新型推动，绿色化发展，集群式布局，产业链延伸，国际化提升的原则，紧紧围绕国家赋予的"示范推广"职责，大力发展特色产业，建设国家现代农业高技术产业基地和新型工业化产业示范基地，实现示范区产业又好又快发展。

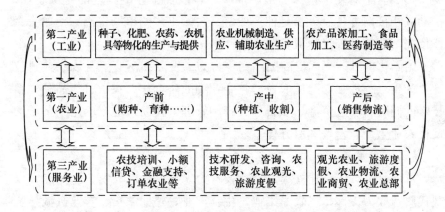

图 6-8　杨凌以农业产业化发展为主线的现代产业体系

（二）发展原则

创新型推动——以创新驱动战略为导向，借助西北农林科技大学、杨凌职业技术学院的科研优势，充分发挥杨凌现代科教和现代农业示范功能，进一步借助政策优势，以科技、体制、文化、管理创新推动经济社会又好又快发展，充分发挥科技示范作用，将杨凌打造成为干旱半干旱地区现代农业科技创新的重要中心、农村科技创业推广服务的重要载体、现代农业产业化示范的重要基地和国际农业科技合作的重要平台。

绿色化发展——以低碳经济的发展要求作为指导，大力发展资源消耗低、环境污染少、经济效益好的新兴产业，严格控制高耗能、高耗水、高污染产业，淘汰落后生产力、工艺和设备，倡导清洁生产，推进资源节约与综合利用，使经济在与资源、环境相协调的轨道上快速、持续、健康发展，使杨凌成为中国农业特区和西部田园城市。

集群式布局——以产业园区建设为契机，按照现代化大生产的要求，引导企业向产业园区集聚，共用基础设施条件，同享"企业社区"服务，推动企业集中布局和产业集群化发展，提高发展效能和集约化水平，面向共同市场，以狼群、雁阵的模式发展。

产业链延伸——坚持三次产业融合的"第六产业"的方针，制定并实施扶持龙头企业的政策措施，把杨凌建成全国产业融合试验区和省级现代农业服务综合改革试点城市，联合高校和农业科研单位、企业、合作组织、投资机构、中介机构等各种社会资源，组成产业战略联盟，支持形成若干研发、精深加工、推广销售以及服务链健全的龙头企业，推动其积极向外省、外市延伸产业链，占领更多的市场份额，使龙头企业依托产业链延伸迅速成长壮大。

国际化提升——以提高国际竞争力为出发点和落脚点，以农业科技产业为重点，加强与跨国农业科技企业的战略合作，在引进新品种、新技术的同时，引进资金、项目、品牌和管理，建立适应全球竞争要求的现代农业生产、营销和服务体系。

（三）发展目标

总体目标。逐步建立起以高新技术为先导，以现代农业为基点，以现代服务业为支撑，以食品工业、生物产业、环保农资、农业机械与装备制造业为支柱的新型产业体系，把杨凌建设成为干旱半干旱地区现代农业产业化示范基地、全国现代农业高技术产业基地和国家级新型工业化产业示范基地。

近期目标。到2020年，现代农业产值16亿元，年均增长10%；工业总产值700亿元以上，年均增长30%；现代服务业产值150亿元，年均增长25%；地区生产总值突破200亿元，年均增长10%，三次产业结构调整为5∶50∶45，人均产值跃居我省前列。

（四）发展重点

1. 现代农业

首先，按照"现代农业看杨凌"的要求，将杨凌示范区打造成为中国的农业"硅谷"。未来率先建成面积为100平方千米的现代农业示范园区，重点培育和发展现代种业、设施农业、现代畜牧业、花卉产业、特色经济林果、食用菌产业、种苗繁育、休闲生态农业八大产业。与此同时，加强产学研之间的联系强度，以先进的现代化农业生产、管理、服务技术为主框架，构建技术创新支撑体系、标准化生产体系、生态农业循环体系、科技信息服务体系和农产品销售市场体系，增强农业的科技化、集约化、产业化、标准化、信息化"含量"。争取早日建成对干旱半干旱地区具有示范性的现代农业示范园区，并依托科技特派员、大学生创业实训、现代农业公司孵化以及龙头企业基地建设，形成具有杨凌品牌的现代化农业"增长极"，通过"涓滴效应"带动西部和北方地区现代农业发展。未来五年内，即在2020年实现现代农业年产值16亿元。

其次，依靠大数据、云计算和智能化的农业科技服务业和农业数据产业，形成现代农业服务体系。培育和引进为现代农业发展提供全产业链系统解决方案的综合服务提供商。加快发展农村金融服务，拓宽"三农"融资渠道，满足"三农"融资需求。支持和鼓励涉农媒体，组建农科传媒集团，开展形式多样、内容丰富的为农服务项目和活动。以打造全国农业会展之都为目标，组建会展集团公司，坚持专业化、国际化、品牌化、信息化、市场化方向，大力发展会展业。实施杨凌国际会展新城项目，努力把农高会办成百年展会。

2. 涉农工业

食品工业。依托现代农业示范园区和关中—天水经济区农产品种养基地，以安全、绿色、有机食品为主导，以不断增加品种、提高产品科技含量、延长产业链条、提高产品附加值为重点，加大对农业资源的加工广度和深度开发，由粗加工、原料型产品逐步向精加工、终端商品发展，建成关中—天水经济区内有较大影响的食品加工制造业功能集聚区。2020年产值突破300亿元，实现税收15亿元。

生物产业。依托西安—杨凌生物产业基地，通过政府引导，充分发挥市场配置资源的基础性作用，重点发展生物医药、生物育种、生物能源以及生物化工等生物产业，同步发展关联度高的生物工程企业，加快新产品研制，加强新工艺、新设备研发和制造，促进示范区生物技术产业化、规模化、集群化和国际化，形成生物医药、生物农业和生物能源产业集群核心区。2020年总产值突破130亿元，实现税收6亿元。

环保农资。依托新型环保农资园，重点支持市场前景好、技术含量高的生物肥料、饲料、无公害农药等行业龙头企业的形成与发展，抓好产品开发和产业化，把杨凌建成陕西乃至西北地区重要的生物肥料、饲料和无公害农药研发、生产和集散基地。2020年总产值突破150亿元。

农业机械及装备制造。依托农业机械加工及装备制造园，坚持以市场为导向，以符合国内现代农业生产需求，特别是西部干旱半干旱地区现代农业生产需求的农业装备制造业为主导，吸引国内外知名农业装备制造企业入区发展，着力引进小型化、专业化机械设备、农畜产品深加工及资源综合利用设备、农业环境与生态农业设备、农业收获机械及农机具等农业机械制造企业，加强联合和协作，促进技术、资本和市场相结合，实现研发、生产和售后服务一体化，打造西部最大的农业机械与装备生产基地。2020 年产值突破 50 亿元，培育年产值过亿元企业15 家。

3. 现代服务业

农业科教与培训业。依托两所高校和科教产业园，大力发展职业教育，培养高级人才，建成容纳 50000 人的以农林水专业为特色、多学科并举的高等职业教育体系，打造中国北方一流的科研教育园区；整合科技培训资源，打造杨凌农科培训品牌，围绕现代农业，深入开展县乡干部、农技推广人员和农民的培训工作。在省内外建立设施先进、功能完善、师资一流、服务有效的创业人员实训基地，培养一批懂技术、会经营、善管理的复合型创业人才。

农业科技服务业。依托两所高校和现代农业示范园区主导产业，面向西部干旱半干旱地区，大力发展农业科技服务业，从良种服务、农资服务、农技服务、人才培训、流通服务等方面着手，为广大农民提供产前、产中、产后服务，努力在规模化、标准化、企业化和市场化上实现突破，提高现代农业水平，完善农业综合服务体系，探索农业科技服务新模式，建立健全以科技、营销、信息、金融、监测检测等服务为主体的农业产业社会化服务体系，形成"核心示范—周边带动—广泛辐射"的农业科技服务格局。

现代物流商贸业。重点支持以涉农商品、药品为主的现代物流业发展，加快建设集仓储、分拣、包装、加工于一体的杨凌物流园区，积极发展有一定规模和现代化管理的物流配送中心，推动物流配送社会化和连锁规模化发展，使杨凌成为西部最大的涉农商品集散中心。引进一批具有国际化品牌的物流企业，引导现有流通企业进行资源优化重组，实现规模化、现代化经营。加强以铁路和公路运输为主的物流基础设施建设，建设杨凌农资、食品、医药、农业科技成果等专业交易市场。

会展业。充分挖掘场馆资源，发挥杨凌品牌优势，依托农高会的规模带动效应，努力打造涉农展会品牌。办好种子、苗木、畜牧、农机、医药等各类展会，逐步形成以农高会为主体、各类专业展会为补充的展会体系。策划实施一批在国内外有重大影响的会展项目，将杨凌示范区打造成"中国农业会展之都"。

文化体育业。按照人才杨凌、园林杨凌的目标，依托体育产业园和一河两岸北片休闲区，通过改造水上运动中心，发展文化创意、高尔夫等文化体育产业，提高群众生活质量、提升城市品位，促进杨凌文化体育产业发展。

特色旅游。按照建设国际知名、国内一流农业旅游目的地的目标，积极发展现代农业观光、现代科教旅游，开发有特色、参与性强、多样化的旅游产品，形成与会议、会展、文化体育相关联的旅游体系，将杨凌建成彰显华夏农业文明的农业旅游目的地。2020 年旅游总收入达到26 亿元，2030 年旅游总收入达到 50 亿元。

金融服务业。设立杨凌农业科技创业投资基金和风险基金，吸引社会资本投资组建村镇银行、农村资金互助社等新型农村金融机构，加大金融对现代农业的支持力度。加快农信社改制，在示范基地所在地设立分支机构。吸引省属金融机构在杨凌开展业务和设立分支机构，鼓励示范区内金融机构开展知识产权等无形资产质押贷款试点。做大担保中心，支持社会资本成立小额贷款公司，开展质押贷款试点和保险业创新试点。调整优化险种结构，加快产品、服务和管理创新，引进保险经营主体，推进保险市场主体多元化。培养保险中介机构，积极发展各类保险经纪公司、保险代理公司和评估机构。

（五）空间布局重点

根据"十三五"规划及杨凌示范区的产业发展现状，围绕优势特色产业，加快现代农业示范区、特色涉农工业产业区，以及休闲养老度假园、综合物流园和文化体育旅游产业园三大战略新兴产业园建设，并以尚特梅斯庄园、葡萄庄园、种子产业园、步长医药、三八妇乐女性健康科技产业园、杨凌富海工业园、水上运动中心等特色项目为抓手，引导资源要素向园区集聚，优化产业空间布局，把产业园区建成设施先进、环境优良、最具发展潜力的新的经济增长点，最终形成"一带一两区一三园一多点"的产业空间重点布局。

旅游观光产业带。在未来五年中，依靠道路交通的发展，实现西安、咸阳、杨凌示范区、宝鸡的空间连接，形成一条具有历史文化特色、农业特色的旅游观光产业带，形成区域旅游产业的相互协作与融合发展。

现代农业示范区。主要布局在城市建成区外围，规划面积100平方千米。现代农业示范区既是杨凌发展现代农业，推动农民增收的载体和重要抓手，又是示范区核心示范的载体。要按照"现代农业看杨凌"的要求和政府引导、市场运作的思路，以"国内一流、国际知名"为目标，高标准规划、高科技支撑、高质量建设，以新品种、新技术、新模式、新机制展示和产业化示范为重点，在土地流转、经营模式、生产方式、循环经济、信息网络建设等方面进行机制创新，大力发展现代农业，推动现代种业、设施农业、苗木繁育、特色经济林果、现代畜牧业、花卉产业、食用菌产业、休闲生态农业八大产业发展迈上新台阶，形成园区化、产业化、市场化、设施化、高效化的现代农业产业体系，促进农业结构调整和农民增收，打造干旱半干旱地区核心示范高地。

特色涉农工业产业区。以东环路—武功交界—滨河路—新桥路—二支渠内23000多亩可用地为工业布局核心区，以揉谷等乡镇区域的可用地为工业园区布局拓展区，重点建设生物医药产业基地、农产品加工贸易示范园、农业机械产业园三大特色优势产业园。集中有效资源，统筹规划供水、供热、电力、通信、排污等基础设施和公共服务设施建设，全面提升园区的功能和地位，将这一区块打造成陕西最大的生物制造产业中心和区域性食品加工名城、西部重要的现代农业装备和新型农资制造基地。

（1）——生物医药产业基地。在城区东南侧，高速公路两侧建设生物医药产业园，重点开发现代中药、生物医药及制品、基因工程药物和医药中间体生产，加强企业 GMP 标准论证和技术改造步伐，加大配套产品生产企业引进力度，积极发展医药流通业，促进企业开拓国内外市场。

（2）——农产品加工贸易示范园。在城区东北侧，建设农产品加工产业园，重点发展果品、蔬菜、茶叶、粮油、肉奶、功能食品生产六大农产品深加工产业集群。支持企业加快产品更新改造，提高产品科技含量，逐步向精加工、终端商品发展，建设食品交易中心，建设高标准的食品加工服务平台，把园区建成关中—天水经济区内有较大影响的食品加工制造业集聚区。

（3）——现代农业机械产业园。在城区北侧，建设以农业机械、食品机械、农业检验检测器械、农业设施为主的装备制造园。重点发展节能、节水、智能化的高新农业机械制造，积极发展新型机电一体化、非标准等机械设备和高效办公自动化设备，重视提升精密成型加工技术和产品档次，同时，有效地吸引国内外一批现代设施农业智能装备、工农业机器人、节水灌溉器械、农产品加工装备、园艺企业、大型农机等有一定规模实力的装备制造企业到园区落户。

休闲养老度假园。鼓励社会资本建设健康疗养、健康休闲、健康养老等服务设施，形成健康产业服务能力。以现代农庄、现代农业园区、体育产业园等为载体，加快休闲和旅游结合，形成新的服务业态。以城区社区、农庄、村庄等为载体，建成一批生态养生馆、国医馆等，推进中医保健和健康养生结合，发展特色生态养生服务项目，形成健康养生服务新业态。

综合物流园。在城区东北部、食品加工园区南部，建设650万吨铁路货运站，完善公铁联运体系，全面启动建设杨凌综合物流产业园。加快建设物流园区与各主要工业园区及高速公路、铁路站点相衔接的快速通道，建立以铁路、公路货柜运输、物流配送和电子商务为支撑的现代化物流基础设施和公共信息平台。完善农业电子商务产业园，完善区域性快递集散中心和仓储配送等设施，吸引电子、快递和第三方物流企业入驻。促进农资、农机、苗木花卉、畜禽交易等大中型专业市场发育。

文化体育旅游产业园。以水上运动中心为基础，向西扩建体育运动场馆；以一河两岸南区为支撑，扎实推进健身休闲旅游基地建设，建设杨凌渭河体育运动公园，打造独具特色的运动休闲旅游目的地。满足人们在绿色环境中康体健身的需求，完善城市功能、提升城市品位、形成城市特色。以现代农庄集群为载体，发展现代农业休闲旅游业。加快历史文化旅游基地建设，重点保护隋泰陵、古邰国等遗址遗迹，充分挖掘川云关、唐王洞等历史文化资源，建设古邰国遗址公园暨杨凌中国农业历史博物馆等重大项目，打造历史文化旅游精品景点，促进历史文化和旅游业融合发展。

杨凌示范区产业空间重点布局如图6-9所示。

四　杨凌农科城一元化具体推进工程

1. 建立城乡一元的规划体系

综合考虑杨凌的发展现状、区位交通条件、未来发展潜力以及资源环境承载能力等因素，探索实施经济社会发展规划、城市总体规划、土

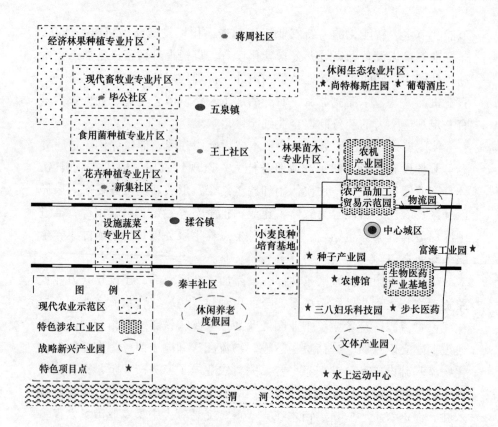

图6-9 杨凌示范区产业空间重点布局

地利用规划"三规合一",建立空间配置上相互协调,时序安排上科学有序的城乡一体规划体系,优化区域内生产力布局、人口分布、产业结构和生态环境,促进城乡融合,为实现经济、社会、环境可持续发展提供保障。

2. 中心镇建设

推进五泉、揉谷两个中心镇建设。五泉、揉谷两镇在历史发展过程中,各有自己的特色,因而杨凌农科城一元化建设中应突出中心镇特色,大力发展主导产业,促进农村人口向中心镇集中。其中五泉镇以现代农业、农产品加工、商贸服务等为主导产业,人口达到3万人;揉谷镇以加工业、种养殖业、第三产业为主导产业,人口达到3万人。

3. 新型社区建设及基础设施配套

实施新型社区建设行动,建立以生活、卫生、治安、医疗、健身、文化为重点的"设施完备、功能齐全、信息共享"的社区服务体系，大力改善生产生活环境，全面建成毕公、新集、蒋周、秦丰、王上5个产业主题鲜明、建筑风貌独特、配套设施完备的新型农村社区。

基础设施和公共设施投入资金直接制约着农村社区建设步伐，必须做好社区基础设施建设的资金供应。杨凌示范区在建设集中安置社区过程中，需要大量的资金，给政府财政带来了巨大的压力。因此，杨凌示范区可以尝试建立各级财政投入、村集体投入、单位帮扶、社会捐助相结合的农村社区建设多元化投入机制，以提升资金持续能力。具体措施有：一是项目倾斜。将社区公共产品公共服务投入列入示范区重点发展计划中，给予社区建设项目倾斜扶持，集中投放一批基础设施项目，减少或取消基层配备资金。二是资金整合。在政策范围内，示范区政府可以把国家对"三农"的投入，社区各方面的投入，社区（村）现有的资源及一切可利用资源进行整合实现定向投放。三是财政扶持。区级以上财政要将农村社区建设所需资金列入财政预算，每年安排一定资金，用于农村社区公益性服务场所建设或者以奖代补。四是市场运作。成立招商中心专门负责社区招商、项目服务、项目投资和物业管理，用市场化运作方式缓解社区建设项目资金短缺。五是社会帮扶。积极鼓励社会力量参与农村社区建设，在巩固省市县机关联邦包建的基础上，广泛动员企事业单位、社会团体、民营企业投身农村社区建设，成立社区发展基金或互助基金。

当前新建社区存在服务设施不完善、服务效能不高、服务内容针对性不强、服务手段单一等情况，民政、计生、警务、卫生医疗等服务项目还不能到位。因此，进一步提升社区公共服务水平，实现城乡公共服务一体化，是推进农村社区建设必须正视的一个问题。具体措施包括：一要建设完善社区公共服务设施。建设包括"一站式"便民服务大厅、民政和社会保障室、计生指导室、社区警务室、图书室、村民学校等基本服务设施和室外健身活动场所在内的综合性社区服务中心，鼓励引导各类投资主体到社区兴建幼儿园、敬老院、卫生所、便民超市、餐饮店等社会性服务设施，为开展社区服务搭建平台。二要逐步推进社区城市化管理。建立健全政府公共服务项目，推动以社区治安、医疗卫生、人口计生、文教体育、物业管理为主要内容的公共服务向农村社区延伸，逐步实现城乡公共服务均衡化。鼓励和引导各类组织、企业和个人开展百货供应、餐饮服务、农资供应、农机维修、邮政通信、金融保险等服务项目，建立市场化服务体系。三要完善社区经费保障机制。社区经费短缺是一个共性问题。政府应尽快建立制度化的社区运转经费财政资金投入保障机制；实行"权随责走、费随事转"制度，将财政转移支付、政府职能部门转移给社区的社会事务经费划拨给社区，实现社区建设的健康和可持续发展；制定优惠政策，鼓励发展各类民间组织和中介组织，实现社区服务无偿、低偿、有偿的有机结合。

4. 促进产业转型与农业现代化发展

促进产业转型与农业现代化发展总体方案的实施思路主要包括：第一，以农业新技术为黏合剂，加强三次产业之间的联系和融合度，形成具有特色的现代化农业产业链；第二，以"农属性"为特色，开发多元化生产经营模式，提升农业产业的宽度，有效促进农业产业转型。

首先，三次产业融合。三次产业的融合发展在于新技术的应用，通过农业研发技术、生产技术、信息技术的提升，可以促使农业产业链的不断延伸，如应用研发技术，提升农业产出效率，利用生产技术将生产的初级农产品加工成为具有更高附加值的商品，利用信息技术拓展销售渠道、完善售后服务。为了促进三次产业的融合发展，可供选择的方案包括：①从技术产生的源头出发，以西北农林科技大学和杨凌职业技术学院为研究主力军，加强对技术研发的财政支持力度。②从技术的应用过程入手，构建技术转化成生产力的应用平台，为新兴技术的应用提供多元化的渠道。③从技术产生及应用的基础条件出发，培养、储备专业的人才。在技术研发环节，通过自己培养、对外引入等方式，将科研能力强的人才加入人才储备库，对新技术的研发者或组织提供丰厚的奖励。在技术应用环节，可以通过开办农业技术培训班、技术下乡等一系列活动，对技术欠缺的农民进行指导，提升农民的技术水平。④按照全产业链的发展理念，建立以农业高科技示范推广为先导，农业种养殖业为基础，农产品深加工和制造为核心，农业商贸、物流和会展为支撑的现代农业体系，积极推进农业"接二连三"发展，提升农业综合效益，向城乡经济可持续发展不断迈进。

其次，土地流转。土地流转是拥有土地承包经营权的农户将土地经营权（使用权）转让给其他农户或经济组织，是解决农村闲置土地，提升土地利用效率，促进农业规模化经营的必由之路。为了促进土地流转工作的顺利进行，以及规范化程度，土地银行诞生了。因此，要推动土地流转工作，土地银行制度与业务流程的完善极其重要。完善土地流转业务的具体措施包括：①建立有效的信息披露制度。主要对土地整理情况、业务状况、盈亏情况、风险及预测、组织机构等重大事项进行披露；②培养高素质土地银行从业人员。对从业人员进行专业化培训以适应土地银行开展业务的要求；③完善土地价格评估制度。利用市场机制，对处于待流转状态的土地进行价格评估，提升土地价格的公允性。

最后，农业多元化发展。①发展现代农业休闲旅游。利用杨凌境内大片的现代农业种植区域和渭河良好的生态环境，农业科技示范形成的农业旅游资源，如克隆羊、设施农业展馆、昆虫馆以及农业相关的历史文化资源、民俗资源等，发展农业观光、农业休闲、农事体验、民俗体验等现代农业旅游；②建设具有重要影响力的多商品、多层次、多模式的农产品交易所。农产品交易中心通过培育的方式不断增加新品种至大宗交易，为相关品种产业链上企业提供多层次服务。在新模式上积极探索，建立现货交易平台。创新地采用撮合、招标、拍卖的方式提供产地和销地生鲜农产品交易信息的交互，并在此基础上完成交易、支付、仓储配送的全过程，支持精准农业和订单农业的发展，实现农产品流通方式向"产销联动"的"电子商务 + 现代物流"模式的真正转变。

5. 基础设施一元化建设

在"十三五"期间，杨凌示范区着力推进道路交通网络建设。实施内优外畅交通工程，优化西农路、邰城路、佑任路、康乐路、高干渠路、农科路、高研路等城市主干道，建成扶杨眉、杨凌大道、新桥路、杨扶路、渭惠路等外出通道，形成以杨凌为核心的区域性交通路网。一方面，改善自行车和步行交通环境，推动出行方式转变。完善自行车专用道路网络，优化自行车租赁网点布局。加强人行天桥、地下通道等便捷设施建设，在主要街道建立无障碍步行系统；另一方面，严格执行新建项目的停车配建要求，增加公共停车泊位数，提供与停车需求相匹配的停车设施，构建"配建停车为主、路外公共停车为辅、路内占道停车为补充"的停车设施供给格局。加快建设公交枢纽站、公交首末站、车辆保养场及加油（气）站、电动汽车充电设施等。到2020年，主城区建成公共停车场5处以上，公共停车泊位新增1000个。

供水设施方面，积极完善城乡给水设施，新建第四水厂二期工程，加快石头河地表水供水覆盖范围，日供水能力达到 10 万吨左右。扩大城乡集中给水服务范围，建立安全可靠的给水系统。加快管网改造和建设，形成以给水干管和区域加压站为主体，主次管网合理配置的分区输配水系统。

第七章 杨凌农科城一元化建设的
关键问题研究

第一节 杨凌农科城一元化的产业发展问题

杨凌农科城一元化建设离不开产业的发展,以农业科技为依托,促进农业产业化,从良种研发到种植推广,从农业机械化到农业信息化,从农产品深加工到农产品贸易,都必须依靠产业发展来推动。杨凌作为一个农业高新技术产业示范区,将农科城产业做大、做强、做出农业特色是当前需要考虑的问题。

一 杨凌农科城一元化过程中产业发展的重要性

城乡一元化与产业发展是互动的过程,它们之间相互促进、相辅相成。城乡一元化促进产业发展,促成产业布局的合理化。产业的发展及其布局的合理化又可以进一步推进城乡一元化进程。

1. 产业发展促进杨凌农科城经济社会发展

产业发展是杨凌经济社会发展的一个重要手段。从经济发展角度讲,区域经济发展绝不是单纯经济总量的扩张,只有经济增长而无实质的根本变化,对地区的可持续发展意义不大。而这种质的变化主要是指产业发展(刘瀑,2010)。首先,通过扩大产业规模,优化产业结构,将劳动力与技术、资本、信息等生产要素相结合,促进剩余劳动力的转移。其次,体现在劳动和资本由生产率较低的部门逐渐流向生产率高的部门,这也是生产要素配置优化的过程,最终带来经济的发展。

产业发展有利于杨凌经济社会的发展,进一步加快城镇建设。具体表现在:一是有利于杨凌完善农村基础设施,发展农村社会事业,大力促进农村富余劳动力转移就业,尤其是失地农民的转移就业。二是有利于杨凌土地集约、高效利用，从而推进农业产业化。产业发展为农村农业的改造和经营提供了契机，一方面农村农业的发展需要改变传统分散化的土地利用方式，实现规模化经营；另一方面需要逐步培养农业发展"领头羊"，扶持、引导农业龙头企业和各农业专业户发展，推动生产经营模式从传统种养单一型向农工贸一体化的产业化方向发展。三是有利于杨凌促进以主导产品和市场需求组织带动千家万户农民，加快农业生产向规模化、标准化方向迈进，提高农产品的质量与安全保证，加大农业科技创新和推广力度，加快农机化进程。

产业发展必然会对杨凌产业的转型升级提出要求，进而促进产业结构关联与分工的优化。通过区中心、镇、社区三级产业的水平分工和垂直分工的形式，遵循产业集群机理，构筑合理的布局结构和产业链，既有利于提高城区功能层次，又能通过城乡之间形成相互支撑的经济技术联系，增强实力，还能有效解决城区的"城市病"和郊区的"农村病"，更能缓解示范区范围内产业同构的趋势，提高资源配置效率，推动经济增长方式的集约化。

2. 产业发展将推动杨凌农科城一元化建设

产业发展在城乡一元化发展过程中起到了重要的支撑作用，产业发展趋于优化，社会经济就会得到较快的发展，居民收入也会有所提高。因此，趋于合理的产业发展可以促进杨凌农科城一元化发展。具体包括以下几个方面：

第一，产业发展是推进城乡经济发展的原动力。农业经济发展到一定阶段后分离出工业部门，工业的发展催生了第三产业的发展。因此，农业是推进一元化的原始动力，工业是一元化的根本动力，第三产业是一元化的后续动力。没有第一、第二、第三产业的互动，城乡经济的相融，就没有一元化的经济基础和持续动力。只有加大产业之间的关联度，夯实发展基础，才能真正实现一元化。

第二，产业发展是吸纳剩余劳动力就业的有效载体。一元化进程中，一定会经历一个不断把农村富余劳动力解放出来，实现就业和致富的过程。产业的发展，尤其是工业和服务业的发展，有利于杨凌农村富余劳动力向非农产业转移，从而保证农民收入持续稳定增加，实现农民收入与社会收入的同步增长。只有解决了农民就业和收入增长问题，才能真正实现其生活方式的根本转变，才能为一元化提供有力的保证。

　　第三，产业发展是杨凌可持续发展的重要保障。实现一元化必须以产业为支撑，没有产业的发展和支撑，杨凌是不可能持续发展的，杨凌居民是不可能安居乐业的。加快第二、第三产业发展，要以杨凌中心城区、有条件的中心镇及有条件的社区为重点，实施产业集中发展，提高信息化程度，把产业发展与城、镇和社区发展规划以及基础设施布局结合起来。立足实际、突出特色、积极培育特色产业，有效引导产业和人口聚集，促进生产要素融合，使杨凌的发展牢牢建立在产业发展的基础上。

二　杨凌农科城产业发展现状与存在的问题

（一）产业发展现状

1. 杨凌农科城三次产业结构有待进一步升级

　　根据"配第—克拉克定理"，随着经济的发展和人均国民收入水平的提高，第一产业国民收入和劳动力的相对比重逐渐下降；第二产业国民收入和劳动力的相对比重上升，经济进一步发展；第三产业国民收入和劳动力的相对比重也开始上升。即当工业向自动化、标准化方向发展，对劳动力的吸纳作用减弱，富余劳动力开始向服务业转移，并且第三产业的规模随服务需求上升而不断扩大，在国民经济中的比重也趋于上升。因此以第三产业为主的"三产、二产、一产"的模式是未来经济发展到一定阶段而形成的比较合理的产业结构模式。

　　目前杨凌农科城产业结构现状如下：

　　第一，从生产总值来看，第二产业已成为三次产业中的主导产业。2007年到2015年，杨凌农科城的生产总值从26.66亿元提升至104.23亿元，其中第一产业的增加值由2.21亿元提升至7.12亿元，增长率为222.17%；第二产业的增加值由12.73亿元提升至55.06亿元，增长率为332.52%；第三产业增加值由11.72亿元提升至42.05亿元，增长率为258.79%，如表7-1所示。由此可见，三产的发展速度已达到"第二产业最快，第三产业次之，第一产业最慢"的稳定局面，为以第三产业为主的"三产、二产、一产"的发展目标提供了良好的发展基础。

　　第二，从三产所占比重来看，第三产业比重呈现上升趋势，产业结构趋于高级化和合理化。2007年杨凌示范区"一产、二产、三产"的比例关系为8.29∶44.75∶43.96，已基本实现"二产、三产、一产"的

表 7 - 1 　　　　　　杨凌示范区三次产业生产值及其增长率

年份	年生产总值（亿元）	第一产业增加值（亿元）	增长率（以2007年为基期）	第二产业增加值（亿元）	增长率（以2007年为基期）	第三产业增加值（亿元）	增长率（以2007年为基期）
2007	26.66	2.21	—	12.73	—	11.72	—
2008	30.32	2.78	25.79%	13.16	3.38%	14.38	22.70%
2009	35.59	3.01	36.38%	15.45	21.36%	17.13	46.15%
2010	47.63	3.75	69.86%	23.50	84.60%	20.37	73.82%
2011	61.20	5.31	140.27%	31.54	147.76%	24.35	107.77%
2012	68.17	5.76	160.77%	34.36	169.91%	28.05	139.33%
2013	85.51	6.44	191.45%	46.91	268.50%	32.16	174.39%
2014	97.11	6.92	213.17%	53.95	323.80%	36.24	209.24%
2015	104.23	7.12	222.17%	55.06	332.52%	42.05	258.79%

资料来源：《陕西统计年鉴》（2016）、《杨凌示范区国民经济和社会发展统计公报》（2015）。

格局，2014 年的三次产业产值占生产总值的比例达到了 7.13∶55.55∶37.32，截至 2015 年进一步调整为 6.73∶51.81∶41.46。第三产业比重继续上升，第一、第二产业比重继续下降（见图 7 - 1），可以清楚地看到向"三产、二产、一产"格局发展的态势。但距国际先进的"一元化产业结构标准"尚有一定差距。

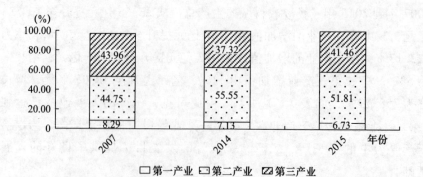

图 7 - 1　2007 年、2014 年、2015 年杨凌示范区三次产业比重

资料来源：根据 2015 年《杨凌示范区国民经济和社会统计公报》的数据计算得出。

第三，从三产从业人数来看，第二产业成为吸纳劳动力最多的产业部门。2015 年杨凌示范区"一产、二产、三产"从业人数的比例关系为 0.9：52.7：46.4，第二产业承担了杨凌示范区内剩余劳动力转移的主要职能（见表 7-2），但与"三产、二产、一产"的合理化就业结构尚有一定距离。

表 7-2　　　　　　　　杨凌示范区三次产业从业人员结构

产业分类	第一产业	第二产业	第三产业	合计
从业人员（万人）	0.04	2.28	2.01	4.33
所占比重（%）	0.9	52.7	46.4	100

2. 杨凌农科城产业发展水平有待提高

从产业发展及成果分配、产业要素联系两个层面，依据数据的可得原则，选取相关常用指标，构建一套评价杨凌产业发展水平的指标体系，如表 7-3 所示。

表 7-3　　　　杨凌产业发展水平评价指标体系及 2015 年的结果

层面	指标	指标含义及计算方法	计算结果
产业发展及结果分配	人均国民生产总值（元/人）	地区生产总值/总人口数	52093
	第二、第三产业总产值占 GDP 的比重（%）	第二、第三产业增加值/GDP	93.17%
	城乡二元结构系数	（第二、第三产业产值比重/就业比重）/（第一产业产值比重/就业比重）	0.1
	农业劳动力人均耕地面积（公顷/人）	均耕面积/第一产业就业人数	0.027
	农业劳动生产率（元/人）	第一产业增加值/第一产业就业人数	1780000
	城乡人均收入比	城镇人均可支配收入/农民人均纯收入	2.52
	农村居民非农收入比重（%）	（工资性收入＋财产性收入＋转移性收入）/农村人均纯收入	43.78
	城镇恩格尔系数	食品支出/总支出，反映城镇居民生活水平	34.16

续表

层面	指标	指标含义及计算方法	计算结果
产业发展及结果分配	农村恩格尔系数	反映农村居民生活水平	34.37
	城乡人均消费支出比	城镇居民家庭平均每人消费性支出/农村居民家庭平均每人消费性支出	5.38
产业要素联系	第二、第三产业与第一产业就业人数比	反映城乡劳动力联系	107.25
	农村固话普及率（部/户）	反映农村信息化水平	0.73
	移动电话普及率（部/户）	反映农村信息化水平	4.37
	万人科技活动人员数（人/万人）	科技活动人员数/总人口数	316

产业发展及成果分配指标层，反映城乡产业发展的状态。城乡产业发展不仅包括城乡产业结构的合理化与高度化，还应包括城乡居民是否能够公平地分享产业发展的成果。产业结构合理化是指在现有技术和资源条件下，生产要素合理配置，各产业间协调发展，并能产生良好经济效益的过程。它包括各产业之间在生产规模上的比例关系和产业间的关联作用强度，主要通过人均国民生产总值、农业劳动力人均耕地面积、城乡二元结构系数、农业劳动生产率四个指标进行衡量。产业结构高度化指产业结构向着产业内部综合生产率水平、技术结构水平更高的方向演化的过程，主要通过第二、第三产业总产值占 GDP 的比重、食品工业产值与农业产值比两个指标进行衡量。城乡居民享受产业发展成果的状况以城乡人均收入比、农村居民非农收入比重、城镇恩格尔系数、农村恩格尔系数以及城乡人均消费支出比这五个指标衡量。

产业要素联系指标层，反映城乡产业之间生产联系的劳动力、资本、信息和技术的流动。其中，农村第二、第三产业与第一产业就业人数比反映了城乡产业的劳动力联系；财政支农比重、城乡固定资产投资比反映了城乡产业的资金联系；农村计算机普及率、农村固话普及率、农村移动电话普及率反映了农村的信息化水平；万人科技活动人员数反映了产业间的技术联系。

通过分析计算结果，可以看出，第二、第三产业总产值占 GDP 的比重较高，产业发展水平逐渐上升，并且产业发展成果为城乡居民所享受，提高了居民生活水平。结合产业要素联系的估算结果与杨凌示范区就业实际情况，发现第二、第三产业较好地承接了来自第一产业的劳动力转移，而且在未来第一产业的人口还会向第二、第三产业继续转移。

（二）产业发展存在的问题

虽然杨凌农科城产业建设过程中取得了可喜的成绩，但仍存在一些问题：

1. 产业规模小

杨凌产业集群近年来的发展呈现出"速度快、规模小"的特点，竞争力不强，不利于产业的发展壮大。同时，规模较小的产业对农村地区的辐射带动力有限。杨凌产业集群发展存在一定的片面性，大部分产业集群产值较低，核心产业不完整，企业规模较小，集群内企业间的有效分工和合作程度比较低，缺乏联体集聚发展机制等。这些片面因素在相当大的程度上制约了产业集群的联体凝聚效应，从而难以发挥市场竞争力。另外，由于区内尚未形成创新型产业和基础设施，一些配套的服务及中介机构尚未充分发展起来，导致产业与区域的黏合度还较低，远未形成具有核心竞争力和抵抗市场风险能力的产业集群。

2. 农业产业化水平低

农业社会化服务体系贯穿农业生产的产前、产中、产后各个阶段，对农业产业发展起到促进作用，因此农业社会化服务体系的建设对杨凌产业发展具有举足轻重的作用。然而，杨凌现阶段的农业社会化服务体系建设滞后，严重制约了杨凌农业产业化程度的提升以及城乡产业的联动发展。

有待提高的农业产业化水平及其衍生的产业发展问题，阻碍了杨凌农科城产业竞争力的提升。杨凌产业发展是以涉农工业和对农服务为主体，投入产出效益低，多数企业以单一产品和短价值链为主，导致产业链条短，上下游企业网链衔接不紧密，产品生产配套能力不强，产业集中度较低，市场销售较为分散，主导产业和名牌产品较少，企业产品的大多数没有形成自己的品牌，高附加值的名牌产品更少，或者是中间产品，产品深加工水平低，处于"微笑曲线"的低端。上下游和外围服务企业配套不紧密，谈判交易成本高，整体市场竞争优势不突出。区内产业集群大都处于劳动密集型领域，增长方式粗放，产品档次较低，其竞争优势仍主要依赖于低成本优势，没有充分发挥产业集群的其他优势。另外，信息网络不发达，各种专业化的中间机构和社会化服务网络发育严重滞后，制约了产业集群的成长。

3. 创新能力有待进一步提高

创新能力是产业能否持续发展壮大，延长生命周期，避免走向衰退阶段的关键因素。纵观美国"硅谷"、中国台湾"新竹"和北京"中关村"等地区，高新技术产业的快速持续增长，依赖于有效自主创新系统形成的新产品、新技术。因此，技术优势和创新能力是产业集群发展的关键。

目前杨凌大部分企业依然是以国外或国内已有的成熟技术或产品作为自己的主要生产项目，缺乏品牌和新产品的创新。从这一角度来看，杨凌区目前所形成的产业集群体内并没有形成自主创新系统，主要表现为两个方面：首先，企业网络发展缓慢阻碍了自主创新系统的形成。创新环境学派认为创新网络是依托于企业网络而形成的。杨凌目前并没有形成有效的企业网络，大部分企业仍旧是"大而全、小而全"的孤立存在，缺乏企业之间的专业化分工合作，而这一点也就将创新过程局限于企业内部。其次，创新系统中的产、学、研三个行为主体之间严重脱节。现阶段，杨凌大部分企业的创新是以企业本身为基础的，而与两所高等院校合作研发的项目所占比重不大。学校和企业之间联系薄弱，导致了对创新的供给与需求严重脱节，学校所进行的科研项目依然是以申报省级或国家级课题而不是以企业的需求为导向。

三 杨凌农科城产业发展设想

（一）杨凌农科城产业发展目标

1. 杨凌农科城产业发展的战略目标

构建现代产业体系，全力打造陕西涉农工业战略高地。杨凌要按照"农科教、种养加、产供销、农工贸、城乡一元化"的要求，通过多层次、多形式、多元化的优化组合方式，基本形成以现代农业为基础、特色涉农工业和战略新兴产业为多元支撑的新型产业结构；同时战略性新兴产业产值不断提升，推进形成第三产业高度发达、第二产业技术进步、第一产业高效优质的产业发展体系。实现高投入、高产出、高收益，推进杨凌的经济发展。

2. 杨凌农科城产业结构优化的目标

"一二三"产融合的第六产业蓬勃发展，三产比例优化为 5∶50∶45。以三次产业的协调发展为基础，积极配合杨凌城市建设，优先发展第二产业；以农业技术优势和技术创新，实现第二产业的战略升级；以科技进步促进农业发展，以杨凌示范区为中心，形成由示范区向周边乡村逐级扩散的空间格局。第二产业的发展以调整现有资产存量和优化增量分配为主线，建设西北地区重要的培育、加工基地，实现工业结构向"高加工化"转变。通过技术进步，有步骤地强化下游产业的发展，延长重点产业的价值链。第三产业的发展要以建设关中重要农业贸易中心、信息中心、农科教中心和交通运输枢纽为目标，同时加强旅游业和外向型第三产业的发展；"十三五"规划期间，战略性新兴产业增加值占 GDP 比重超过 15%，文化产业增加值占 GDP 比重超过 16%，旅游总收入超过 20 亿元。农业的发展重点是打造良种基地、苗木基地、畜牧业基地，形成以良种、苗木、畜牧业为基础，以果类、畜产品深加工以及生物医药、饲料制造业等涉农行业多种经营协调发展的大农业产业格局，农业现代化取得显著进展。

（二）杨凌农科城产业发展战略

1. 总体战略——产业融合

杨凌农科城产业发展的总体战略中引入产业融合战略，具体包括：①技术驱动。通过技术改进和技术引入，改进传统产业，促进产业转型；引入生物技术、信息技术等高新技术，推进产业结构调整，促进农业现代化发展。②衍生驱动。通过不同产业相关性分析，结合市场，发现新的产业形态。依托现代农业向产业链两端延伸，以市场为主导，衍生产品为抓手，提升产业跨度。③关联驱动。通过同类产业中不同行业间共同技术和关键要素的整合，发现新的产品和服务。建立技术、信息、市场平台，围绕现代农业，融合不同产业技术、信息和市场诉求，提升产业活力。

2. 发展策略——"SEAO 策略"

"SEAO 策略"包括高端化、生态化、集群化和开放化四个方面，其中高端化（seniorization）指以技术创新为手段推动产业结构升级；生态化（ecologicalization）指以循环经济为导向实现经济绿色发展；集群化（agglomeration）指以产业园区为载体引导产业集聚发展；开放化

（openness）指以现代农业为依托打造外向型高效产业。

（三）杨凌农科城现代产业体系

现代产业体系的构建，是杨凌未来推进经济发展进程的工作重点。在现代经济发展过程中，现代产业体系具有创新性、开放性、融合性、集聚性、可持续性、市场适应性等特征。随着技术进步速度的加快，消费者需求个性化、多样化趋势的不断增强，市场需求也表现出越来越明显的多变性和动态性。现代产业体系必须不断适应消费结构和市场需求结构的发展趋势，使生产方式和生产组织形式更具有灵活性及市场适应性。因此，未来杨凌农科城在构建现代产业体系过程中，既需要考虑市场"需求"，也需要考虑到自身的资源"供给"。杨凌农科城构建合理的现代产业体系，如表7-4所示。另外，杨凌要大力发展基于互联网的新业态，推动"互联网＋"向现代农业、工业、金融等领域拓展，加速提升产业发展水平，构筑经济社会发展新优势和新动能。

表7-4   杨凌现代产业体系

产业体系	产业明细分类
现代农业产业体系	现代种业
	设施农业
	现代畜牧业
	花卉产业
	特色经济林果
	食用菌产业
	种苗繁育
	休闲生态农业
特色工业产业体系	农产品加工
	涉农装备制造
	生物医药
战略性新兴产业体系	健康休闲养老产业
	现代物流业
	文化体育旅游业

（四）杨凌农科城三次产业布局

根据杨凌农科城产业发展的进程，规划三次产业发展布局，如表7-5所示。

表7-5　　　　　　　　　　杨凌三次产业布局

产业	名称
第一产业布局	小麦良种培育基地
	设施蔬菜专业片区
	林果苗木专业片区
	花卉种植专业片区
	经济林果种植专业片区
	食用菌种植专业片区
	良种猪繁育专业片区
	肉奶牛养殖专业片区
第二产业布局	食品加工园
	农机产业园
	饲料工业园
	锣鼓产业园
	生物医药园
	种子产业园
	火炬园
	现代农业创业园
	战略性新兴产业园
	葡萄酒庄
第三产业布局	物流园
	养老休闲度假区
	泰陵文化旅游区
	尚特梅斯风情庄园

（五）杨凌农科城区域产业发展构想

针对杨凌城乡空间发展现状，按照"中心优化提升、外围适度集聚"的空间发展策略，依托"中心城区—优美中心镇—农村社区"三级的"125"城乡居民点体系，实现杨凌区域特色的产业发展构想。

1. 杨凌中心城区的产业发展构想

针对杨凌中心城区的特点，对其进行基本职能定位：国际知名的现代农科城、国家农业高新技术产业示范区。根据该职能定位，确定以第二产业为主、第三产业辅助的发展思路。即巩固食品加工、生物制药、装备制造、环保农资四大特色产业集群，积极培育节能环保、信息技术、新型材料等战略新兴产业；改造提升生活性服务业水平，推动现代物流、金融服务、信息服务、商务会展等生产性服务业的发展。

在具体发展过程中应着重注意：

第一，有选择、有重点地加快发展农业高新技术产业。优先发展对经济增长有重大带动作用的生物技术产业，积极培育具有特色和竞争优势的农业高新技术产业群。在突出产业、资源和经济特色的基础上，有效地推动高新技术产业生产基地建设，推进高新技术产业的集聚。重点培育和发展生物技术、绿色环保、绿色食品等高技术含量的产业，增加研发投入，加大扶持力度，促进高新技术企业的衍生，提高高新技术产品增加值在工业增加值中所占的比重。

第二，培养科技型农产品加工龙头企业。杨凌应当注重农产品加工龙头企业的培养，发挥其在提高农业附加值方面的积极作用。杨凌农科城拥有独特的生态环境、农副产品资源和农业科技资源，应发挥杨凌在绿色食品、有机食品等食品加工业方面的优势。实现就地取材、就地加工、就地科技成果转化，从而把资源优势变为商品优势；通过深加工、提高附加值，走种养加"一条龙"、贸工农一元化的发展道路。

2. 两个中心镇的产业发展构想

现代农业示范基地——五泉镇。为了将五泉镇打造成现代农业示范基地，确立其"第一产业为主体，第二产业为配套，第三产业为支撑"的产业发展战略，即以大力发展现代高科技农业；以农副产品加工业推进现代农业进程；努力发展商贸服务业使之为农副产品、农副产品加工品提供产供销的实现途径；建立特色旅游业使杨凌的现代农业获得额外的价值增值。

在现代农业示范基地建设过程中，应注意以下问题：

第一，以市场为取向延长产业链，实施产业一元化经营战略。改进初级农产品及其加工的收购、销售、包装、储藏、运输条件，以增加初级产品的附加值、提高农业部门的比较利益；运用财政手段进一步促进化肥、农药、农膜等行业以及农业基础设施建设、农业科技、农产品储备业等的发展。

第二，发挥区域比较优势，调整农业生产布局，建立合理、高效的区域化分工体系。合理安排农作物、经济作物和饲料作物的种植结构。加强对非粮食作物的综合开发，依托杨凌在区位、资源、科技和经营等方面的优势，构造以特色农业为导向的新优势产业体系。

现代农业科研基地——揉谷镇。根据揉谷镇的发展特点，确立其"现代农业科研基地"的产业发展战略。这就要求揉谷镇通过一定的方式，使更多的企业同杨凌当地的大学、科研机构相关的实验室建立定向联系。企业人员可以通过不定期地访问这些实验室，向研究人员就他们所遇到的技术问题进行咨询，并了解到这些机构所从事的研究可能给他们公司带来的机遇与帮助。而大学和科研机构应鼓励他们的员工及学生到相关的企业去考察，熟悉并了解企业的情况，也可以到当地的企业去兼职或担当技术顾问。此外，大学、科研机构还可以与当地的高新技术企业组建联合实验室或开展合作研究计划。成功的产学研互动模式的建立，在很大程度上有赖于高校、科研机构制度上更进一步的创新。通过制度创新改变大学或科研机构的传统定位，改变它们单一来源的经费模式，放宽研究人员兼职和创业的限制。尊重知识产权、鼓励研究成果尽快转移与扩散，使区域内的产业发展与高校、科研机构的研究开发活动实现互动、互补和利益共享。

3. 五个农村社区的产业发展构想

按照五个农村社区自身发展条件，制定合适的产业发展定位。到2017年，杨凌将建成绛中、秦丰、新集、蒋周和斜王五个农村社区。根据这五个社区的特点，确定其产业定位为特色农业型、生态休闲型和文化旅游型社区。其中绛中社区以苗木产业为主导，养殖业为支柱；秦丰社区以设施农业为主导，观光农业、养老度假为支柱；斜王社区以文化旅游为主导，设施农业、休闲农业为支柱；新集社区以花卉种植为主导，休闲农业为支柱；蒋周社区以肉牛养殖为主导，苗木种植、设施农业为支柱。

杨凌在社区建设过程中应进行产业协调，使旅游业向各个产业渗透，形成各种新兴的交叉产业，完善以旅游业为主导的纵深产业结构。通过产业间的协调，使以旅游业为主导的新型产业结构逐步形成，为旅游业的持续发展奠定基础。充分利用旅游业的乘数效应，带动相关服务业的发展。杨凌旅游业的发展潜力很大，丰富多样而有待开发的旅游资源是杨凌旅游业发展的基础，而良好的生态环境也是吸引游客的亮点。杨凌要适应国内外旅游市场的发展趋势，以生态旅游为核心，积极发展观光、休闲度假农业，开发旅游项目，丰富旅游内容。

第二节　杨凌农科城一元化的失地农民就业问题

随着杨凌一元化进程的步伐加快，征地规模不断扩大，导致失地农民的数量不断增加。由于目前的征地制度不完善，补偿标准过低，社会保障体系建设比较滞后，使相当一部分被征地农民成为务农无地、上班无岗、低保无份的"三无人员"，成为杨凌一元化过程中一个庞大的弱势群体，势必阻碍杨凌一元化农科城的实现，影响到社会稳定与和谐。因此，如何解决失地农民就业问题，保障失地农民的切身权益，让农民真正享受到一元化进程加快带来的利益，关系到杨凌一元化农科城的实现与否。

一　杨凌农科城一元化过程中失地农民就业问题的重要性

在杨凌一元化进程中，产生了大量的失地农民。杨凌的耕地面积、人均耕地面积呈逐年下降趋势；而失去土地的农民在技能、学历等方面偏低，很难在激烈的竞争市场中找到一份稳定的工作，杨凌失地农民的就业问题将对杨凌的可持续发展产生重要影响。

1. 失地农民就业问题关乎杨凌基层社会的和谐稳定

杨凌一元化过程中产生的失地农民大都集中在城乡接合处或城市郊区，他们原本是农民群体中相对富裕的部分。当土地被征用后，总体收入下降，贫富差距加大，难免心理不平衡。在社会保障体系不够完善的情况下，如果不及时解决数量庞大的失地农民的"就业"问题，很容易造成农民采取极端行为来发泄。例如，农民整天游手好闲，可能会参与赌博、抢劫、打群架等恶性事件，甚至拉帮结派形成社会邪恶势力，这将对杨凌一元化的进程和社会的和谐与稳定产生严重影响。

2. 失地农民就业问题影响杨凌农科城一元化建设的进程

土地是农民收入的重要来源，农民一旦失去土地，就失去了收入的重要来源。在没有其他劳动技能而导致就业困难的情况下，失地农民的收入将会明显下降，这就将直接影响到他们对教育的投入。农民家庭尤其是在家庭成员失业以后，随着家庭收入的降低，更是加重了农民的教育负担。如果农民对教育的投入减少，不仅影响农民子女的教育水平，更加影响他们以后的收入水平。城乡之间的差距将进一步加大，阻碍杨凌农科城的一元化发展。

二　杨凌农科城失地农民就业现状与存在的问题

杨凌作为中国唯一的农业高新技术产业示范区，其一元化农科城之路是其走向现代化的必然选择。随着一元化进程的加快，杨凌城镇建设用地的需求在不断地增加，农村大量的土地被征用，越来越多的农民失去了对原有土地的使用权。农民失去土地后，面临着家庭收入减少，家庭消费急剧增加，再就业困难等问题，并且他们得到的征地补偿较低，也得不到社会有力的保障。在失地农民面对的诸多问题之中，就业问题无疑是他们面临的重大问题。如果解决了失地农民就业的问题，不仅有利于农民收入的提高，而且也有利于杨凌一元化农科城的发展。

（一）农民失地现状

随着杨凌一元化进程的不断加快，杨凌城市建设用地面积不断增加，非农建设用地大量占用农民的农业用地，郊区的耕地面积呈现出不断下降的趋势，如表 7 - 6 所示。

表 7 - 6　　　　2003—2015 年杨凌人口数量与年末可耕地面积

年份	总人口（万人）	非农业人口（万人）	年末耕地面积（千公顷）	行政区域面积（平方千米）
2003	14.09	5.52	5.02	94
2004	14.23	5.78	5.00	94
2005	15.51	6.16	4.84	84
2006	15.68	5.81	4.35	94
2007	16.02	6.16	4.25	94
2008	16.11	6.38	4.16	94
2009	20.08	6.21	6.25	135

年份	总人口 （万人）	非农业人口 （万人）	年末耕地面积 （千公顷）	行政区域面积 （平方千米）
2010	20.13	8.19	6.13	135
2011	20.17	11.61	5.79	135
2012	20.20	11.53	5.67	135
2013	20.24	11.65	5.56	135
2014	20.30	11.55	5.46	135
2015	20.34	11.74	5.45	135

资料来源：《陕西统计年鉴》（2004—2016）

第一，耕地总量总体呈现下降的趋势，反映了杨凌示范区可耕地的存量在不断下降。2008年8月14日，国务院《关于同意陕西省调整咸阳市与宝鸡市部分行政区划的批复》（国函〔2008〕77号）文件，同意将宝鸡市扶风县揉谷乡划归杨陵区管辖；12月26日，扶风县揉谷乡正式划归杨陵区管辖。调整后杨凌市的行政区域面积从2009年之前的94平方千米扩大到135平方千米，总人口和年末耕地面积增加了。因此，杨凌的耕地总量可分为两个阶段来分析。

第一阶段：2003年到2008年，杨凌的总人口从14.09万人增加到16.11万人，而农业耕地面积从5022公顷减少到4160公顷，充分说明了杨凌一元化过程中农业耕地在不断地减少。

第二阶段：2009年到2015年，杨凌的总人口由20.08万人增加到20.34万人，农业耕地面积由6245公顷减少到5450公顷，人口在增加的同时，农业耕地面积却呈现出减少的趋势，因此杨凌示范区政府应该严格坚守可耕地面积"红线"。

上述数据可以说明，杨凌一元化过程中大量的农业耕地被占用，且农业耕地面积减少的速度没有放缓。

第二，耕地变化速率的波动，旨在反映农业耕地被占用地速度。由于2009年杨凌示范区行政面积扩大，致使农业耕地面积也相应地增加，计算2009年的耕地变化速率没有可比性，所以将2009年的变化率设为0，认为耕地面积没有减少。2003—2015年杨凌农业耕地变化速率如图7-2所示，分为两个阶段。

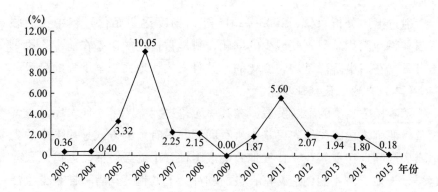

图 7 - 2　2003—2015 年杨凌农业耕地变化速率

资料来源：《陕西统计年鉴》（2004—2016）。

第一阶段：2003 年到 2006 年，这一阶段的耕地面积变化率呈上升趋势，说明由于杨凌一元化的进程过快，导致农业耕地面积被占用的速率过快，农业耕地面积加速减少。

第二阶段：2007 年到 2015 年，作为一个平缓期，虽然这一期间有起伏不定的情况，但农业耕地面积的减少速度在放缓，说明杨凌示范区政府加强了对农业耕地的保护力度。

第三，人均耕地面积的变化趋势显示出杨凌示范区人均可耕地面积在不断减少。虽然因 2009 年杨凌行政面积扩大了，使这年的人均耕地面积增加，但从总体来看，从 2003 年到 2015 年杨凌人均耕地面积呈下降趋势，如图 7 - 3 所示。

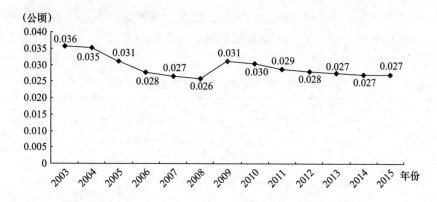

图 7 - 3　2003—2015 年杨凌人均耕地面积

资料来源：《陕西统计年鉴》（2004—2016）。

通过上述分析可知，2003—2015 年，杨凌在一元化过程中正面临着农业耕地面积总量不断减少的问题，耕地被占用的速率在前半阶段是上升的，在后半阶段是均匀变化的，并且人均耕地面积呈下降的趋势。

（二）失地农民就业现状

随着杨凌经济的不断发展，在其一元化进程中产生失地农民是正常现象。要解决杨凌失地农民基本生存问题，最有效的方式是让更多的失地农民顺利地实现就业，让失地农民成为社会中的经济活动人口。只有这样，失地农民才能创造财富，进而和社会上其他劳动者一样获得生活保障。这也是杨凌农科城一元化进程中以人为本的重要体现。

对失地农民就业现状，这里主要从失地农民主体的受教育水平、获取就业信息的渠道、失地保障三方面进行分析。

1. 失地农民的受教育水平

失地农民受教育水平的高低，关系到对信息获取能力和再就业的难易程度。在杨凌周边农村里，农村劳动力的年龄普遍处于 30—50 岁，其出生日期处于 1960—1980 年。这一时期由于农村经济的落后，农民普遍上不起学，早早辍学的比比皆是，导致受教育水平不高。从2010—2014 年杨凌农村劳动力转移就业人数调查结果（表 7-7）可以发现，在劳动力转移就业的文化结构中，初中以下文化水平的人数占了87.81%。另外，在 2010 年 1 月至 2014 年 6 月杨凌农村劳动力实现转移就业的人数中，有技能特长人数为 12305 人，所占比例为 20.75%，而无技能特长人数为 46997 人，所占比重为 79.25%。可以看出在实现转移就业中大部分农村劳动力缺少一技之长，导致这些人只能从事简单的生产工作，从而限制了其收入水平和生活水平的提高。

表 7-7　　　2010—2014 年农村劳动力转移就业文化结构

文化程度	人数（人）	比例（%）
初中以下	52072	87.81
高中	3122	5.26
大专以上	4108	6.93
合计	59302	100.00

资料来源：《杨凌示范区农村劳动力转移就业现状调研报告》（2014）。

2. 失地农民就业信息获取渠道

由于受教育水平的限制，加上移动电话、互联网等信息技术在农村的普及率较低，所以农民获取就业信息的渠道比较单一。在杨凌农村，由于网络接入水平不高，农民对信息产品的使用能力不强，如对手机的应用，仅仅局限在接打电话，而几乎没有利用手机上网获取最新资讯、就业信息。农村劳动力获取就业信息的方式仅包括经别人介绍、招工宣传单等传统渠道。

3. 失地农民保障

为了保障被征地农民的权益，杨凌示范区近些年来相继出台了系列办法、意见。2011 年起，杨凌示范区开始实施《杨凌示范区失地农民进城安置办法》，杨凌示范区城市规划区范围内集体耕地被全部征用，并对自愿放弃宅基地的农村居民户进行补偿、安置。2016 年 10 月，下发了《关于印发杨凌示范区被征地农民参加城镇企业职工基本养老保险办法（试行）的通知》，对杨凌辖区内经区政府批准，并由国土资源部门组织征收农村集体土地，征地时享有农村集体土地承包权且征地后人均耕地不足 0.3 亩（含 0.3 亩），具有杨陵区常住户籍年满 16 周岁（不含在校学生）的被征地农民，纳入城镇企业职工基本养老保险体系中。除此之外，杨凌示范区还出台了《杨凌示范区做好为农民工服务工作若干措施》《进一步支持农民工等人员返乡创业的实施意见》等相关政策，保障失地农民权益。

（三）失地农民就业存在的问题

1. 失地农民就业困难

自 2009 年杨凌"土地银行"成立之后，土地流转工作有条不紊地推进，杨凌失地农民的数量逐年增长。由于失地农民在年龄、学历、技术等方面不具有就业竞争力，失地农民的学历整体偏低，就业选择范围窄，参加培训的次数少，因此失地农民的就业情况不容乐观。

杨凌失地农民就业问题的突出表现包括：

第一，失地后无业者居多。整体而言，杨凌农民失地后失业率较高。若按照联合国粮农组织规定的人均耕地 0.8 亩的警戒线来做比较，杨凌人均耕地面积很低（见图 7 - 3），即使从事农业生产也已经无法维持基本生活，处于隐性失业状态，所以赋闲在家或有部分从事农业的失地农民基本处于无业状态。

第二，失地农民的就业意愿差异较大。杨凌失地农民在就业意愿上的差异主要表现在三个方面：首先在学历方面，不同学历失地农民的就业意愿有很大差别。对于一些文化水平低的人，对失地后的新生活期待并不高，就业意愿也较低，而对于有高中文化水平的人几乎全部希望就业，就业意愿相对而言较为强烈；由于接受职业教育需要一定的文化基础，所以，学历越低接受职业培训的意愿也越低；其次在年龄方面，一定程度上是与年轻人的学习工作能力有关，绝大多数年轻人有强烈的就业意愿；而只有少数年长的人有就业意愿；最后就业意愿也与性别有关，男性比女性的就业意愿大，部分失去土地的女性不愿离开家庭，愿意就近寻找一份工作，或者专职在家抚养孩子、赡养老人。

第三，失地后就业空间小。杨凌农民失地之后，有大部分失地农民把目光瞄准了西安、宝鸡等城市，小部分选择在杨凌就业，只有极少数人选择去其他地方。然而，城乡分割的户籍制度却把失地农民排斥在城市社会保障范围之外，农民生活在城市却享受不到城市的福利待遇，他们的就业受到很多限制。另外，农民大多文化程度较低，劳动技能较差，就业不计较工种，绝大部分失地农民在城市中从事最苦、最累、最脏、最险的建筑、矿井、服装、玩具、运输等行业。而这些行业的工作大部分是临时性的，而且工资待遇低，无法实现更多农村劳动力的转移。

第四，失地农民结构性失业。现阶段，杨凌经济发展所需要的技能型、知识型人才紧缺，而农民劳动力的素质普遍偏低。这样两者之间就产生了矛盾，增大了失地农民就业难度。平时我们经常看到报纸上说，园区内某些企业出现招不到工人，而另外又存在大量的失业人口，这种双方用工不匹配的结构性失业现象在杨凌失地农民就业过程中普遍存在。

第五，就业后再次失业比例居高不下。随着杨凌产业结构的升级，产业发展对劳动力素质的要求也越来越高。近些年，已经被安置就业的失地农民由于文化程度和劳动技能偏低，有一大部分很快在下岗分流中被淘汰出来；还有一些企业当初是为解决就业安置问题而兴办的，短期效果显著，后来受到资金、技术和人才等诸多因素的制约，难以形成规模，市场竞争能力差，大部分已处在濒临破产的边缘，造成失地农民面临再次失业。

杨凌失地农民存在上述就业问题的原因主要有：

第一，失地农民自身原因与观念问题。农民失去土地后，缺乏从事非农生产的技能，很难适应新的环境。失地农民文化程度低，大部分都是初中以下的学历，不能适应劳动力市场的要求。且多数失地农民年龄大于40岁，不愿意花时间或精力去学习新技能。在教育方面，农民不太重视子女的教育，导致农村的教育水平整体偏低。有些失地农民缺乏主动寻找工作的意识，又对工作的预期收入水平偏高，认为保洁或者保安等工作丢面子，这种高不成低不就的思想更是增加了农民就业的难度。

第二，征地补偿方式和制度存在缺陷。杨凌目前的征地补偿政策是一次性支付土地补偿与安置补偿费，没有涉及就业安置，这种方式过于简单，并且不具有可持续性。政府并没有充分考虑到失地农民以后的生活、就业和社会保障等方面的问题，相应的制度也不能从根本上改善问题。2013年，杨凌土地补偿水平完全达不到土地的市场价值。并且，失地农民不知道怎么利用好所发的补偿资金，尤其是那些即将进入劳动年龄的青年人很容易被社会上的诱惑拉拢，把补偿乱花掉。农民在就业过程中的利益无法得到切实维护，最主要原因的是制度性因素对农民就业维护的缺失。

第三，政府保障体系不健全。具体表现在：①养老保险。杨凌目前"新农保"缴费主体缺失、缴费层次偏低（大多选择100元缴费档次），导致待遇水平偏低，这使失地农民很难维持其老年的生活。从一元化角度来讲，杨凌的失地农民在被迫城市化后，面临着与城镇职工相同的消费环境，老年人口也应享受相同的养老待遇。但从现实来看，目前杨凌还没有能力直接将失地农民纳入城镇职工养老保险体系，因此构建适合杨凌失地农民的养老保险制度是十分必要的。②失业保险。据调查，杨凌目前针对失地农民的失业保险制度建设缓慢，征地补偿款的一次性支付，不足以解决农民长久的就业、创业问题，建立适合失地农民就业的失业保险制度，亟待相关制度的建立和完善。③医疗保险。杨凌"新农合"采用门诊统筹方式，这种方式从可持续性方面优于医疗保险的个人账户模式。因此，结合现实条件，继续使用现有的新型农村合作医疗制度基本可以满足失地农民的医疗需求。④社会救助。杨凌部分失地农民处于贫困线以下，需要政府提供"低保"来维持基本生活。这部分人陷入贫困的原因主要包括：一是前期征地补偿款偏低，二是由于个人能力差异的存在，部分老、残等弱势群体因失去土地而返贫。同时，由于失地农民身份界定不清，贫困现象发生后，应纳入城镇救助还是农村救助存在争议。所以，应当为失地农民构建符合自身特点的社会救助制度。

第四，失地农民缺乏就业培训。杨凌失地农民就业困难的重要原因之一，是政府拿不出切实有效的培训措施。中介和培训机构没有充分发挥作用，杨凌多数服务性中介机构如劳动者权益保障协会、职介中心、人才市场等，由于其运作机制不完善、服务落后、发展缓慢等原因，导致不能很好地对失地农民进行服务。同时一些劳动保障机制没有切实承担起责任，使农民的就业权益处于劣势，得不到应有的赔偿，在一些工作中常常吃亏。由于缺少正确的指导和对市场认识的不足，使失地农民的再就业概率大大降低。在被剥夺土地之后，在缺少技能的条件下，大多数失地农民只能靠出卖劳动力和做些小生意来维持生活。

第五，失地农民获取就业信息渠道单一。社会网络理论研究表明，社会资本是职业获得的重要影响因素。社会资本是一种社会关系网络资源，个体不能够单独占用，只有通过社会网络关系来获得，并且这种资源能够更好地为个体的生存和发展服务（王晓刚，2014）。依据杨凌失地农民就业现状分析，失地农民要在竞争激烈的劳动力市场中获得一份工作，能获取更多的就业信息就显得比较重要。要获取就业信息，最主要的是看个人拥有社会关系的质量和数量。杨凌的失地农民中低学历的人数占多数，学历越低，则意味着能够从事的工作的专业化程度就越低，替代性就越高。失地农民在没有失去土地之前是以农民身份自居，农民的生活圈很小，经常来往的人都拥有相类似的背景；同时，失地农民所居住的社区主要是因为血缘与地缘关系而组建，这些都是导致失地农民获取信息渠道单一的因素。另外，在"征地"过程中，由于各种因素的影响，如利益分配等，使传统的社会资本也会受到相应的影响，甚至削弱。因而，在传统社区中形成的社会资本对失地农民的就业支持起着很小的作用。从社会资本方面来看，农民在劳动力市场也同样不具有竞争力。

2. 失地农民难以融入城市社会

失地农民难以融入城市社会，影响了社会公平，可能导致一系列社会问题。农民的土地失去之后，没有了原有的生活保障，并且因户籍制度的限制无法享受到平等的就业机会，无法享受到城市居民享有的社会保障待遇，也没有参与城市社区管理和城市社会政治活动的权利。再加上生活观念、文化观念的差异，无法真正融入城市社会，很容易成为杨凌示范区的边缘人。杨凌示范区只是接受了农民的劳动，却没有给他们应有的公民权益，缺乏公平、公正性。随着杨凌农科城一元化建设的持续推进，失地农民的数量将与日俱增，若不及时解决他们的就业、参与社会治理权利的问题，将会直接危及他们日后的生存，影响到杨凌和谐社会的构建，阻碍杨凌农科城一元化的发展。

3. 失地农民难以享受市民待遇

农民在失去生产资料土地之后，离开了赖以生存的土地，生活保障问题依然存在。虽然杨凌示范区政府下发了《杨凌示范区关于进一步推进户籍制度改革的实施意见》，户籍制度的改革逐渐降低了农民进城的门槛，不强制农民从农村户口转变落户城镇。但实质上，农民在失去土地之后，短时间之内无法真正地纳入城镇居民社会保障体系中，所以在一定程度上，还未能享受到与市民在就业、教育、医疗、养老等方面的同等待遇。

三　杨凌农科城解决失地农民就业问题的设想

随着杨凌农科城一元化进程的发展，失地农民数量在不断地增加，农民一旦失去土地，失去了维持家庭生计的主要来源，也就意味着失业。为了保障他们的基本生活，必须解决就业问题。促进失地农民就业，是增加农民收入、解决失地农民基本生活保障、实现城乡共同富裕、促进社会和谐的最根本的措施。从杨凌农科城的一元化动态过程来看，可以通过以下途径来促进失地农民的就业。

（一）加强失地农民社会保障水平

农民失地后，在获取征地补偿的同时，应该将其纳入城镇社会保障体系中，让失地农民无后顾之忧。在土地流转过程中，农民从土地中的获益仅仅局限于土地流转租金，但由于土地定价脱离市场，导致当前的一次性征地补偿水平低于土地的市场价值，并且一次性征地补偿标准不具有可持续维持生计的特点。因此，农民在失地后可能出现维持生活需求的困境。在失地农民、征用土地使用者和政府三方的合法利益都得到保障下，政府应实施更加有利于失地农民就业的征地补偿安置模式来解决失地农民的就业问题。失地农民"农转非"后成为城镇居民，所以失地农民应该被纳入城镇社会保障体系，享受到与市民一样的社会保障制度。失地农民失业、医疗和养老问题都是迫切需要得到保障的。因此，针对失业问题，应建立失地农民失业保险政策，可以有效地提高失地农民的抗风险能力。针对医疗问题，政府应建立医疗保险政策，让失地农民得到有病能治的保障。针对养老问题，农民失去土地后，其养老的风险加大许多，因此必须建立失地农民的养老保险，切实保障好失地农民的养老问题。

（二）鼓励自主创业拓宽就业渠道

1. 开发多种社区服务岗位

随着杨凌农科城一元化进程的加快，社区的数量和规模不断扩大，社区服务业越来越受到人们的重视，社区服务业的日益发展需要越来越多的工作人员。根据城镇社区居民的现实需求和社区建设的需要，绿化、环保、卫生、治安、交通、家政、社区便民服务等部门都需要大量的工作人员，这些岗位对文化程度要求不高，适合大多失地农民。鼓励失地农民灵活就业，做季节工、临时工、钟点工、维修工、保洁工、保安门卫、绿化工人、家政服务人员，通过非全日制、非固定单位等形式在多个部门实现就业。这样既能解决失地农民的就业问题，又能方便社区居民的生活。通过充分发挥社区服务业在吸纳劳动力就业方面的作用，为"零就业"的失地农民家庭安排就业，保证失地农民家庭有稳定的收入来源。在新型社区建设过程中，一定要把扩大就业与社区的服务相互结合起来，并有意识地扶持和培育社区岗位就业的对象，可对失地农民开展优惠措施。另外，基础设施建设与公共物品的提供也必然会增加更多的就业岗位，这些都将成为失地农民就业的好去处。

2. 鼓励失地农民自谋职业和自主创业

失去土地后，农民会得到一笔征地补偿款，在技术、能力、市场意识等多方面条件具备情况下，可以将这笔资金作为创业基金，通过办个体或民营企业等多种形式的非农产业，以此谋取生活出路。通过自主经营、自负盈亏等方式，找到发家致富的渠道。

杨凌示范区以政策为纲领，以专家为引导，为失地农民创造创业平台。政府采用多种方式扶持、鼓励失地农民自主创业。一是小额贷款与自主创业相结合，对有创业意愿的失地农民提供免费创业培训，对符合条件的为其提供自主创业小额贷款，支持其通过创业而实现就业。二是对自主创业的失地农民，在政策允许条件下在资金、税收、场地、收费等方面予以扶持，以减少他们的创业风险，增强自主创业的信心。三是对农业生产方面有特长的农户，要发挥他们的种植、养殖技能，可以承包土地发展农业。

3. 合理利用村内自留地

在政府征地时一些地方还保留有部分自留地，怎样合理安排使用这部分自留地是至关重要的。这些村内自留地可以用来发展村内的部分集体企业。村级土地银行可以采取土地入股的方式，招引商家来建立集体企业，这样既可以解决部分失地农民的就业问题，又可以凭土地股份进行收入分红。

4. 以乡镇企业为主体吸纳失地农民就业

扶持乡镇企业并鼓励相关部门吸纳失地农民，是关于非农就业的一条重要渠道，是大容量吸纳劳动密集型就业的重要方式。因为乡镇企业不仅多为劳动密集型企业，而且十分适合失地农民就业，乡镇相关经营部门适应农民的就地转移模式，可以在附近创造出许多就业机会及岗位。

（三）多元化培训增强失地农民就业竞争力

1. 开展就业培训确保就业转型顺利

要保证被征地农民就业转型顺利，可以在征地前开展就业培训。因为征地是一个过程，从开始启动征地程序到完成征地手续办理，间隔时间并非短暂。政府部门可以要求征地申请方在征地方案中明确提出针对被征地者的就业培训措施，包括用于就业培训的专项资金、专项机构和专门机制，确保失地农民在办理征地手续审批之前获得足够的就业技能。在培训内容方面，针对失地农民的特性及群体内部的差异性，要多开设有针对性、可操作性和适用性的就业技能培训。特别要结合杨凌当地经济发展和产业结构，尽量满足失地农民就近就业的需求。对于那些教育程度较高，接受能力较强或者比较年轻的失地农民，应朝着职业资格认证的方向开展文化教育和技能培训，从而提高失地农民的就业水平。不仅如此，方案还要体现培训效果的评估措施。培训周期不以天数为限，而以实效为判断标准。只有这样，才能真正落实失地农民失地前获得再就业的能力。杨凌应根据当地的实际情况，制定地方法规，严格审核征地方案中关于失地农民就业技能培训的措施，从而确保失地农民顺利就业转型。

2. 以政府主导为原则加强就业培训和职业教育

保证失地农民就业的一个有力且有效的办法，就是大力强化对失地农民的教育，包括职业教育和技能教育，这正是政府部门的职责所在。农民由于缺乏教育培训机会，文化素质与知识技能低下，失去土地后，农民在社会上的竞争力有限，生存与生活面临着极大的风险，更不用说高质量的生活了。杨凌示范区在针对失地农民再就业问题，应建立一个具有针对性的培训体系，对不同的文化层次和年龄阶段要区别对待，培训内容不仅要有实用性而且要有针对性，要以市场需求和就业为导向，培训时间要按照"短、平、快"的原则设计，培训费用遵循政府补贴和农民合理分担的原则，避免占用农民过多时间，对经济比较困难人员，可以减免相关培训费用。所以，地方政府应该建立就业信息服务中心，大力引导中介组织发展，为失地农民就业提供咨询。同时，就业信息服务中心还可以为失地农民提供有关政策咨询、择业指导、工作培训等服务，并按有关规定减免相应服务费用。另外，还可以利用各类媒体实时发布就业信息直至到社区，有条件的还要举办各类招聘会，开展劳动力信息的交流和传播。

3. 采用多元化培训方法

失地农民由于就业观念落后和技能单一的原因，再就业方面存在很大的弱势。解决失地农民就业困难的问题，根本在于建立健全多层次的培训机制，提高农民自身的素质，帮助他们树立全新的就业观念，鼓励其努力通过劳动力市场寻找就业机会。

每个失地农民由于受年龄、技术水平、文化程度等原因的影响，可以分别对他们进行有针对性的就业培训。例如，对于年龄较大且文化程度低的失地农民，需要相应的政府就业安置政策和必需的文化教育及岗前技能培训，主要安排小区绿化、卫生保洁、家政等岗位；对于文化程度相对较高的失地农民，其就业的可能性大、工种选择的范围大，可以进行必要的岗位培训和技能培训，鼓励其进入工业、建筑业、服务业等行业，从事产品加工、采购、物流等工作；而对于几乎丧失劳动力的失地农民，则需要政府社会保障政策的扶持，实行社会保障补贴。

（四）完善就业服务管理体系

建立城乡统一的就业服务机构。在土地被征用的行政村，建立再就业与救助服务室，免费提供信息支持服务，公开招聘工作人员，组织政策业务培训，从而构筑起示范区、街道、社区二级劳动就业服务网络，为失地农民就业提供各种便利。

基层政府和村级组织要充分发挥职能，建立失地农民档案，定期组织适龄失地农民到劳务市场进场交流，或及时掌握用工需求，引导企业优先录用失地农民。同时，加强与各类职业中介组织的联系，拓宽分流安置渠道。政府有关部门要积极免费为失地农民提供求职登记、职业指导、职业介绍等服务，及时、准确、多方面地提供信息，并通过行政服务和法律援助为他们排忧解难，维护他们的基本权益。另外，对失地农民可由国土资源管理部门根据土地征用情况，发放《失地农民手册》，其作用可相当于《再就业优惠证》等类似证明。利用现代化的信息传播技术，及时收集、整理、发布各种就业信息，建立起街道劳动力就业服务信息网络，方便失地农民能够就近获取岗位信息，降低他们的求职成本，让城乡劳动力平等就业。进一步加强乡镇、村就业服务网络建设，扩大再就业服务工作的覆盖面，为失地农民创造一个良好的就业环境，让他们享受到更直接、更方便的就业服务。

（五）失地农民的社会资本转型与开发

重构失地农民的社会资本，需从传统的乡土型社会资本模式，逐渐转向基于业缘、趣缘等多元化的现代社会资本模式，从而获得更有价值的信息和更好的工作。首先，失地农民必须摒弃落后的思想观念，加强自身人力资本投资，提升技能水平，凭借专门技能和工作业绩获得社会地位的累积，从而建立非农就业领域的业缘关系网络。其次，加强失地农民的社区建设，积极培育民间组织和社会组织，通过各种公民参与渠道和组织活动，促进社会资本存量的增加与结构的完善。最后，加速推进城乡二元结构的改革，在就业指导、培训、保险政策、待遇和职业介绍等公共就业服务网络方面，构建城乡平等的制度性社会资本，从而消除失地农民在非农就业领域中遭受的社会排斥和歧视。由此可见，从根本上消除城市居民与失地农民的隔阂，促进二者生活方式的融合，才能有效实现失地农民社会资本的转型与开发。

（六）专设劳动纠纷司法程序

失地农民再就业是通往城乡一元化必须面临和化解的发展矛盾，作为杨凌发展的一个重要环节，不仅要为失地农民提供制度的立法保护，还应提供强有力的司法保护。建议为失地农民的劳动纠纷设有专门性司法程序，从而保障失地农民再就业后的权益实现。首先，为失地农民劳动关系纠纷设立简易法庭和派出法庭，降低立案条件，简化立案程序，省去劳动仲裁这一不利于失地农民的纠纷解决定式，强化法官职权主义，适用法官直接介入调解或者审判程序。其次，无论失地农民提出诉讼请求是否符合法律法规的规定，作为被告方的用人单位必须缴纳判决执行保证金，以确保司法判决的有效执行。最后，失地农民作为弱势群体，证据责任方面应采用责任倒置，从而强化用人单位的举证责任，降低失地农民就业过程中遇到的故意歧视和侵权。同时，应适当延长失地农民因劳动关系提起诉讼的法定时效，并强化法律援助的力度，充实法律援助的内容，使失地农民就业权益实现全过程的司法保护。

第三节　杨凌农科城一元化的社区建设问题

杨凌农科城一元化进程中，最重要的内容就是社区建设。但是在社区建设过程中，出现了资金保障不足、农民参与度不高、社区基础设施建设滞后、社区工作人员素质偏低等问题，如何解决社区建设中存在的这些问题，关乎到杨凌一元化的顺利进行，关乎到杨凌经济的发展，关乎到杨凌群众生活的幸福。

一　杨凌农科城一元化过程中社区建设的重要性

新型农村社区建设是统筹城乡发展进程的结合点和推进城乡一元化建设的切入点，也是推进社会主义新农村建设的基础和载体。通过建设新型农村社区，有利于节约农村土地使用，优化农村产业结构，增加农民收入渠道，提升农民经济水平，从根本上改变传统农村社区农民的生活方式，提高农民生活质量，逐步破除城乡"二元结构"，实现城乡互动发展，从根本上解决农业、农村、农民问题，是我国历史前进和社会发展的必然要求与必然选择。因此，建设新型农村社区对杨凌经济社会全面发展具有重大意义。在实践中，建设新型农村社区的优越性非常明显。

1. 有利于提升农民居住条件和生活质量

科学合理的社区规划，为入区居住的居民提供了良好的生活环境。杨凌农科城通过政府的科学规划，以合村并居、整体搬迁等方式，建设成环境优美、功能齐全、管理完善、经济发展的新型社区，能够彻底改变以往农村"脏、乱、差"的状况，使广大农民的居住环境、文明程度、生活水平得到有效改善和提高，享受到与城市居民同等的服务和待遇。通过产业支撑等措施，使农民在家创业，就近就业，转变生产形式，实现"安居"又"乐业"的稳定生活。

2. 有利于缓解土地供需矛盾

社区建设将分散的农民集中起来，节约了部分土地，为城市用地规划提供了基础。杨凌农科城一元化社区建设将几个村庄或者村庄与小城镇整合在一起，统一规划，集中建设，一排排整齐的高楼改变长期以来存在的农村建房规格低、分散等状况，搬迁后节约出原先村庄的大量土地，进行复垦或规划为企业投资或产业发展建设用地，充分发挥土地的经济社会效益。此外，土地的综合使用还有利于从多渠道增加农民收入，使"空心村"问题也得到了解决。

3. 有利于农村产业结构的调整优化

新型社区建设不仅将土地流转后释放的剩余劳动力集中起来，而且实现土地的规模化经营，为农村产业结构的优化提供了保障。农民住进新型社区后，节约的土地得以实现农业规模化经营，政府通过合理布局规划，有利于加快杨凌农科城第二、第三产业的发展，既有利于杨凌现代农业的发展和农业产业化的进程，又有利于杨凌的设施蔬菜、经济林果、畜牧养殖等八类主导产业的结构升级。通过调整优化产业结构，重点发展杨凌的特色产业，促进杨凌的经济可持续发展，更快实现杨凌一元化农科城的建设。

4. 有利于拉动农村经济

扩大农村消费已经成为扩大内需、保持经济平稳增长的重要措施。杨凌农科城建设新型农村社区，其最直观的效应就是农村基础设施投资需求和建房消费需求得到扩大，由于政府投资具有引导性，通过联动效应，带动更多的社会资金投入，建材、煤炭、交通、水电等多个行业都将得到带动发展，有效地推动农村经济增长。同时，新型农村社区改变了农村传统的生活环境，各项公共服务和保障措施逐步健全，有利于开拓农村经济，扩大社区居民消费，激发农村市场潜在的巨大消费需求，有效推动农村社会发展。

5. 有利于推动农村城镇化进程

新型农村社区建设推动了农业规模化、产业化，带动了第二、第三产业的发展，有利于实现农民就地转移就业，改变以往农民工进城带来的诸多问题，突破了传统的尴尬城市化模式，实现农村"就地就近城镇化"。这不仅有利于在"不失地不离乡"前提下实现农民市民化，保障农民利益最大化和城乡居民权益均等化，而且有利于维护社会秩序的稳定，有效防治交通拥堵、房价贵等"城市问题"，减轻城市的压力。建设新型农村社区是基层政府和广大农民群众在新的历史条件下推动工业化、城镇化和农业现代化的有益探索，通过完善各种社会保障制度，使广大居民教育医疗有条件、住房交通困难有资助，养老有保障，切实提高农民群众的生活质量，逐步迈向城乡统筹发展的目标，有力推动农村城镇化的进程。

6. 有利于农村群众参与社会治理

新型农村社区建设不但具有经济作用，也具有重大社会作用。党的十八届三中全会提出"坚持走中国特色新型城镇化道路，推进以人为核心的城镇化"，要求公民在社会发展中发挥更重要的作用，社区作为公民社会的表现形式，它在社会治理中无疑发挥着重要作用。杨凌进行新型农村社区建设，将原本居住在农村的居民集中起来，居民对社区管理方式、生活形式的认知程度，决定了这些居民的主观幸福感。而要实现社区的有效治理，发挥社区居民的主观能动性，这就需要充分发挥居民的社会参与作用。农村社区就为农村居民参与社会提供了一个很好的平台，而新型农村社区的建设将为广大农民群众提供一个参与当地基层政府活动的平台。

二　杨凌农科城社区建设现状与存在的问题

随着杨凌新型社区建设的不断推进，在节约用地、改善农村环境等方面取得了很大成效，但仍存在一些不容忽视的问题，值得我们注意。

（一）社区建设现状

在《杨凌农业高新技术产业示范区"十三五"国民经济与社会发展规划纲要》中，杨凌区政府确定了"一城—两镇—五个新型农村社区——批美丽乡村"的全域城乡建设思路，完善了五泉、揉谷重点镇规划，修订了农村新型社区和美丽乡村示范村建设规划。2014 年，城市建设稳步推进，完成了康乐路和常乐路大修，建成了常青路跨高干渠桥梁等一批基础设施，泰陵路北段、防护路等一批重点道路工程相继开工；后稷小区、家乐园实现集中供热；康乐市场、下代等城改项目稳步推进；常乐园等保障房建设进展顺利，建成保障房 2142 套；完成北崖、东桥等整村安置拆除，农业转移人口市民化有序推进，万余人进城落户。重点镇建设全省领先，五泉镇累计完成投资 11.5 亿元，一期模块建设项目基本完成，建设进度连续四年居全省 31 个重点镇首位；揉谷镇中心社区基本建成，道路、广场等基础设施和公共服务设施开工建设，镇区框架初步显现，建设进度位居全省 8 个沿渭示范镇第一；大寨街道办累计完成投资 2.77 亿元，中心社区一期基本建成，二期开工建设，学校、幼儿园、卫生院等公共服务设施建成投用，有望纳入全省市级重点镇管理。新型社区和美丽乡村建设全面启动，田园农庄建设进展顺利，蒋周、新集等 5 个农村新型社区前期准备工作基本就绪，43 个美丽乡村建设初见成效。

（二）新型社区建设中存在的问题

1. 社区建设资金不足

农村新型社区建设过程中，需要有大量的资金投入。在杨凌农科城中心城区经济社会迅速发展的带动下，农村经济也迅速发展，农民对公共服务的需求日益增长，经费缺口越来越大，各种内部运转都出现困难，资金不足成为制约杨凌新型农村社区建设的最大难题。在杨凌农村社区建设过程中，政府出资几乎就是农村社区建设经费的全部来源，缺乏多元的、有效的资金投入机制。尤其是一些经济发展欠佳的地区，地方政府的财政收入并不是很充裕，也较难吸收来自其他方面的资金投入，而农村社区的建设所需资金过度依赖于政府投入，不仅会给政府增加负担，而且会给政府带来持续投入经费难的问题，制约了杨凌的经济发展。新型农村社区建设不仅是一个持久的工程，而且是一项系统工程，基础设施建设、基础设施保养和维护、配套设施建设以及社区管理等，都需要投入大量资金。而农村社区建设经费的不足，多元化的投入资金不足是制约农村社区建设又好又快建设的重要因素，会导致农村社区建设和发展的不平衡。目前杨凌农村经济实力还很薄弱，导致社区服务质量不高，基础设施的建设也不完善，社区的功能弱化，农村群众对新型的社区失去信心，社区建设的整体效果将大打折扣。要想继续推进杨凌的农村社区建设只能成为一种空谈。因此，找到切实可行的解决办法迫在眉睫。

2. 农民参与社区管理的积极性不足

新型农村社区要想顺利地建设，必须有社区农民的积极参与，因为农村新型社区建设的得利者是农民，重要主体也是农民。但是，自从新型农村社区在杨凌各地纷纷建立，一些农民反对土地流转、反对拆迁原有房屋、反对搬入楼房。这些现象都反映出农民对新型农村社区建设存有疑虑，有效参与不足。农民参与的积极性不高，主要有以下几点原因：第一，宣传力度不够。政府建设农村新型社区给农民带来各种益处的宣传力度不够，导致农民对新型社区的理解出现偏差，对建设的内容、目的、意义等各方面均不了解，由此导致对新型社区建设的认识不足。第二，基层干部对新型农村社区政策的理解不足。一些村干部运用政策的水平较低，与农民的沟通、协调能力弱，组织管理不到位，在传达上级政策制度时耐心不够，表述不到位，不能够激发农民参与的热情，难以有效地开展村民自治活动。第三，强制实施，违背农民意愿。群体事件出现在新型农村社区建设中，往往是因为地方政府违背当地农民意愿，强制进行拆除改造，从而引发了各种矛盾。第四，农民受教育程度不同，文化素质整体偏低。在杨凌新型社区建设中，很多居民没有认识到建设中自己的主体地位，没有认识到自己的积极参与是新型社区能否顺利建设的关键环节，没有认识到党和国家建设新型农村社区是为了农民群众自身。这些都是导致群众的积极性及参与度不高的重要原因。

3. 基础设施建设落后

基础设施建设是农村社区发展和建设的重要内容。杨凌农村数量多、分布广，农村经济发展水平较低，农村社区基础设施相对落后。

在道路建设方面，虽然近几年大部分沙石路、泥土路都修成了柏油路，但仍然有一部分村镇没有完成柏油路全覆盖，一些农村社区周围以及社区通往乡镇中心的路面状况较差，制约了农村的经济发展。

在供水、供电、供暖、供气方面，当下不仅城市地区水电供应紧张，农村不少地区也出现水荒、电荒现象，随着土地大面积机械化以及农业产业化进程的加快，农业用水量增大，加上资金投入有限，水利设施老化，水利工程维护保养困难。农民住进小区后，生活用水用电量增多，由于水电供应紧张，电价水价高于未住进楼房之前，因此，农民意见较大。多数农村社区并未实现通暖、通气，造成居民的生活不便。

在卫生基础设施方面，农村卫生事业的发展是新型农村社区建设的重要组成部分，然而杨凌区内一些农村社区在卫生基础设施建设方面并不尽如人意，一方面政府投入不足，卫生医疗网络不够健全，基础设施落后，医疗卫生人员技术水平有限，服务质量不高；另一方面社区农民的医疗保障制度不完善，新型农村合作医疗制度有待全面深入。这都进一步导致了农民看病难、看病贵以及农民满意度低等问题的出现。

在农村基础教育设施方面，一是教育经费不足。学校教学楼、宿舍、食堂、操场、文体活动室的建设以及教学资源及教学人员的配备都需要大量的经费支持，教育经费的紧张导致了农村社区基础教育设施落后，办学规模与教育发展的需求相差甚远。二是优秀教师资源短缺。目前师范类院校毕业生毕业后就涌向大中城市，少有教师愿意到农村教学，这导致了农村学校缺少优秀的教师，热门的英语、计算机、音美等学科的教师资源更是稀缺，很多地方出现了一名老师教多门学科的状况，不能满足新型农村社区建设中的人才培养要求，阻碍了农村社区建设的同时也不利于杨凌农村经济的快速发展。

在环保基础设施方面，"脏、乱、差"一直是大多数人对过去农村的评价，而现今，杨凌很多农村社区依然被环境问题所困扰，各种垃圾在小区内外随处可见，还存在垃圾"整理无序、存放无处"现象，加之各类污染情况的出现，严重危害了社区居民的生活环境，违背了可持续发展的理念。

在电信邮政设施方面，为实现杨凌农科城一元化建设，必须要实现广播电视、光缆和邮政网点的全覆盖。现阶段，杨凌农村社区，电信邮政基础设施建设滞后，很多社区没有光缆、广播电视网络和邮政网点。这样不利于社区居民信息的传播与获取，会阻碍一元化的进程。

4. 社区工作人员综合素质较低

新型社区与传统社区不同，其在农民管理、社区治理、维护干群关系、维护居民利益、促进社区建设发展等方面都是极其复杂和困难的。这就需要新型农村社区中有一批高素质的工作人员，这些工作人员的综合素质的高低直接影响着农村社区的管理水平。杨凌新型社区工作人员的综合素质不能满足农村社区管理的现实需要，主要表现在两个方面：一是农村基层干部年龄偏大，缺乏创新意识。目前，新型农村社区工作人员是由过去的村委会和党支部基层领导干部构成的，然而这些传统农村干部大部分年龄较大，思想观念比较保守，缺乏专业能力，对新事物新观念接受能力不强，因此，要胜任新型社区管理工作比较困难。二是后备干部储备不足，基层干部素质不高。进入新型社区后，现领导干部仍然用老管理方法，老观念对社区进行管理，整体素质不高。而随着城市化进程的加快，农村剩余劳动力快速向城市转移，很多优秀的农村青年流入到城市中，使农村缺少创新人才继而导致农村基层领导后继无人。

5. 建设主体流失的困境

在城市化背景下，农村人口尤其是青壮年大量外出务工，这无疑对农村社区建设形成了巨大的冲击。政府为解决社区建设主体流失和人才匮乏的困境，通过自上而下的基层政权建设（如"大学生村官""干部包村""部门包村""帮扶结对"等）推动农村社区建设。而由于社区建设主体的流失，农村社区的经济、社会和文化面临着失去其应有的生机与活力的风险，政府应如何解决主体流失的困境、如何重建社区居民的归属感和认同感是一项复杂而系统的工程。

6. 村民委员会和社区居委会不能同职

杨凌许多新型农村社区并没有专业的管理机构，仍然由原村委会统而管之，或两块牌子一套班子，社区管理与村务管理难以区分职责重点。很多社区在管理上依然沿用过去的村级管理，村"两委"与社区两委并行。具体到新型农村合作医疗、养老保险费用的收取、征兵等具体事务时，仍然由原有村干部负责。社区组织职责不清晰，无论是与上级政府的隶属关系还是对社区居民的服务职能都没有明确的界定。

三　杨凌农科城一元化社区建设设想

为了更好地建设杨凌农村新型社区，对于社区中存在资金投入不足、居民参与度不高、基础设施建设落后等问题，可以通过政府、居民、社会、市场等方面来解决。

（一）政府加强对社区建设的经费保障力度

杨凌农村新型社区的建设离不开充足的资金投入，因此应加强政府对新型社区建设资金投入的保障力度，积极拓展多元化的资金来源。就现阶段而言，农村新型社区的建设资金来源主要有政府投入和村民自筹两种方式，而农民自身的经济实力有限，村民自筹的方式起到的作用微乎其微，只能靠政府的力量提供公共产品和服务。为了使农村新型社区建设有稳定的资金做保障，应该从以下几个方面入手：第一，政府应加强社区建设经费的保障和扶持力度。杨凌可以借鉴其他城市的成功经验，将社区居委会的工作经费、人员报酬等经费列入财政预算，设立新型农村社区建设的专项资金，把经济发展相对落后的地区作为资金投入的重点，按照"专项管理、专账核算、专款专用、跟踪问效"的原则，切实加强对该项资金的管理，确保资金的使用效率。第二，充分利用好土地出让金。在杨凌农村新型社区建设腾地迁村过程中，将会有大面积的土地被腾出，转而用作高附加值的农业产业项目，而出让土地所获得的资金是相当可观的，除了拨出一部分资金用于补偿提供土地的农民群众外，还应将其余的资金用于新型农村社区的公路修建、基础教育、卫生医疗、水利等基础设施建设。第三，实现资金投入的多元化。在杨凌新型农村社区建设过程中，除了政府的扶持和投入外，应该开拓更多的投入渠道，如引入企业投资、社会捐助等，为社区长久的发展提供资金支持。

（二）加快完善社区基础设施建设

社区基础设施落后是阻碍新型农村社区发展的重要因素，因此对农村基础设施建设的加强尤为关键。杨凌应继续加大对社区各项基础设施的投资力度，扩大实施规模，完善建设制度，补充建设内容，使农民能够在各项基础设施完好、环境优雅的社区生活。

在道路建设方面，应加大社区公路的建设力度，按照国家关于农村道路建设的要求，出台农村公路修建及养护的相关细则，加强村村通公路网的建设和管理，尽快将一些沙石路全部修建为柏油马路，拓展多元化的公路建设投入资金，并建立公路修建的监督体系，杜绝国家下拨建设资金从上至下层层削减的不法行为。

在水电工程、能源建设方面，一是加大对农田水利设施建设资金的投入力度，特别是农民迁村腾地，大面积土地流转后，有利于土地进行大面积的机械耕作，那么将对大型农业耕作机器和水利工程建造的要求更高，这就需要有足够的资金对新型农村社区的农田水利进行建设。除了资金的投入，政府还应该建立农田水利建设和管理的机制，改善耕地质量，提高土地生产能力。二是加大农村电网建设力度，制定合理用电的规章制度，避免经常缺电的现象发生。三是要进一步加强社区生态能源建设，加强新型社区的天然气工程建设，并积极开发利用太阳能等新型能源。

在卫生基础设施建设方面，加大政府对卫生医疗事业的资金投入，建立健全社区卫生服务中心，完善社区农民的医疗保障制度，定期对社区卫生人员进行技术培训。

在农村文化教育设施建设方面，一是加大对农村文化教育基础设施的资金投入，完善社区内小学，修建优质的教学楼、宿舍、操场、食堂等供学生使用，建立微机室，开设计算机课。二是聘请优秀的年轻教师，重视英语、计算机、音乐、美术等课程的教师聘请，提高教师的工资待遇，建立教师宿舍，为其提供生活保障。在环保设施建设方面，加强农村社区环保设施建设管理，选址建立垃圾处理点、垃圾处理站和垃圾处理场，打通由点到场的渠道。安排人员对生活生产垃圾进行集中处理，进行排水、污水的整治工作，组织动员社区工作人员及群众参与到环境综合治理活动中，加大"爱护环境，爱护社区，从我做起"为主题的宣传。

在社区的健身文化广场建设方面，加强杨凌社区健身文化广场的资金投入，在健身文化广场周围安装健身器材，安排人员定期对健身器材进行维护。

（三）社区农民参与式治理

作为杨凌新型农村社区的主体和社区建设的直接受益者，农村居民必须积极努力地参与到社区的建设中，认识到自己的主人翁地位，并不断提高自身的综合素质。因此，在开展农村新型社区建设中，必须调动广大农村居民的积极性，提高他们的整体素质，使社区农民积极地参与到新型农村社区的建设和管理中来，进行自我服务、自我管理。同时需明确，要想更好地激发农民群众参与社区建设管理的积极性，必须提高农民的综合素质。

1. 加大宣传力度

新型社区对于广大农民来说是完全陌生的，只有农民真正地了解新型社区，了解社区建设的受益者是农民群众，他们才会对社区的建设有积极性和主动性。为此，各级政府应通过电视、网络、报纸、广播等各种渠道对农村新型社区建设的内容、目的、意义以及其他省市农村社区建立效果较好的事例等进行大力宣传，并采取基层领导或讲解员深入农民家中讲解的方式，力求农民群众能够全面了解新型社区。

2. 坚持社区居民自治为主

农民想要参与社区管理必须通过一定的渠道。就目前而言，除了社区居民自治这种主要的参与渠道外，还应该建立各种民间的自治组织，利用这些民间自治组织来实现农民对新型社区的有效管理。

3. 做好教育培训工作

农村居民的综合素质不高一直是制约农村发展的一个重要因素，很多农民不愿意接受新思想、新理论，安于现状，他们的旧观念致使其对农村新型社区建设的参与度不高。为此，应大力加强农村基础教育，提高农村居民以及城市务工人员的文化水平，尤其应该从青少年的素质教育抓起，为未来成为高素质农民打下基础。在对农民进行文化知识教育的同时，还应该进行农民自主创业教育和就业教育，大力开展各种知识技能培训，提高广大农民的科技文化水平，使他们能够在杨凌农科城一元化进程下的新型社区自我管理、自我创新。

（四）建立专业的社区管理队伍

组建专业的农村社区管理队伍是保障农村社区管理的体制基础。要组建专业的管理队伍，首先要积极引导社区外部力量参与社区的管理建设，将新生力量纳入农村社区管理体制；其次要培训发展现有的社区力量。

由于杨凌农村新型社区建设起步晚，许多社区均是刚刚建立并在探索中，新社区工作人员多为原村基层领导干部，很多干部思想守旧，业务能力不强，服务意识和创新思想的缺乏导致新农村社区管理效率不高，使居民权益得不到保障。针对这种情况，可以从三个方面来解决：第一，可以面向社会公开招聘一些思想素质好、工作能力强，热爱农村社区建设事业、有较高业务水平的有为青年，参与新型农村社区管理工作，提升农村社区人才队伍组成的素质。第二，积极鼓励社区内致富能手、先进个人、转业军人中的优秀人才参加社区管理队伍的建设，把积极肯干、考核称职、服务群众、有志于扎根农村基层的大学生村官作为参选对象，有针对性地进行重点培养，培养和储备一批专业化的社区管理队伍。第三，应该加大对现有社区工作人员的培训，对基层管理人员尤其是基层老干部进行定期的开班集中培训，对其在政策理论、业务知识、服务意识、工作技能、创新理念等方面进行培训，此外需定期对所有工作人员进行培训与考核。

（五）建立以需求为导向的农村社区服务供给机制

推动政府公共服务、市场商业性服务和社会志愿互助服务在农村社区的整合。可以将城市社区中的政府购买服务、服务外包等创造性服务应用到农村社区中。在服务内容方面，致力于满足广大农民群众对社区服务的多层次、多元化、多方面的需求，从城乡公共服务均等化的全局着想，从居民最关心的事情入手，完善社会保障、发展老人福利事业、加强就业服务、强化社区安全、发展社区文化，同时引入城市社区一些新型的社区公共服务项目，如法律援助、健康保健、社区就业培训等。此外还要积极引进市场服务，吸纳社会资本进驻，如社区金融服务、生活便民服务等。

第四节　杨凌农科城一元化的土地流转问题

杨凌农科城要实现一元化发展最重要的就是使各种要素通过同一市场竞争机制在城乡之间自由流动，实现资源的优化配置、推进农村进步。其中，土地要素作为最基本的生产和生活要素，是其他要素顺畅流转的前提，自然而然地成为杨凌农科城一元化建设的核心内容。为了实现一元化发展目标，需要协调土地流转与城市化过程之间的关系，使两者产生良好的互动机制（包宗顺，2009）。

一　杨凌农科城一元化发展中土地流转的重要性

土地是一项特殊的生产要素，闲置的、分散的土地难以发挥规模化效应，影响土地的利用率和价值创造。在高速城市化进程中，无论是产业结构调整、人口集聚，还是基础设施建设，都离不开土地空间载体和土地资源的重新配置。

（一）土地流转是农业产业化的基础

农业产业化的重要前提是农村土地规模化经营，农村土地的自由流转，将杨凌示范区原本分散的、闲置的土地集中起来，加快土地资源向种田能手或农业企业集中，有利于土地的规模化经营，实现农业产业化。在杨凌中心城镇周边的农村中，随着剩余劳动力的向外迁移，导致大量土地使被闲置，造成资源的浪费。2008 年土地银行在杨凌农村地区的设立，为闲置分散的土地被征集、整理，为机械化生产、规模化经营奠定了基础。随着农业生产经营规模的扩大，为农作物新品种的推广、新技术的应用提供了支撑，使农业生产率较大幅度提高，解决了土地细碎化、土地利用率低和土地闲置等问题，解放了农村的劳动力和土地资源，让农村的劳动力向非农业转移，拓宽了农民的收入渠道。同时也有利于实行区域化布局、机械化生产、专业化管理、规范化经营、社会化服务，推动农业现代化与产业化进程（黄延信，2011）。实现农业产业化不仅可以提高农民收益和土地利用效率，也为一元化进程提供了高效的农业发展基础。

（二）土地流转缓解城市建设用地压力

土地的自由流转能够将闲置的农村建设用地转为城市建设用地，缓解城市用地的压力。随着杨凌农科城一元化进程的加快，中心城市的空间也在不断地向周边地区延伸，杨凌中心城区现有城市用地规模已不能满足城市长远发展。并且随着进城务工农民逐年增多，城市住房、医疗、教育等出现严重的短缺问题，导致城市问题日益严重。在周边农村，离开村庄的农民大多选择保留住宅基地，造成农村建设用地大量闲置，而城市却面临建设发展用地严重不足的困境。土地流转制度的建立，成为缓解农村建设用地限制和城市建设用地不足矛盾的关键。杨凌示范区通过建立合理的流转机制，鼓励农民将宅基地流转出去，加上政府的相关补贴政策，以低成本换取社区中的住宅，将闲置的农村建设用地流转为城市建设用地，保证在建设用地总量不变的情况下，实现农村和城市建设用地结构调整与动态平衡，从而缓解城市建设用地压力，在一定程度上解决城市人口膨胀、交通拥堵、环境恶化、住房紧张、就业困难等问题。

（三）土地流转推动产业结构优化

土地流转能够引导农民把自己拥有的部分集体建设用地的使用权流转，发展农村第二产业，这样可以解决一部分农民的就业问题和提供经济收入来源，并形成区域内合理的产业分工，自下而上地促进城乡互动，实现城乡一体。杨凌一元化过程不仅包含人口和产业活动向城市地域空间集聚的过程，还包括城市对农村地区的经济、社会等辐射带动作用。为调整城市用地结构，城市利用扩散效应，把一些劳动密集型的工业企业搬迁至乡镇。通过农村集体建设用地的流转，在农民集体建设用地上建设劳动密集型乡镇企业，可以实现农村剩余劳动力的就近吸纳，培养一批技术熟练的工人，从而带动农村发展，改善农村地区产业结构，使杨凌一元化进程获得持续推进的动力。

（四）土地流转加快农村劳动力向城镇转移

土地流转让农村剩余劳动力向城区转移，为城市产业发展提供了充足的劳动力资源（阮骋，2014）。城乡一元化的一个重要外在表现是农业人口比重的降低，在城乡之间形成居民地位平等、市场开放互通、资源互补共促、共同富裕、共享文明的发展格局。农业人口的剩余是制约农村经济发展的一个重要因素。如果土地流转受到限制，必然使农民被束缚在土地上，不敢放开手脚去从事非农产业，只能把土地作为最后生活的保障，无法实现真正的农民市民化，这样就会阻碍一元化的进程。自杨凌示范区组建三级联动的土地银行之后，土地逐渐在城乡市场之间流转开来。一部分农村劳动力由于缺少生产资料，形成了"推力"，而示范区中心相对优越的生活环境和高收入则形成了"拉力"，在两种力量的作用下，大量的农村劳动力转移至中心城区。此外，随着杨凌示范区第二、第三产业的快速增长，提供了更多的就业机会，从农村转移出的劳动力开始进入一些技术要求不高的制造业、建筑业（如瓦工、砖工等）、餐饮业（如服务员、配菜员、洗碗工等）、城市基础服务（如环卫工、保安员等），实现了向非农产业转移，这部分农民"亦工亦农、亦商亦农"的兼业化状态也得以改变。这在很大程度上降低了农业人口的比例，为实现一元化奠定了坚实的基础。

二 杨凌农科城土地流转的现状及存在的问题

为了适应现代农业发展对土地经营的新要求，杨凌积极探索农村土地流转新途径，在坚持家庭联产承包责任制的前提下，通过组建"土地银行"，把农户分散的土地承包经营权集中起来，推动土地经营权向种养大户、龙头企业、农民合作组织等有序流转，实现了土地的集约化利用和产业的规模化发展。但同时，由于土地流转是一个新生事物，没有现成的路子可走，在探索、发展的过程中也暴露出一些问题和不足。

（一）土地流转现状

杨凌自2008年8月开展土地流转工作，围绕建设"国内一流、国际知名"现代农业示范园区的总体要求，坚持"依法、自愿、有偿"的原则，积极探索农村土地流转的新途径和新模式，进而实现土地的集约化利用和产业的规模化发展。

1. 土地流转的政策支持

为了促进土地流转工作顺利开展，杨凌示范区政府加大政策保障并强化土地流转的规范管理。政府先后出台了《杨凌区促进标准化生产园设施农业发展办法》《园区土地流转有关问题的规定》等政策性文件，对因发展设施农业、土地被企业和其他经济组织全部租用，且不从事设施农业生产的农户，按照人均耕地0.3亩的最低生活保障标准进行补助，解决了土地流转以后农民的基本生计问题，解除了农民的后顾之忧。同时为了进一步深化园区土地流转工作，杨凌区政府成立土地流转服务中心，为土地流转提供全面的服务和指导，印发了土地流转合同示范文本。设立了土地流转仲裁委员会，对土地银行无法调解的土地流转纠纷进行仲裁处理。镇一级成立土地流转办公室，负责各自辖区内土地银行法人监督规范、政策指导、档案资料管理、工作协调等事宜，区、镇、村三级土地流转管理体系基本形成。

2. 土地流转的对象

截至2016年年底，杨凌全区累计流转土地5.76万亩，农村土地流转的对象已经逐步从初期的农户之间流转扩大到农户与企业、农户与合作经济组织、农户与专业大户之间，其中合作经济组织与企业为主要流转对象。2012年杨凌农村土地流转对象分类具体如表7-8所示。

表7-8　　　　　　　　　**2012年杨凌农村土地流转对象分类**

流转对象	专业大户	合作经济组织	企业	农户
流转面积（万亩）	0.68	1.83	1.55	0.42
所占比重（%）	15.18	40.85	34.6	9.38

资料来源：《杨凌现代农业示范园区土地流转情况汇报》。

3. 土地流转的模式

通过深入的调查与分析，不难发现，近年来杨凌农村土地流转实践中主要存在以下四种模式：

第一，龙头企业带动型。即以龙头企业为依托，以经济效益为纽带，以特色农业为主导，实行"公司＋基地＋农户"的模式，发展规模经营。截至2012年，全区向龙头企业流转土地面积达1.55万亩，占流转土地面积的34.6%。在"公司＋基地＋农户"的经营模式下，由于农户可以依托龙头企业，农业能手愿意经营更多的土地进行农业生产，促进农业生产专业化，形成优质粮食产业带、特色农业产业带。建立企业与农民的利益联结机制，在企业实现基地化生产、集约化经营、产业化发展的同时，加速助推了农村土地流转，促进了农民增收。另外，也有一些龙头企业统一转入农民的土地，进行规模经营，将农民雇用为企业的工人，在这样的模式下，农民不仅可以得到流出土地的固定收益，还可以得到一定的工资，农民的收入明显增多。

第二，合作组织带动型。即通过建立合作社，采取统一培训、统一产供销等方式，变分散经营为组织化、集约化经营。截至2012年，全区登记注册农民专业合作社324个，带动土地流转达1.83万亩。农村专业合作经济组织，是在家庭联产承包经营的基础上，为了适应农村改革和发展的一项组织和制度创新。在农业生产中，通过实行"合作组织＋农户"的组织形式，利用合作经济组织的民主决策、民主管理机制，有效地协调企业与农户之间的利益关系，建立"利益共享、风险共担"的经营机制，保证了农民经济利益不受损失，农业增效、农民增收。农民在加入合作经济组织之后，可以在生产资料取得上享受一定的成本优惠，在产品销售价格上也高于普通农民，加入合作经济组织的农民也会产生扩大耕地经营面积的需求，促进了农村土地的流转。

第三，种养大户带动型。在确保土地承包关系稳定不变的前提下，按照"依法、自愿、有偿"的原则，让耕地活起来、动起来、流起来，促进土地适度规模经营。在农村耕地向本地"种粮大户、养殖大户"倾斜，已经成为促进农村经济快速发展的增长点。"种粮大户、养殖大户"具有经营能力和专业技术，是发展现代农业、建设社会主义新农村的带头人，将土地资源向他们集中经营，将资源优势转变为经济优势，提高了农业综合生产能力，促进了农村经济实现又快又好发展。

第四，园区示范带动型。园区经济是现代农业的基本形式之一，也是未来农业发展趋势。汇聚先进科技，追求科学管理，实施规模经营的农业科技园区，是农民发展集约生产，加快农民向城镇和非农产业转移步伐，提高农业生产科技含量，提高农业质量效益，发展现代农业的有效模式。杨凌现代农业示范园区的建立离不开当地农村土地的流转。2008 年，示范区在四乡一镇 70 多个村规划建设农业示范园，通过土地银行，把农户分散的土地承包经营权集中起来，实现规模化经营。

4. 土地流转的规模

杨凌土地流转工作为现代农业园区集约化、标准化、科技化、信息化发展提供了保障。2010 年以来，围绕现代农业示范园区二期工程建设，通过组建土地银行，积极探索合并调整、反租倒包、企业租赁、自愿互换、入股合作等多种土地流转形式，推动土地经营权向种养大户、龙头企业、合作组织有序流转。本香集团、秦川牛业、台湾美庭、新西兰环球园艺等国内外龙头企业纷纷落户园区。根据有关统计资料显示，截至 2012 年，先后组建土地银行 37 家，涉及两镇 37 个行政村，会员达到 9471 户，委托流转面积 4.48 万亩，占全区农用地总面积的 52%以上。设施农业流转土地 1.68 万亩，规模化畜牧养殖 7100 亩，苗木繁育生产 9200 亩，花卉生产 1900 亩，食用菌生产 800 多亩，小麦良种1500 亩，其他产业及基础设施用地 7300 亩。由于土地银行的成功尝试以及大规模农业企业的入驻，示范区亩产值从 2008 年的 1908 元增加到2012 年的 6426 元，有力保障了现代农业发展的用地需要，推进了八类产业的规模化、产业化、集约化发展。

（二）土地流转存在的问题

杨凌土地流转虽然取得了一定的成果，但由于现行的土地流转制度仍在发展探索当中，制度的不合理性将阻碍农民通过土地、房产等合法化转让获取收益，使农民失去其生存的支柱。

1. 流入方融资困难

由于目前缺少完善的信用体系，作为土地流入方的种田大户和企业，不能及时从银行系统和信用社获取发展所需的资金。完整的土地流转流程一般包括三个环节：出让方提出土地流转申请，土地银行组织双方洽谈和受让方获得土地。当作为土地受让方的种田大户和企业缺少必要的运营资金时，会造成土地流转的中断，这在一定程度上制约了土地的市场化流转，也影响了农地的规模化经营。目前，一方面，由于金融机构一般规定农村贷款期限比较短、贷款规模也比较小，所以农业贷款数量难以有效满足农业生产投资的需要；另一方面，由于大多数农民可供抵押的财产少，又难以符合当前农村放贷机构严格的抵押担保条件，所以难以通过投资转入更多土地，扩大经营规模。

2. 土地银行的运行有待规范与完善

土地银行作为农地流转平台的一种新的探索，能够有效地推动农地规模化经营，但在实践中也存在一些问题。首先，土地银行作为一个经济活动主体，在诸如注册资本最低限额、组织机构、管理制度、人员任职资格等方面缺乏相应的法律依据，法律地位尚不太明确；其次，当前在杨凌土地银行仅仅是为农地流转提供服务的一个组织机构，没有收益，运行经费等主要依靠政府补助，不利于土地银行的可持续发展。

3. 农业风险防范机制尚不健全

现代农业属于高投资、高风险的产业，一旦遭受自然灾害或经营管理不善，土地租金就难以收回，农地流转户的利益将无法保障。目前园区尚未建立业主经营能力的资格审查评估制度和流转准入机制。业主受让土地后，因资金不足、市场变化快或缺乏新品种、新技术、自身生产管理能力欠缺等原因致使经营困难，不能及时兑现农户土地流转金，将风险转嫁给农民和政府。同时农户的生产经营在市场机制条件下面临着巨大风险，包括自然风险和市场风险。干旱等自然灾害的发生，使农业生产过程中的风险成本加大；农产品价格的剧烈波动又使小户农民无法正确决策来适应市场供求的变化，农产品生产过程中小生产与大市场之间的矛盾使农户在竞争中处于劣势，生产成本的收回都存在困难。综上所述，在缺乏健全的农业风险防范机制的情况下，农地流转面临着巨大经营风险的阻碍。

4. 土地流转价格机制有待完善

土地使用权的价格仅以农地的纯收入为依据来确定，没有考虑农地对农民的社会保障作用及农民对农地的依赖程度等问题，显然有失公平。杨凌粮食作物的种植属一年两季，主要粮食作物为小麦和玉米。杨凌土地使用权的价格即是以经典粮食作物小麦和玉米的年收入扣除费用支出后的纯收入为基础确定的。调研时发现，园区土地流转价格递增至每亩每年 770 元，但是仍然与 1000—1300 元的市场价格存在很大差距，群众对此意见很大。而土地使用权价格的合理确定又是保证农地顺畅流转的一个非常重要的因素，因此，如不及时探索土地流转价格递增机制，保障农民群众的合法权益，今后土地流转工作将会遇到更大的困难。

5. 农村社会保障体系建设不完善

由于农村尚未建立完善的社会保障体系，因而土地对于农民的生活和养老等问题而言就非常重要。随着农村经济的发展，农村土地的流转将成为必然，然而农村的土地承载了农民就业、养老、教育、医疗、住房等基本社会保障功能。土地流转之后，农民失去了赖以生存的土地，则土地租金和一定的政府扶持就成为其生活保障的重要方面。但实际中产生的一些问题却给失地农户的生活带来了新问题：一是土地流转之后，由于一些土地经营大户、本村租地农户与合作社等经营不善和前期投入过大，导致部分土地租金难以按时足额收回；二是现有的对低保户等弱势群体的补助标准较低，因此土地流转之后的留守妇女、儿童和老人以及农村低保户等弱势群体的生活保障面临着较大困难，政府对于土地流转之后的弱势群体扶持力度有待加强。

三　杨凌农科城土地流转的设想

农村土地流转是一项复杂的系统工程。土地作为农民的基本生活保障，农村土地流转必须坚持"依法、自愿、有偿"的原则。政府也应在认真贯彻落实中央对于土地流转的相关政策法规的基础上，根据实际情况实事求是、积极稳妥地推进农村土地流转，切实维护百姓利益，发挥土地的最大效益，加快农业产业化进程。对此，依据一些地区的成功做法提出以下建议。

（一）构建一元化劳动力市场

加大农民非农就业比例是土地流转和规模经营的重要条件，这需要农村劳动力大量向第二、第三产业转移，农民取得较高非农收入，在一定程度上弱化土地的就业和保障功能，弱化农民对土地的依赖，增加土地流转的供给空间。因此，应从以下几个方面来加速非农化进程，改变部分农民"亦工亦农、亦商亦农"的兼业状态，加大农民非农就业比例，推动农村土地流转（张旺锋，2012）。

1. 完善就业服务体系

就业服务体系的完善，为失地后劳动力的再转移提供了保障，具体措施包括：一是推进劳动力市场建设。按照劳动力市场建设要求，利用就业服务平台，为用人单位和城乡劳动者提供就地就近的就业服务。二是统筹城乡劳动就业和社会管理。首先，要继续清理、废除针对农民工的歧视性就业规定和不合理限制；其次，要进一步健全覆盖城乡的公共就业服务体系，改变农村教育、医疗、文化等社会事业的发展落后于城市的状况。三是提供城乡统一的就业服务（刘卫柏，2011）。按照劳动者自主择业、市场调节就业、政府促进就业的方针，不断完善市场导向的就业机制。按照就业服务制度化、专业化、社会化的要求，不断完善就业服务体系，提升就业服务水平，以统一的服务内容和标准为城乡劳动者提供统一的就业服务。

2. 大力发展涉农教育培训

杨凌区应该大力发展农村教育，加大农民培训力度，全面提高农民的农业技术和科学文化素质。按照区政府下发的《新型职业农民培育意见》，加大农民创业培训力度，培养造就一批现代农业发展的各类新型实用人才。同时，积极以田园农庄、家庭农场、休闲农业、农家乐等为主，为职业农民搭建创业平台。首先，选择推行联合培训模式，按就业方向要求制定配套的培训内容以及时间规划，建立有针对性和实效性的劳动力转移就业与技能培训的联动机制。其次，充分调动社会培训力量的积极性，鼓励开展多层次、多门类、多渠道的技术教育培训，对社会培训机构予以指导管理和政策扶持。最后，建立高素质农村劳动力培训的"绿色通道"，为农村高中毕业的青壮年劳动力，提供技术含量相对高、就业前景相对好、回报率高的专项职业技能培训，增强农村人力资本竞争力和自主创业能力。

（二）完善土地流转市场机制

1. 进一步健全土地银行机制

一是明确土地银行的法律定位。土地银行作为推动杨凌土地流转的重要机构应该具有明确而独立的法律地位，赋予其合理的事权和财权（任勤，2010）。工商局和民政局等相关部门应当协同出台土地银行的登记管理办法，明确土地银行的性质与法律定位。

二是设立风险基金账户。土地银行没有自己的运作资金，在整个土地流转过程中不盈利，一旦出现风险很难规避。因此，在土地银行成立之初，应该由财政拨款设立专门账户作为土地银行的风险基金，以避免出现发生风险无力解决的情形。此外，建议对经营管理好、示范作用强、农民增收显著的土地银行给予信贷优惠或资金奖励，发挥宣传示范作用。

三是土地银行应该收取一定的服务管理费用。充分发挥土地承包经营权交易中介机构的作用，允许土地银行通过正常渠道如土地租金、项目资金支持或村集体办公管理经费提取一定费用，用作土地银行工作人员的劳动报酬以及日常运作管理经费。乡镇政府和村"两委"也要加强对土地银行资金使用进行审计监督，定期翻查台账等。

四是完善土地银行后续档案管理制度。要建立完整的土地档案以明确土地归属，对流转出去的土地进行定期监控，要随时掌握充分的信息，充分发挥土地银行在土地监管中一线堡垒的作用。要建立健全土地合同的管理，确保所有土地银行均与农户个人和用地单位签订合同，且要求条款规范，涉及农户利益的情况应尽量考虑周全并在合同中体现。

五是提供土地估价服务。除了大型农业企业，种粮大户、村集体和农户都没有土地估价的技能和设备，由土地银行提供农地估价服务，可以更合理地确定地租、地价，为交易创造条件。

2. 完善土地流转的价格机制

土地流转合理价格的制定要充分发挥市场的调节作用，而不宜由政府单方面行政确定。同时土地价格也应兼顾多方利益，协商进行。土地价格对农村土地市场的培育与发展有很强的引导作用。土地价格由多种因素共同决定，应充分考虑土地的供求关系、级差地租、保障功能、成本价值和流转年限及市场利率。土地资产评估机构在考虑这些因素的基础上，采用科学的评估方法分等级确定农村土地基准价格。基准地价是土地流转的价格依据，也是政府加强地价管理的一种手段。它可以反映出地价的总水平和各地差异，在具体流转中可作为起点价，成交价应围绕这一价格随供求关系的变化上下波动。有了科学合理的土地价格，农民土地流转的利益就有保障，流转土地的积极性就会提高。在揉谷镇田园农庄规划区，试点由职业农民与农户根据市场行情协商土地流转价格，探索建立土地流转市场化运转机制。

3. 建立和完善农村土地金融制度

一是积极探索建立涉农担保机构，可由区财政和龙头企业、种养大户各出一部分资金，为规模经营主体向金融机构进行融资提供担保，缓解土地规模化经营的资金难题。二是涉农金融机构要加大信贷服务创新力度，适应农村土地流转特点，积极开发农村土地经营权抵押贷款方式，满足土地流转双方的合理资金需求。根据实际情况，及时改革信贷管理制度，增加农业信贷投入；基层金融机构的单笔审批限额应根据农户进行农业生产的需求、种植大户的农业生产资金需求和农业种植作物的生产周期做出适当调整，切实解决农民贷款难的问题。要根据实际需要不断完善贷款方式，扩大信用放款额度，降低利率水平，力争减轻农民负担；同时，政府可以对农村金融机构在税收、融资等方面给予一定的优惠，间接降低农业贷款利率和农村金融机构的资金成本；建议有条件的农村信用社、农业银行等机构可以综合利用财政贴息、农业保险、农业担保等政策，探索建立专门针对土地规模经营的贷款品种，以加快培育农业规模经营主体，推进土地资源的合理利用和高效流转。

4. 建立农业风险防范机制

一是要降低农业经营风险。杨凌政府要加大农村基础设施建设的投入，按照田地平整、土壤肥沃、路渠配套的要求，结合新农村建设，加强农田水利基本建设、土地整理，加快建设旱涝保收、高产稳产的高标准农田。

二是要大力发展农业保险。农业面临的不确定性因素较多，风险成本很高，效益极不稳定，这在一定程度上压抑了土地承包经营权流入方的积极性。因此，加强农业技术研究、基础设施建设的同时，要大力发展农业保险，除已开设的政策性奶牛母猪保险、"银保富"设施大棚保险外，还要按市场化运作方式，根据种植的大宗农作物品种和种植大户的需要，开设新的险种，减轻种植大户因灾造成的经济损失。

三是探索履约保证金制度。采取"先交租金后种地"的风险防控措施，由通过审查的土地承租方在签订流转合同时提前交付第一年的流转价款作为履约的保证资金。配合示范区已设立的土地流转风险基金，切实保障农民群众的合法权益。

（三）建立土地流转后续保障机制

一是要确保土地租金的按时足额收回。政府可协助土地经营大户、本村租地农户与合作社等用地大户解决经营不善和前期投入的问题，确保其按时足额交纳土地租金。对定期不缴纳或少交租金的用地单位，应由土地银行按照法定职能，遵循法律程序，依法讨租或者采用收取抵押等法律手段予以讨回。

二是政府要予以必要的资金扶持。政府要加大对土地流转相关优惠补助的兑现力度，增加相关补贴的投入，协助用地单位着重解决周转资金的问题，帮助其改善经营状况。

三是要对失去土地的农民尤其是留守的妇女、儿童和老人以及农村低保户等弱势群体予以必要的生活保障。针对农村土地流转过程中可能出现的损害农民基本权益的风险，主要应该依靠建立健全农村社会保障制度来加以规避和应对（钱文荣，2002）。没有健全的社会保障制度，就无法从根本上增强农民离开土地的安全感和应对市场风险的能力，农村土地市场发育的进程也将严重受阻。因此，杨凌政府在鼓励农村土地进行流转的同时也就有必要建立良好的保障体系，有效防止农民离开土地后因为缺乏必要的生产资料和生活资料而带来的严重的社会问题的发生。要贯彻广覆盖、保基本、多层次、可持续原则，加快健全农村社会保障体系。按照个人缴费、集体补助、政府补贴相结合的要求，建立新型农村社会养老保险制度。创造条件探索城乡养老保险制度有效衔接办法。做好被征地农民社会保障，做到先保后征，使被征地农民基本生活长期有保障。完善农村最低生活保障制度，加大财政补助力度，做到应保尽保，不断提高保障标准和补助水平。此外，还需建立完善的基本医疗保障制度，改革目前农村合作医疗保险范围小、水平低、报销程序不合理等问题，使更多农民享受到更全面的医疗保险。只有做好农村社会保障工作，才能从根本上解决农民失地的后顾之忧，推动农村土地合理有序参与流转。

（四）强化政府服务监管细节

由于土地流转业务是政策性很强的业务，必须有政府的大力支持。政府可从以下几个方面加以完善：

一是进一步健全土地流转政策体系。杨凌区政府应及时出台和完善有关土地流转的管理办法，其内容需涵盖土地流转程序、土地银行、土地流转管理服务部门、土地流转合同等多个方面，全方位多角度地对示范区的土地流转进行规范，为土地流创造良好的政策环境，进而促进土地流转的长远发展。

二是加强土地流转合同管理。严格禁止先进行土地流转后补签合同的做法，以及土地银行或村委会代替农户签订土地流转合同的做法。土地流转合同是土地流转的原始文件依据，乡镇土地流转办公室应该对合同进行鉴定备案以提高土地流转合同管理的规范性。此外，应该进一步完善《农村土地承包经营权委托流转协议书》《农村土地承包经营权租赁合同》等土地流转合同的内容，土地流转合同的条款应该增加流转地块的具体情况（如位置、面积、肥力等）、违约责任等内容。

三是针对拖欠地租行为制定行之有效的解决办法。对于既是土地流出方又是土地流入方的农户可以进行租金抵免。近期来看，对于租金难以收回的风险，应当由政府综合考虑，建立专项风险基金。资金可由各级政府分摊。长远来看，银行等金融机构要协助探索风险防范机制，改革现行管理制度和办法，以农业保险和银行贷款等方式为土地流转提供保障和支持。

四是支持和培育大型专业化企业和合作社。专业合作社作为农民的自治组织，也是土地流转和农业生产中十分重要的主体。政府要鼓励引导专业合作社带动土地流转，使更多的土地合理有序地向种养大户、龙头企业手中集中。同时，强化招商引资，培育龙头企业，充分发挥龙头企业在土地流转过程中的作用，推进土地集约化和农业产业化经营。

第五节　杨凌农科城一元化的
公共服务均等化问题

与城市健全的公共服务体系相比较，农村公共服务供给数量偏少，质量偏低，难以满足农村居民的有效需求，城乡公共服务的供给差距依旧很大。不平衡的城乡公共服务影响着城乡居民的生活水平和发展机遇，加剧了社会矛盾，制约着城乡发展一元化的进程和社会主义和谐社会的构建。因此，加大农村公共服务投资、改善民生、平衡城乡公共服务差距是政府当前和今后工作的重点。

一　杨凌农科城一元化发展中公共服务均等化的重要性

城乡公共服务均等化能够促进城乡统筹发展。统筹城乡发展，就是要把农业和农村经济放到整个国民经济发展全局中统筹部署，充分发挥城市对农村的带动作用，使城乡居民共享改革发展的成果。目前，农村正面临着公共服务需求全面快速增长与公共服务供给匮乏的突出矛盾，导致城乡公共服务的严重失衡，已成为阻碍城乡统筹发展的突出问题。因此，在一元化建设中，积极推进杨凌城乡公共服务均等化，不仅符合统筹城乡发展的要求，也是统筹城乡发展的重点所在。

（一）公共服务均等化有利于缩小城乡差距

加强农村公共服务建设，有助于提升农村公共服务水平，缩小城乡差距。城乡一元化的一个重要任务是农村城镇化、农民市民化，关键是实现工业化、农业现代化与第三产业的发展，充分实现各种生产要素向农村集聚，着力提升乡镇的功能和品质，推动农民思想观念、生产生活方式的转变，不断提高农民生活水平，让农村居民享有与城市居民同质化的生活。长期以来，具有城市偏向的公共服务资源投入体制，造成农村基本公共服务的严重短缺（吴根平，2014）。城乡基本公共服务非均衡的制度安排，阻碍了农民市民化的进程，致使城市建设效率低下。因此，构建城乡公共服务均等化服务体系，加快推进基础设施向农村延伸、公共服务向农村覆盖，成为缩小城乡差距，实现杨凌农科城一元化建设的重要选择。如果农村居民能够接受平等的基础教育、享有完善的医疗服务体系和健全的社会保障制度，在基本生存和发展保障的前提下，能更有利于农民生产潜力的发掘，不断提高生产水平，缩小城乡之间的收入差距。

（二）公共服务均等化有利于维护社会公平正义

实现城乡基本公共服务均等化有助于缓解城乡之间发展的不平衡问题，创造更多平等的机会。在社会发展中，农民一直都处于弱势力量，而我国是一个农业大国，农民人口数量巨大，各方面政策与福利的不对等容易引发难以缓解的社会矛盾，其中一些矛盾就是因为农民在医疗卫生、社会保障及子女教育等基本公共服务方面享受不到平等的权利而造成的（马海涛，2008）。在杨凌农科城一元化建设过程中，随着农民收入的提高，其基本公共服务的需求也在逐渐提高。目前，由于户籍身份的差异，杨凌农民工在就业、住房、医疗以及子女受教育等基本公共服务方面，面临着被排斥在城市基本公共服务和社会保障制度之外，承担高额的子女教育费用和较低的医疗保险的困境。顺利推进公共服务均等化，可以保证农村居民在基本公共服务方面与城市居民权利等同，平等地分享改革发展的成果，增强农民对城市的"认同感"，维护社会的公平正义。因而，在保障农民的基本生存权和发展权方面，推进城乡基本公共服务均等化有很大作用，对于促进社会公平正义，有效缓解社会矛盾，构建和谐社会也具有重大意义。

（三）公共服务均等化有利于推进农业现代化和新型城镇化

基本公共服务均等化为推进农业现代化和新型城镇化提供了保障。推进城乡基本公共服务均等化不仅体现了城乡一元化的基本要求，也是实现城乡一元化的关键因素。一是健全农村基本公共服务制度和社会保障制度，促使农民从以依赖土地为重心的传统保障模式，向以依靠政府基本公共服务为重心的保障模式转变，确保农民基本生存和发展权利，让农民无失地之忧。此外辅以杨凌推行的"土地银行"制度，进一步推进杨凌土地流转，为农业现代化发展提供了基础。二是加快健全覆盖全区的基本公共服务体系，把更多财政资金投向教育、就业、医疗、社会治安、社会保障等基本公共服务领域，不断提高基本公共服务质量，能切实解决好人民最关心最直接、最现实的利益问题，促进杨凌在"学有所教、劳有所得、病有所医、老有所养、住有所居"方面持续取得新进展，使公共服务成果更好地惠及广大人民群众，进一步推进城镇化建设。

二　杨凌农科城公共服务均等化的现状及存在问题

近年来，杨凌在经济发展的同时，社会事业也获得了长足的发展，城乡公共服务供给在数量和质量上都取得了一定的成绩。但是，与城市相比较，农村地区公共服务投资不足，公共服务体系不健全，管理体制滞后，城乡供给差距依旧存在。

（一）公共服务均等化现状

近年来，杨凌在教育、医疗卫生和社会保障方面的财政支出逐年增加，财政支出结构得到优化，政府加大了公共服务的提供力度，切实保障和改善民生，进一步推进了城乡一元化进程。

1. 城乡基础教育方面

义务教育是教育过程中的基础，城乡的义务教育都必须是由政府提供，以此来实现教育公平。长期以来，教育方面的政策和措施都明显偏向城市，农村地区的教育一直都存在供给不足的问题。政府也在努力采取措施来化解这一矛盾。杨凌示范区成为农村义务教育"两免一补"政策的试点之后，又推出农村地区全面实行义务教育免费制度，同时政府不断增加义务教育的财政投入，可以看出政府正在积极地改善城乡教育差距。

2. 城乡医疗卫生方面

目前，杨凌示范区全面推行城乡居民医疗保障一体化政策，实现了居民医保城乡统筹。2015 年，杨凌示范区农村的医疗卫生条件已有所改善，农村卫生室的数量也增加到了 116 个，陆续建成五泉镇卫生院、揉谷镇卫生院、大寨镇卫生院，方便了农村居民的就医。

3. 城乡社会保障方面

经过政府政策支持与大量资金投入，社会保障制度逐步完善，杨凌示范区在扩大城乡基本社会保障覆盖面、提高基本社会保障水平上取得了一定的进展。但目前，基本社会保障体系的工作重心还是偏向于城镇，造成农村社会保障资金不足、体系建设滞后。杨凌示范区城乡社会保障服务的不均等主要体现在城乡社会保障覆盖面、城乡最低生活保障等方面。

（1）城乡社会保障覆盖面。社会保障是国家对社会成员特别是生活有特殊困难的人们的基本生活权利给予保障的社会安全制度。杨凌示范区城镇已基本建立了涵盖所有项目的社会保障制度，包括最低生活保障、灾害救助、社会互助、流浪乞讨人员救助等社会福利制度，医疗、养老、工伤、失业、生育等社会保险制度，住房公积金、经济适用房、廉价住房等住房保障制度以及优抚安置老年人、儿童、残疾人等社会救济制度等。然而，在农村地区仅建立了包括养老、合作医疗等社会保险制度，以及五保供养、低保、特困户基本生活救助等社会救济制度，其他社会福利制度方面仍需进一步完善。

（2）城乡最低生活保障。由于农村经济基础差、技术落后、信息沟通不畅，造成农村发展相对较慢，农民面对农业风险和市场风险抗拒力较差、自救能力弱，而且，农村老龄化程度高、养老保险功能不强，容易造成因老返贫，因此，农村最低生活保障已成为政府最重要的农村工作之一。近些年来，杨凌示范区农村最低生活保障的覆盖率在不断提高，与城镇最低生活保障的覆盖率之间的差距在逐渐缩小，这受益于近些年来建设新农村政策中对社会保障投入的加大。但是，由于农村居民的收入低于城市居民收入，如果以城镇符合最低生活保障的人数作为基数，则城乡最低生活保障对象覆盖率差距会更大。城乡最低生活保障不仅覆盖率差距较为明显，而且人均差距也较大。以 2013 年为例，共审批城市低保户 460 户 1005 人，发放保障金 318 万元；审批农村低保户 1377 户 4009 人，发放保障金 963 万元。从最低生活保障标准看，2013 年，城市最低生活保障平均标准为月人均 380 元，农村为 140—180 元。

（二）公共服务均等化存在的问题

杨凌示范区财政投入在城乡之间还是有很大差异，城乡基本公共服务的不均等不容忽视。

1. 农村基础教育投入不足

由于历史原因和一些政策措施难以落到实处，城乡基础教育的很多方面差距仍然存在，比如农村基础教育财政投入不足，城乡教育资源不均衡等现象仍然存在。

城乡义务教育经费投入的不均等成为农村地区教育发展的突出问题，一方面是政府投入的数量有限，另一方面是长期以来实行的城市偏向型政策，这导致城乡之间差距的扩大。

同时，城乡教育在硬件和软件实力上也存在不均等。义务教育的硬件和软件力量表现为教学设施和师资力量。首先，在教学设施方面，政府对城市中作为示范学校的重点小学和重点初中不断地增加经费投入，而农村的学校缺少一些基本的教学设施，学生更谈不上实验室、电脑室的享有。教学设施是教育开展的前提条件，农村的教育条件不利于农村子女接受良好的教育，在知识水平和见识能力方面也与城市学生形成了差距。其次，在师资力量方面，农村的师资力量要低于城市的师资力量，在本科及以上的教师比例方面，农村都与城市存在差距。教师是教育事业发展的核心力量，其自身素质和文化水平直接决定了学生的知识水平，城乡之间师资力量的差距必然会导致教学质量的差异。除此之外，农村地区缺少美术、音乐和外语老师，这会造成农村学生不能在艺术方面接受全面的教育。引起以上问题出现的原因是农村生活条件艰苦、教师工资水平较低，导致大量优秀教师流向城市，同时又缺乏吸引大学生到农村从教的优厚条件。因此，城乡之间义务教育在硬件和软件力量上的差异已经成为阻碍城乡义务教育均等化的突出问题。

2. 基层医疗卫生条件不完善

虽然杨凌示范区城乡医疗卫生事业发展迅速，但是城乡医疗卫生发展差距并没有得到有效改善，城乡卫生费用仍存在较大差距，城乡医疗卫生条件的不均等现象也比较严重，因此，城乡医疗卫生均等化还有待进一步提高。

首先，在城乡的医疗卫生经费投入方面，虽然近几年杨凌城乡人均卫生费用均有所提高，但是二者之间的差距仍然较大，所以农村地区仍然存在看病贵、看病难的现象。另外，农村地区医院的运行费用、员工福利和基础设施的费用都加在了看病的农民身上，加重了农民的负担。

其次，城乡之间的医疗卫生条件有很大差别。杨凌市区的医院条件和医院环境都要优于农村，而且医护人员的诊治水平也较高。在卫生资源配置方面，城市医疗机构拥有先进的设备和高素质的医护人员，而农村地区的乡镇医院基础设施落后，医疗器材数量少，农村的检查器材往往只限于最普通的血压计、听诊器等，并且缺乏优秀的医护人员。

3. 城乡社会保障标准不统一

目前，杨凌示范区城乡在医疗保障制度和最低生活保障制度方面的模式和标准仍有差异，不能从根本上实现城乡社会保障的均等化。

城乡医保政策调整后，全区城乡居民门诊统筹基金划拨数额实现一致，均为以每人每年按 60 元划入，但在使用办法和报销指标上有所区别。农村居民每人最高报销指标为 150 元，城镇居民每人最高报销指标为 300 元。

在最低生活保障制度方面，农村居民低保覆盖率逐年提高，但在最低生活保障平均标准和月均保障水平方面，城乡之间仍存在差距。调整后的农村低保政策标准，是在保持每人每年 2200 元基数不变的情况下，补差金额每人每月增加 60 元，调整到一类人员 180 元，二类人员 160元，三类人员 140 元，实际每人每月平均补差 142 元。同期，城市低保标准为每人每月 380 元，实际每人每月补差 190 元。城乡低保补差金额实际相差 48 元。由此可见，在最低生活保障方面，农村最低生活保障的标准与城市有较大的差距。

三　杨凌农科城公共服务均等化的设想

杨凌示范区在城乡的义务教育经费投入、教学硬件和软件力量、医疗卫生资源、医疗保障制度和最低生活保障等方面还存在较大的差异，目前实现城乡基本公共服务均等化的重中之重就是要加强农村公共服务的提供能力，改变农村居民对公共服务需求得不到满足的现状。因此，加大政府投入，提高农村居民的收入，逐步达到农村居民公共服务的供需均衡，从而缩小城乡之间的差距，才能最终促进基本公共服务均等化的实现（王谦，2008）。

（一）杨凌农科城基础教育一元化

农村基础教育经费投入不足是制约杨凌农村基础教育发展的根本原因，因此加大财政对农村基础教育的投入是推进城乡基础教育均等化的最有效措施。通过财政资金分配向农村倾斜，优化教育支出结构，调整基础教育与非基础教育、农村教育与城市教育的投入比例，提高农村基础教育占整个教育支出的比重，保障农村基础教育经费及时足额提供。为了使政策实施得到长期的保障，还应尽快建立健全相关监管制度，并加大监管力度，确保农村基础教育的经费供应和有效使用（王翠芳，2007）。

同时，缩小城乡基础教育的差距需要加强农村教师队伍的建设，优化城乡师资配置，充实农村师资力量。第一，加强农村教师队伍制度建设。可以通过实行对口招生、定向培养、专项奖助学金制度，鼓励农村地区的师范生或有志从事教育事业的学生毕业后回农村从事教学工作。第二，构建完善的农村师资培训体系。通过建立长期的农村师资培训制度，同时配备严格的农村师资培训考核制度，提高农村教师的水平。每年暑期时间，杨陵区教育局要做好全区教师"名师大篷车"培训计划；以完成"360"课时培训任务为抓手，邀请省内外教育教学一线的名师讲课，对教师进行业务水平综合培训考试（测试成绩记入本人档案），保证每位教师都能得到培训提高。第三，加大城乡之间教师的交流。建立城乡教师双向流动制度，设立支援农村学校教师津贴，采取多种形式，鼓励城市学校与农村学校建立合作关系，包括校长、教师之间的交流任职，定期组织课题研讨，有条件的学校还可以进行学生交流，促进教育资源的合理使用，提高农村基础教育的水平，同时对城市基础教育也有良好的促进作用。教师交流轮岗按每年不低于符合条件教职工总数20%的比例确定交流人选，其中中高级职称教师交流率必须占交流总人数20%以上。教师交流轮岗工作每年实施一次，至少在流入学校工作一年，交流轮岗教师要完成教育行政部门规定的教学帮带工作任务，并列入考核。没有完成帮带工作任务的，年度考核不得评定为优秀等级。建立轮岗交流教师业务档案，教学期满后，所在学校对其进行鉴定，考察及鉴定材料要存入教师本人业务档案。第四，提高农村教师的工资福利待遇。农村教师队伍的不稳定主要是由于农村条件艰苦、工资待遇低所致。因此，应稳步提高农村教师的工资福利待遇，首先确保农村中小学教师工资按时足额发放，此外还应逐步统一城乡同级教师的工资水平，考虑优先将农村教师纳入社会保障的覆盖范围。

（二）杨凌农科城卫生服务水平一元化

杨凌示范区政府要加强对农村医疗卫生公共服务的投入和政策支

持，优化城乡医疗资源的配置，提高农村医疗服务水平和应对突发公共卫生事件的能力。

其一，推进医疗服务一元化改革。协调示范区医院以派驻业务副院长的形式与其余四所镇卫生院、社区卫生服务中心建立帮扶机制，对其进行业务指导。同时，积极探索适合杨凌示范区的医疗服务一元化改革方案，努力提升基层医疗卫生服务能力，努力实现"预防在基层，小病不出镇，大病不出区"的目标。

其二，提升基层医疗机构卫生服务能力。杨凌示范区政府要不断增加投入，加强以乡镇卫生院和农村卫生室为重点的农村卫生基础设施建设，完善服务功能。由于早年投入较多，城市医疗卫生机构的基础设施和医疗设备一般都不缺乏甚至有剩余，而农村三级医疗机构大都存在基础医疗设施和设备缺乏问题（黄莹，2012）。因此，政府可以保证城市医疗卫生机构相关方面的资金投入，同时进一步增加农村三级医疗机构的经费。此外，也可以将城市医疗机构尤其是大医院中，超出其实质需要的医疗设备交由农村三级医院使用，以充分利用闲置设备，同时解决农村医疗机构设备匮乏问题。

其三，进一步加强基层卫生技术人员的引进及教育培训。与示范区区人社局积极做好医学类本科毕业生定向招聘工作，针对基层医疗机构研究制定切实可行、科学合理的卫生技术人员引进和培训计划，稳步提高农村医疗卫生技术人员的行医水平。一是加强疾控、妇幼、监督等各个业务部门工作人员的业务能力及法律法规知识培训；二是组织开展针对各镇办卫生院、村卫生室卫生技术人员的业务知识和技能培训，同时积极引导各镇办卫生院、村卫生所参加省、示范区组织的各类培训活动；三是以各镇办卫生院、村卫生室为培训主体，加强对辖区村卫生室从业人员的业务技能培训，分层次、分类别做好教育培训工作。另外，通过采取多种形式加强城乡医疗卫生技术人员的交流与合作，促进医疗资源的合理使用，优化城乡医疗卫生技术人员的配置。

（三）杨凌农科城社会保障体系和标准一元化

杨凌农村居民已享有社会保障的标准与城镇居民不一样，且都低于城镇居民。目前，杨凌农民的最低生活保障划分为三档，其中一档为每人每月 370 元，二档为每人每月 390 元，三档为每人每月 410 元，而城市的低保标准为每人每月 450 元。因此，当前杨凌政府需要努力建立城乡统一的社会保障体系和标准，尤其是在最低生活保障和医疗保险方面尽快实现城乡并轨，提高医疗救助的覆盖率和救助水平，使城乡居民享受到同等的保障权利和保障待遇。

首先，加大财政对农村社会保障的投入，促进城乡社会保障政策统筹。适当调整财政支出结构，提高农村社保资金支出比例。加强监督，确保财政对农村社保资金投入到位。建立统一的农村社会保障管理机构。在资金筹集上，则坚持实现个人、地方财政、中央财政结合的账户模式。

其次，进一步完善城乡低保和医疗制度，统一城乡保障标准。规范和完善城乡低保制度，做到动态管理下的应保尽保、按标施保。逐步健全与全区经济发展、物价上涨等因素相适应的低保标准调整机制和城乡低保监督、退出机制。科学测算，合理确定低保标准。对生活困难的城乡低保边缘群体予以临时救助，以缓解其家庭实际困难；对低保家庭中的重病重残人员、高龄老人和儿童，以及缺乏劳动力的家庭、单亲家庭等，提高补助水平。同时，新农合应不断提高报销比例，扩大报销范围，并且按照陕西省相关文件要求，与人寿保险签订合作协议，使新农合通过与人寿保险有机结合，在基金保障的基础上进一步提高居民的社会保障能力。

第八章 杨凌农科城一元化建设的政策建议

近20年来，杨凌享受国家和陕西省的政策、资金、人才等多方面的支持，其经济社会的快速发展为城乡一元化建设创造了条件，但是距离城乡一元的状态仍有较大差距。作为我国农业科技类型的城乡一元化建设的领路者，杨凌需要积极创新、大胆突破，敢于跳出传统城乡发展模式，探索出一条以发展现代农业为核心的城乡一元化新路径。

第一节　发挥政府在城乡一元化建设中的主导作用

一　引导杨陵区政府与示范区管委会体制融合

在全面开发、开放的时代，杨凌示范区的设立，成为地域产业集聚发展的载体，是推动杨凌经济增长的新动力。作为开放制度的"试验田"和区域经济增长的"发动机"，杨凌示范区突破了中心城区的发展约束，在农业产业发展方面取得了瞩目的成效，其模式成为其他农业地区学习的标杆。随着示范区的发展，由于行政职能的限制，导致其发展过程中出现了诸多问题。以土地流转工作为例，2004年修改通过的《土地管理法》第十一条规定："农民集体所有的土地，由县级人民政府登记造册，核发证书，确认所有权。农民集体所有的土地依法用于非农业建设的，由县级人民政府登记造册，核发证书，确认建设用地使用权"。然而，管委会不具有向土地流转的农地和建设用地颁发土地所有权证书的资格，使杨凌"土地银行"模式的合法性存在争议。在引发经济纠纷时容易让土地流转的业主处于不利地位，挫伤了土地流转参与者的积极性。因此，杨凌示范区需要通过设立县级市或是副地级市来赋予其颁发土地产权证的权利，使土地流转不但合理而且合法。

杨凌在行政管理与运作体制上存在重叠制约，是典型的二元体制或二级管理。杨凌示范区作为省政府直辖特区，由省政府直接领导并给予省辖市（地区级）行政管理权限，而实际上属示范区管辖的杨陵区，正式的行政区划又归属于陕西省咸阳市。示范区管委会和杨陵区政府，一个是省部共建性的政府派出机构，另一个是区级人民政府机构，两者在社会事务管理中的职能和权限划分不够清晰，造成了在行使政府职能时出现了矛盾。一方面在实际管理过程中示范区管委会和杨陵区政府部门出现了有权力没有人去管或者是有人但是没有权力去管的尴尬局面；另一方面示范区管委会和杨陵区政府之间的有些部门职能和权力出现交叉和重复，造成了组织机构的冗余。这种二元制的行政管理体制对于一个城镇的发展明显是不利的。

在城乡一元化建设初期，政府对城乡发展的拉动作用举足轻重，应当对杨凌目前存在的二元制行政管理方式进行改革，实行一元化管理体制。按照行政区和示范区体制融合的思路，提升杨凌区的行政级别。党的十八届三中全会通过的《中共中央关于全面深化改革若干重大问题的决定》指出，要完善设市标准，严格审批程序，对具备行政区划调整条件的区县可有序改市，为杨凌示范区合区设市工作的开展提供了政策依据。随着杨凌示范区经济综合实力的提升，杨凌示范区可以在经国务院批准后，成立统辖全区的杨凌市人民政府，示范区管委会主要行使其省部共建的统筹、协作、决策、监督等工作职能。在地域范围内，示范区与杨凌市完全一致；在人员组织管理上，一套人马两块牌子，促进杨陵区政府与示范区管委会体制尽快融合。

二　积极引导三次产业融合发展

为了最大限度地获取经济效益，区域产业结构必须与自然、社会、经济条件相适应，形成充分利用本地区有利条件的优势产业，并通过区际交换，使各地区的优势得到最有效的利用。作为农业高新技术产业示范区，杨凌示范区在农业产业化经营方面具有比较优势，需要借助政策的力量，利用先进的农业科学技术，逐渐引导三次产业的融合发展。

结构高度化和合理化是建立在生产效益提高的基础上的。就第一、第二、第三产业而言，无论是第一产业的优势逐渐被第二产业所替代，还是第三产业对第二产业优势的替代，前提只能是效益的提高，这一过程既包括被替代产业的效率的提高，也包括成为新的优势产业效率的提

专题 1　"一市两区"建设

　　通过合并临近县域的部分乡镇，如周至县的青化乡、哑柏镇形成新区，将武功县改设为武功区，形成"一市两区"建设的格局（见图 8 - 1）。

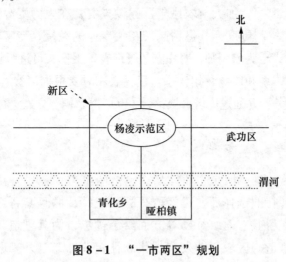

图 8 - 1　"一市两区"规划

高。否则，结构高度化和合理化就只能是虚化。在农村，以传统生产技术进行的农业生产，已经不能满足农村经济发展的需要，更不能满足农民对于增加收入的期望。因此，需要发挥现代农业生产技术的替代和渗透效应，加强三次产业间的联系。杨凌示范区应在产业政策指导下，凭借西北农林科技大学和杨凌职业技术学院的农业科技优势，逐渐建立起农业特色产业体系。即以第一产业为起点，延伸发展农业装备制造、食品加工、木材加工、肥料制造等涉农工业，并衍生出农业科技指导、咨询等服务业，三次产业间逐渐趋于融合。

　　此外，随着国家、陕西省对杨凌示范区政策支持力度的加大，凭借着优越的区位条件和可靠的政策、资金、科技、人才保障，杨凌示范区可以推进实施农庄集群发展战略，转变区域经济发展方式，发展绿色GDP。具体思路是规划先行，完善政策、投融资、人力资源、信息化体系等保障，借助现代农庄经营管理方式，实现特色农庄产业的发展。首先，规划先行。由杨凌示范区管委会牵头，会同发展和改革局、环境保护局等部门，商讨农庄产业的发展定位、发展目标和空间布局。在此基础上，形成农庄产业发展规划，包括产业体系构建、发展思路和发展策略。其次，完善政策、投融资、人力资源、信息化体系等保障。以管委会名义尽快起草《杨凌现代农庄集群建设指导意见》，出台更加细致的现代农庄经济集聚政策措施；在投融资方面，设立专项资金、整合涉农资金、扶贫资金等，加大对农庄集群建设投资；在人力资源方面，建立农业庄园人才招聘制度，并邀请高校相关专业的教授、专家或者具有实践经验的业内人士为培训师，对庄园的管理者、工作人员进行培训。最后，完善经营管理体系和市场营销体系。建设农庄时要根据消费者的需求，形成多元化的服务，并通过广告、展销会、互联网营销等方式进行宣传。

专题 2　产业协调发展

明星企业计划。明星企业计划，包括两个方面：一是本土明星企业培育，从各行业选择那些已经取得瞩目成绩，并且具备良好发展潜力的企业，在税收、财政补助等方面给予优惠，为其创造良好的发展环境，将其打造为区域行业发展的代表性企业；二是外来明星企业引进，根据本地区的资源禀赋、生态承载力以及区域发展特色，选择某一行业中具有影响力的大型企业，辅以政策支持，落户杨凌示范区。明星企业计划，旨在为各行业树立发展标杆，发挥"明星"影响力，推动产业发展建设。明星企业计划实施具体流程如表 8 - 1 所示。

表 8 - 1　　　　　　　　明星企业建设的操作流程

方式	本土明星企业培育	外来明星企业引进
流程	①制定明星企业评定细则 ②企业填写明星企业申请表，递交相关材料 ③组织专家组进行企业资质评估，包括盈利能力、发展能力等 ④明星企业代表人进行答辩 ⑤公布明星企业筛选结果，颁发资质证书	①制定明星企业引进细则，包括引进条件、政策优惠等 ②发布招商公告 ③对有意向的企业组织专家组进行企业资质评估，包括盈利能力、发展能力等 ④组织政府、企业双方进行谈判 ⑤签订招商合同

特色旅游带建设项目。与周边的西安、咸阳、宝鸡等地区开展合作，形成文化旅游、特色旅游产业带。杨凌特色旅游景点主要有隋泰陵、古邰国遗址、杨凌区农林博览园、农业科技示范园、农大博览园、中国克隆动物基地、节水科技博览园、秦岭山现代农业生态旅游园、有机体验开心农场等。

生物产业发展五年计划。推进"西安—杨凌"生物产业基地建设，依托秦巴山区药用资源，大力发展生物医药、基因工程药物和医药中间体等产业，推进中药原料药和畜禽基因工程疫苗产业化，成为生物产业集群核心区。生物产业重点建设尚禾植物胶综合开发利用、乐达绿色植物营养液和杀菌剂生产、迪高维尔畜禽水产牛羊用复合维生素、复合预混料、饲料添加剂等饲料前端产品研发等产业项目。

三　进一步推进公共服务一元化

"十三五"发展规划指出，在全面推进新型城镇化过程中，应该促进公共服务资源在城乡间的均衡配置，推动公共服务向农村地区的延伸，逐步实现城乡基本公共服务制度并轨、标准统一，构建城乡一体化发展新格局。由此可见，健全农村地区教育、文化、医疗等公共服务能够确保城乡一元化建设的有效实施。然而，在杨凌地区城乡一元化建设过程中，关乎农民民生的基本公共服务，如农村公共基础教育服务、农村公共医疗卫生服务和农民工社会保障服务，其供给总体水平仍然较低，不能有效满足广大农民对基本公共服务日益增长的需求，严重影响了该地区城乡一元化建设的进程。

目前，杨凌城乡之间基本公共服务差异较大，已经成为该地区社会经济发展的突出矛盾之一，严重制约着广大农民公平分享杨凌地区社会经济发展取得的成果。为改善这一状况，政府应重视三方面工作：

第一，完善农村教师薪酬制度，整合城乡教育资源，实现城乡公共基础教育服务一元化。一方面要求政府强化财政对农村公共教育的投入责任，创新农村中小学教师补充机制，提高农村中小学教师待遇，鼓励优秀教师到农村中小学任教，对在乡镇以下工作的农村教师，给予适当补贴，奖励性绩效工资的发放向农村一线教师倾斜；另一方面积极鼓励城乡之间优质学校与薄弱学校资源合作，组建以杨凌高新中学为核心的教学联盟，实现优质学校向薄弱学校的辐射、传播，有效地带动大寨中学、建子沟中学等薄弱学校发展，进而实现公共教育资源在城乡之间的公平与合理配置，缩小城乡公共教育发展的差距。

第二，改善农村医疗环境，鼓励建设民营医院，缩小公共医疗卫生服务城乡差距。在财政医疗费用预算中，应该向农村倾斜性安排，在现有的基础上大幅度增加对农村医疗卫生的支出，切实改善农村卫生院的医疗设施、药品供应、医疗技术人员培训等，力求改变乡村医院"看病能力弱"的局面；同时在以乡镇医院为主的农村公共医疗卫生服务的改善上，还必须积极鼓励民营资本进入，对民营资本投资建设的乡镇卫生院给予同公立医院同样的财政扶持与政策引导，形成两者公平竞争的环境，最终创造一个医疗机构主要以"治疗水平"和"服务水平"争取患者的机制，通过医疗卫生机构的供给增加来降低农民的医疗卫生成本，借助民营医院与公立医院的相互竞争机制，改善农村医疗服务落后的局面。

第三，逐步将农民工纳入城镇社会保障体系，加速建设城乡一元的社会保障体系。首先根据实际情况，将农民工分别纳入城镇职工基本医疗保险、城镇居民基本医疗保险或新型农村合作医疗体系。其次试点建立城市联网新农合定点医疗机构互认制度协议，扩大农民工参加新农合养老保险的覆盖面，制定与现行城镇职工基本养老保险制度相衔接的农民工养老保险办法。最后将农民工纳入城镇住房保障体系，给予在城镇稳定就业、有一定经济能力的农民工保障性住房的市民待遇，将公积金覆盖范围逐步扩大到包括在城市中有固定工作的农民工群体。

专题3　公共服务一元化

"教师下乡活动"。鼓励在城区的年轻优秀教师到基层农村的王上小学、蒋家寨小学等学校授课，时间为1年。

标准化小学建设工程。新建城西小学、城东小学、城南小学、永安九年制学校小学部、五泉镇第二小学、秦丰小学，撤并大寨中心小学、西桥小学教学点、南庄小学、永安小学、陵东小学、姜嫄小学，到2020年全区小学及教学点调整为22所，并建设现代化的教学楼，安装多媒体教学设备。

卫生服务网络工程。以杨凌示范区医院为中心，揉谷镇、五泉镇镇一级卫生院为节点，建设乡村一级的卫生服务站，在未来 5 年内建设村一级卫生服务室 10 所。另外，实施"白衣天使培训计划"，各乡镇卫生院每年至少抽派 20% 以上人员到省、市、县医疗机构和医学院校学习半年以上。加强乡镇卫生院院长、副院长管理能力的培训力度，每年参加培训累计 30 天以上，每年新培养各类医护人员 100 人。

四　完善基础设施建设

农村落后的基础设施以及消费环境，极大地约束了杨凌当前城乡居民消费水平。通过对这一状况的改变，能极大地释放农村消费潜力。2003 年年初，中央就提出了建设社会主义新农村，加大农村基础设施投资的倡议。此后的建设新农村专题研讨以及"两会"都明确指出：统筹城乡经济社会发展，实行工业反哺农业，城市支持农村的方针。增加对农业以及农村基础设施建设的投资，不仅能够有力地改善农村消费环境，还能够扩大农村劳动就业机会，增加农民的收入，从而提升其消费能力。为此，政府应吸引各类社会资金流向农村，搞好农村的水利、公路、通信电网等基础设施建设，充分发挥财政和资金的杠杆导向作用，为拓展农村消费市场提供切实保障，具体要抓好以下四个方面的工作：

第一，城市道路交通基础设施建设。政府要按照"城乡一元、方便群众、量力而行、有序发展"的原则，进一步完善杨凌全域的城乡公交一元化。配套建设调度中心、停车场、保养场、首末站以及停靠站；推进充电、加气站、公共停车场等配套服务设施建设，城市道路、桥梁建设改造；加快完善城市道路网络系统，提升道路网络密度，提高城市道路网络联通性和可达性；严格落实桥梁安全管理制度，保障城市路桥的运行安全；延伸建设城市步行、自行车"绿道"，加强行人过街设施、自行车停车设施、道路林荫绿化、照明等设施建设。

第二，加大城市管网建设和改造力度。首先在地下管网方面加速改造和检查，改造漏损严重、影响安全的老旧管网，确保管网漏损率控制在国家标准以内，同时确保管网安全运行。其次加快城乡一元化供水设施改造与建设，限期关闭城区公共供水管网覆盖范围内的自备水井，加快雨污分流管网改造与排水防涝设施建设,进一步解决城市积水内涝问题。最后推行低影响开发建设模式,配套建设雨水滞渗、收集利用等削峰调蓄设施,将建筑小区雨水收集利用。

第三,加快污水和垃圾处理设施建设。城市污水处理方面,应以设施建设和运行保障为主线,确保城市污水处理厂出水达到国家新的环保排放要求或地表水Ⅳ类标准,按照"无害化、资源化"要求,加强污泥处理处置设施建设。城市生活垃圾处理方面,应实行生活垃圾分类,加大处理设施建设力度,提升生活垃圾处理能力,提高城市生活垃圾处理减量化、资源化和无害化水平。

第四,加强生态园林建设。结合城乡环境整治、城中村改造等,加大社区公园、街头游园、郊野公园、绿道绿廊等规划建设力度,推动生态园林城市建设。同时还应建设一处具有一定规模,水、气、电等设施齐备,功能完善的防灾避险公园。通过透水性铺装,选用耐水湿、吸附净化能力强的植物等,建设下沉式绿地及城市湿地公园,提升城市绿地汇聚雨水、蓄洪排涝、补充地下水、净化生态等功能。

专题4 基础设施建设

农村饮水安全工程。建设一批乡村供水水厂,同时结合水厂建设新建或改造五泉镇、揉谷镇等辖区范围内农村地区供水管网等。

农村三网升级改造。示范区新建变电站3座,在五泉镇、揉谷镇等辖区范围内的农村地区,对存在线路老化的地区进行彻底改造,争取在2020年完成对辖区内的所有线路完成检查和改造。广电网络方面,进行双向城域网改造,实施村村通工程。

交通扶贫工程。对所有具备条件的乡镇、建制村及一定人口规模的自然村进行道路硬化。加强重点景区(杨凌区农林博览园、现代农业示范园等)、乡村旅游点(崔西沟民俗村、杨凌野猪林刘家庄园等)道路衔接,加快异地扶贫搬迁安置点公路建设。农村危房改造工程。以整村推进为平台,加快改善贫困村生产生活条件,建设公益设施较为完善的农村社区,未来5年新建社区5个。

五　合理规划建设特色社区

马克思、恩格斯认为，城乡对立是一个历史范畴，城乡融合才是未来社会的重要特征（崔越，2009）。毛泽东在党的七届二中全会的报告中指出："城乡必须兼顾，必须使城市工作和乡村合作，使工人和农民，使工业和农业，紧密地联系起来。决不可以丢掉乡村，仅顾城市，如果这样想，那是完全错误的"（毛泽东，1991）。党的十八大报告强调，"解决好农业农村农民问题是全党工作重中之重，城乡发展一体化是解决'三农'问题的根本途径"。因此，政府应将加强城乡社区建设作为推进城乡一元化建设的一项重要内容，努力推进新型农村社区建设，突出社区发展特色，为推进城乡一元化建设增添力量。

首先，政府在对社区发展实施规划时应坚持以科学规划为先导。可以聘请专家学者、专业设计公司等进行社区布局与建设规划，充分保证新型农村社区建设的科学性与可行性。在考虑各地区不同的情况后，因地制宜，规划出不同类型的新型农村社区，比如对拟开发新建的农业示范园区、工业园区、物流园区等区域内的村庄适时整合，建设以集中居住为基础、以产业发展为支撑的新型社区，以及对于一些地域相近、规模适度的小村庄按照有利于整合资源要素的原则融合为一个社区，确定合理服务半径，提升中心村社会管理与公共服务水平，辐射带动周边村庄。

其次，应按照"突出重点，梯级推进"的步骤建设新型农村社区。对五泉镇等经济较发达、产业发展较快的农村地区优先大力投资，进行政策上的扶持；同时在崔西沟民俗村等具有旅游价值的地区依据当地产业特色建设独特风格的社区居民楼，促使这些地区能够较好、较快地形成具备地区特色的新型农村社区。之后再梯次推进新型农村社区，逐步向一些经济欠发达、比较偏远的农村地区延伸。通过发展较好社区的示范和辐射作用，逐步带动较落后地区的社区建设，确保新型农村社区建设的有序推进和可持续发展。

最后，发挥龙头企业对分散农户家庭的整合作用。通过龙头企业与周边村庄联合，带动周边村庄特色产业向规模化、集约化发展，从而规划建设高标准的农村新型社区。截至2014年3月，杨凌省级农业产业化重点经营龙头企业已达12家，遍布农产品、农业科技、饲料等领域，分别是杨凌圣桑绿色食品有限公司、陕西赛德高科技生物股份有限公司、杨凌农业高科技发展股份有限公司、陕西荣华科技有限公司、杨凌秦岭山现代农业股份有限公司、陕西杨凌伟隆农业科技有限公司、陕西大唐种业有限公司、杨凌富士特饲料有限公司、杨凌秦宝牛业有限公司、杨凌新华府现代农业有限公司、陕西巨农科技农业有限公司、陕西竹园嘉华农产品开发有限公司。这些龙头大企业的形成，对周边农村地区产业的规模化、集约化发展形成了强有力的带动作用，从而有利于对分散的农户家庭进行有效的整合，建设集聚化的新型社区。因此，努力培育和发展龙头企业，依然是杨凌示范区区域特色产业发展及特色社区建设的重要任务。

六 完善失地农民就业政策

引导农民改变传统观念，加强农业基础设施建设，扩大农村内部就业新领域。要在适应社会主义市场经济发展条件的基础上，注重引导农民不断接受新思想、新事物、新观念，自觉树立奋发图强、争先致富的自主创业意识；积极培育农民树立规模化、产业化的生产经营理念和联合创业、互助互利的合作经营理念；引导农民转变不离乡土的传统观念，转变独立封闭的生活方式，转变自给自足、循规蹈矩、不求创新的生产观，逐步形成与新形势发展相适应的文明意识、现代化生产方式和新兴生活方式，并在广大农村形成良好的风俗习惯。农业基础设施建设范围很广，具体包括农田水利工程建设，农村小水电工程，农村交通道路建设，退耕还林还草，植树造林工程，荒山、沟谷、荒地整治工程，土壤增肥改良工程等。目前西部地区农业基础设施落后，抵御自然灾害能力较弱，极大地影响了农业的可持续发展（陈承明、施镇平，2010）。通过对农田水利、生态环境、农村文化广场和农村道路等方面的建设可吸纳大量农村剩余劳动力就业，同时改善农村发展环境。此外，农村生物肥料设施建设，畜禽防御体系建设，大规模农业综合开发建设等方面，都需要大量劳动力加入。

大力调整农业产业结构，积极拓展就业新空间。首先，创造更多的农业内部就业岗位。积极组织农村剩余劳动力进行绿化荒山、整治水患、改良土地等基础设施工程建设，以便为改善大农业生产创造条件。在发展大农业上，必须坚持综合开发，发展循环型农业，通过对农业的综合开发与利用，积极拓展农业内部就业空间。其次，因地制宜发展农村第三产业。农村第三产业主要指农村服务业，包括农产品销售服务、农资服务、信息服务、技术服务、金融服务、餐饮、交通运输等，这些服务行业的产生促进了服务组织的建立，而这些农村服务组织可以吸纳一定的农村剩余劳动力。有些地区还可以充分发挥自身资源优势，发展观光农业、休闲农业、农村旅游等新兴产业，创造新的就业机会。例如，杨凌示范区的新天地设施农业、崔西沟民族生态村就解决了本地区农村许多剩余劳动力的就业问题。

要实现农村剩余劳动力向沿海经济发达地区和大城市转移，必须提高农民工的自身素质。首先通过就业指导和职业培训。增加农民的科学文化知识，提高农民的职业技能水平；加强对农民进行市场经济方面的知识教育，增强农民的市场经营理念；加强农民的法律知识教育，增强农民的法制观念和维权意识。其次实行定向培养模式。开展"用人单位下订单，培训部门出菜单，各级政府来埋单"的"三单式"定向培训方式，将培训班办到乡镇、村，培训时间由农民来定，既方便了农民又保证了培训出勤率和培训质量，有效地促进了农村劳动力就业。最后实行校园教育模式。结合杨凌示范区高校资源丰富的特点，以校园培训促进就业，将本地农民直接纳入西北农林科技大学、杨凌职业技术学院等高校的职业技能培训体系中，给培训合格的农民颁发技术等级证书，以增强农民工的就业竞争能力。

针对返乡农民工就业难问题，还应积极举办返乡农民工招聘会。例如，杨凌示范区管委会于2012年春节期间举办的农民工再就业劳务招聘会，来自上海、山东、江苏等地区的100多家企业为农民工提供了服装、工艺品、鞋类等多个行业的就业岗位，为杨凌示范区外出务工人员提供了7500余个工作岗位。杨凌示范区人力资源中心完善劳务信息服务系统，在全区60多个行政村、10个社区配备了100名劳务信息联络员，把收集到的劳务信息、用工条件、工资薪酬、福利待遇等情况，及时发布给各街道办、乡镇劳保所，再由他们将收集到的用工信息提供给农户参考，供农民工选择。此外，杨凌示范区还应围绕农业"一村一品"中的观光农业、休闲农业、农家乐、蚕桑养殖、猕猴桃种植等，有针对性地进行职业技能培训，多措并举全力打造杨凌示范区反乡农民工就业保障。

构建城乡统一的劳动力市场，促使城乡劳动力自由流动。杨凌当前的二元经济社会结构决定了就业的二元结构和城乡劳动力市场管理的条块分割。这种二元就业结构从根本上制约了劳动力资源的优化配置和有效管理，阻碍了农村剩余劳动力的向外转移，使农村劳动力转移长期处于亦工亦农状态，或只能短期非农化，最终还要回流到农村就业。这就导致农村剩余劳动力的转移一直处于无序的流动状态。然而，促进劳动力的合理流动，尤其是农村剩余劳动力向城市的转移是经济社会发展的必然趋势。因此，只有建立统一的劳动力市场，实行城乡统筹，才能实现农村剩余劳动力向城市的有效转移，并形成良性循环的长效机制。

完善社会保障制度，为农民就业解除后顾之忧。国家在统筹城乡社会保障制度的前提下建立统一的社会保障制度可以分两步进行：首先应该拿出部分资金建立已经流转了土地，即将转移到非农产业就业的农村剩余劳动力的社会保障体系；其次等到大量农村剩余劳动力转移到非农产业，农业劳动力人数大量减少之时，再建立全面的农村社会保障体系。此外，还要对农民工的权、责、利进行明确的法律规定。健全法律援助制度，支持律师为农民工提供公益性法律援助。逐步建立健全农民工的医疗保险、养老保险等社会保障制度，从根本上解除农民工的烦恼和忧虑，切实保障农民工的合法权益。

发展具有鲜明本地特色的农业，为转移农村剩余劳动力提供新的途径。例如，杨凌示范区扩大农产品深加工、综合开发等相关产业的规模和产业链，必然能够创造更多的用工机会；这样，杨凌示范区的农民们在本地就能实现由传统农业向现代工业的定向转移。此外，还可以发展庭院经济，将农民庭院及四周空隙地开发利用，以户为单位、以家庭成员为主要劳动力，从事果、菜、畜禽养殖、作坊加工、家庭饭店、家庭幼儿园、家庭医院、家庭修理业等经营。庭院经济的优点在于成本小、规模小、占地少、生产灵活、集约化程度高，要求有较多的劳动力投入，便于吸收更多的农村剩余劳动力。庭院经济一方面扩大了农业生产的内涵，使农村剩余劳动力有了用武之地，尤其是广大农村妇女和老人更能发挥其作用；另一方面也是农民增收致富的良好途径。杨凌示范区土地资源丰富，地广人稀，全区大多数农户在房前屋后都有较大闲置空地，这为发展庭院经济提供了便利条件。

乡镇企业是充分利用农村各种资源和生产要素，全面发展农村经济，拓展农村内部就业空间的重要途径。杨凌示范区不具备发展大工业的条件，而农业基础较扎实，这为发展乡镇企业提供了便利条件，这就要求杨凌适应市场需求的变化、产业结构的升级和增长方式转变的需要，积极调整乡镇企业的发展战略和模式，加快技术进步和体制创新，重点发展农产品加工业、服务业等劳动密集型产业。加大对规模以上乡镇企业的支持力度，尤其是加大对农产品加工业的技术改造力度，促进产品更新换代和产业优化升级，吸引农民在本地乡镇企业就业，促进农村劳动力合理分流，减少向大城市盲目流动。

七　健全土地流转运行机制

杨凌农地资源的优化配置和高效率的农业生产方式尤为重要，而制度安排是促进资源合理配置的关键。我国家庭联产承包责任制的实施造成了农业土地的细碎化结果，同时，随着农村大量劳动力涌向城市，部分农村地区出现了农地弃耕或劣耕现象。在这种背景下，政府构建合理的土地流转运行机制势在必行。其具体目标在于：充分调动和保护农民生产的积极性；带动土地的规模经营，促进农业产业化经营；提高农业的生产效益和抗风险能力，增加农民收入；刺激土地流转市场的有效供给和需求，促进农村土地流转的规范有效进行；提高农民非农转移的稳定性，从而有利于弱化城乡二元体制并推进城乡一元化建设进程。

土地规模化经营的要求、农业生产的低效率及农业劳动力的转移、城乡统筹发展的迫切要求等一系列因素促使杨凌地区必须开展土地流转。在此动因背景之下，杨凌地区探索出了一套与当地实际情况基本相吻合的土地流转运行机制，即政府主导，多主体参与合作，实行三级管理体制，以"土地银行"为基础，推行合并调整、反租倒包、企业租赁、自愿互换、入股合作五种土地流转模式。为进一步健全土地流转运行机制，促进城乡一元化建设进程，政府应重点从以下几个方面着手：

第一，政府要实现农村土地的顺利流转，必须提高农民群众对土地流转和土地银行的认识。组织开展"下乡宣传"等活动，深入农村宣传土地流转的意义和作用，着重阐明土地流转对农民增收和农村发展的实际好处，让群众真切体会、真心赞成土地流转；同时采取多种多样的宣传形式提高农民群众的认识，如绘制板报、建立宣传栏、播放其他地区成功案例的录像视频等，在潜移默化中增强农民对土地流转和土地银行的认同。此外，要使农户认识到土地流转并不是对家庭联产承包责任制的否定，也不是对土地承包权的剥夺，而是在长期稳定承包权的基础上搞活经营权，是对家庭联产承包责任制的进一步完善。

第二，政府要实现农村土地的高效流转，必须明确土地银行的法律定位，赋予其合理的事权和财权。土地银行作为推动杨凌土地流转的重要机构，工商局和民政局等相关部门应当协同出台土地银行登记管理办法，明确土地银行的性质与法律定位。此外，土地银行应该收取一定的服务管理费用作为运作经费和人员工资。

第三，政府要实现农村土地的持续流转，必须健全对失地农民土地流转的保障机制。土地流转之后，农民失去了赖以生存的土地，则土地租金和一定的政府扶持就成为其生活保障的重要方面。因此政府可协助土地经营大户、本村租地农户与合作社等用地大户解决经营不善和前期投入的问题，确保其按时足额交纳土地租金。对定期不缴纳或少交租金的用地单位，应由土地银行按照法定职能，遵循法律程序，依法讨租或者采用收取抵押等法律手段予以讨回。此外，要对失去土地的农民尤其是留守的妇女、儿童和老人以及农村低保户等弱势群体予以必要的生活保障。应试点探索建立解决失地农民社会保障和继续发展问题的保障机制，逐步提高现有对低保户等弱势群体的补助标准，适当扩大低保户的范围，持续关注这一部分人的生存状况。

八　细化户籍改革制度

杨凌示范区推进城乡户籍一元化应当分三步走。第一步是取消农业户口和非农业户口的划分，将两者统一登记为杨凌示范区居民户口，形成一元化户籍制度的总体框架；第二步是公安部门将在示范区居民户口底册上对原农业和非农业户口人员加注相关标识，社保、劳动、就业、计生、国土等各相关职能部门也相应加注标识，逐步改革配套政策，在杨凌户籍制度一元化改革过程中逐步实现居民之间基础公共服务均等化，实现城乡居民同等待遇；在此基础上跨出第三步，即公安部门取消农业和非农业户口人员标志，真正实现户籍一元化。

逐步取消杨凌农业、非农业户口界限，建立健全城乡统一的户口登记管理制度。具体做法是：取消户口"审报"制度，以准入条件取代计划管理，实行属地化管理和职业登记，建立城乡统一的户籍管理制度。户籍制度改革的价值要求是促进全体公民发展机会的平等化。农民和城镇居民可以在同一个制度平台上凭能力参与市场的公平竞争，这会对城镇化的发展带来强劲的动力。城乡统一的户籍管理制度的建立，不仅要消解迁徙限制的行政干预因素，而且要在观念上提升居民的相互认同感。消除了户口歧视的制度性原因，意味着人们身份的变化，有着更平等的人格价值取向，有助于提高人们市场经济的竞争意识，这对城镇化建设具有长远的制度效应。

户籍制度改革面临的最大障碍之一就是二元结构的户籍制度所导致的城乡之间基本公共产品和服务的巨大差异。这种差异反过来会进一步固化户籍制度的二元结构，成为户籍制度改革的阻碍。城乡公共产品及服务的均等化是户籍一元化的本质要求，所以户籍制度一元化改革必将导致利益格局的深刻调整，牵涉方方面面的事情。杨凌作为全国城乡一体化改革试验区，应当从以下几个方面积极探索推进公共服务服务均等化：一是完善城乡基本公共服务供给体制。比如率先在全国将新农合、城镇居民基本医疗保险、大学生基本医疗保险合为一体；推动城乡教师、医务人员互动交流，促进优质教育、卫生资源向农村倾斜，逐步缩小城乡之间在教育、医疗卫生等公共服务方面的差距；二是促进城乡公共服务设施一体化建设。全面推进广播电视村村通工程、信息网络"校校通"工程和乡镇文化活动中心建设，构建了覆盖城乡的文化设施网络；三是建立村级公共服务管理的财政保障机制。把村级公共服务和社会管理经费纳入财政预算，按每个村年均不少于 20 万元水平拨付，形成公共财政投入机制。随着对"三农"投入的增多，农村发展速度增快，农民收入增长速度开始快于城镇民居收入增长速度，城乡居民收入差距开始慢慢缩小，为户籍制度改革奠定坚实的物质基础。在城乡之间基本公共产品和服务均等化的基础上，户籍制度改革就会"水到渠成"。

当前户籍改革的方向是使户口管理向人口管理过渡，人口管理向证件化过渡。长期以来，我国证明公民身份的法定证件只有居民户口簿。户口登记属于静态管理的范畴；人口登记则属于动态管理的范畴。随着经济社会的发展，单纯依靠户口登记制度已很难进行有效的管理和监控，现在最大的问题是人户分离。改革的方向是人口管理方式以户籍管理为主向以口籍管理为主过渡，最终以口籍管理代替户籍管理。要以身份证制度作为建立社会信用体系的基本依据，实行一人终生一个代码制，实现开放、动态的户籍管理，运用电子信息技术，储存完整的个人信息，确保身份证的"唯一性"，提高人们的身份证意识，强化个人权利的观念。

第二节　充分利用市场机制促进区域经济增长

一　完善农产品市场流通体系

杨凌依赖自身的产品及资源优势，已建立了一批具有一定规模的蔬菜、水果、花卉等农产品的批发市场，但这些市场大多数是现货交易市场，市场容量较小，成交量也低，市场发育程度较低，交易手段较为落后。不少的农产品市场还处于"集贸市场"的水平，交易很分散，市场透明度低，影响力小。因此，杨凌还需要逐步地建立一批规模较大的农产品的中转市场、拍卖市场和期货交易市场。构建并完善农产品物流平台，通过标准化与信息化来提高农产品流通的效率。解决农民销路不畅问题，搞活农产品流通。

建议杨凌重点从以下方面完善农产品市场流通体系：一是重点建设贯通城乡的农产品流通体系，加快建设一批设施先进、功能完善、交易规范的鲜活农产品二级批发市场，形成以物流中心为核心，以二级批发市场为辐射点，以集贸市场、连锁超市、便利店、单体零售经济门店为基础，布局合理、辐射力强的城乡农产品流通体系。二是培育和发展物流配送，鼓励大中型商贸流通企业到农村发展综合性服务网点，建设和改造农资农家店，将仓储、整理、运输、装卸、配送等各个环节形成完整的供应链。三是引导和鼓励农民发展各类农产品流通合作组织、协会，发展运销大户和农民经纪人，改善农产品流通的中间环境。四是整合城乡农产品信息资源，建立农产品信息网络中心，加强城乡市场对接，引导支持涉农龙头企业、农民专业合作组织等直接向城镇超市、社区菜市场和便利店配送农产品。

二　培育农业大户和龙头企业

首先，着力营造农业大户特别是龙头企业发展的体制与政策环境。杨凌农业产业化进程中的龙头企业，有相当一部分是在旧体制下生成的全民所有制，或按全民所有制方法管理的集体所有制的农、工、商企业。目前尚未彻底解决政企不分的体制弊端，而且各部门均有各自的利益，导致缺乏统一的组织管理和综合协调，管理上相互掣肘、调控力量上相互抵触，造成了不必要的内耗，无法成为真正的龙头，不能带动和促进农业结构调整与优化。为此政府必须清除原有的一些制度障碍，一方面将条块分割的直接管理归于农业系统，实行综合性宏观调控一元化；另一方面要政、事、企分开，行政只管方向，不管项目，不办具体事务，事业要分出层次和业务范围，突出无偿、低偿服务。龙头企业则要改变产权制度、转变经营机制，真正成为市场经营的主体——成为龙头，促进农户与市场的有效连接和农业结构调整与优化。

其次，增强农业大户特别是龙头企业的核心竞争力。做强、做大农业大户和龙头企业，增强其核心能力至关重要。核心能力包含企业资本扩张能力与企业核心产品的市场竞争能力两大方面，这是发挥企业竞争优势，参与并赢得市场竞争的法宝。核心能力增强途径是企业必须有效地运用企业内部管理型战略和企业外部交易型战略。企业内部管理型战略是一种产品扩张战略，它是在企业现有资本结构下，通过有效地整合内部资源，用现代经营手段来开拓与建立市场营销网络、调整企业组织结构、提高管理能力等各种内部挖潜措施，维持并增强企业竞争优势。企业外部交易型战略是一种资本扩展战略，它是企业通过吸纳外部资源，包括组建合营企业，吸收外来资本，开展技术转让，实施战略联盟，进行长期融资，采取兼并、收购、控股、参股以及发行债券、公开上市等多种手段，使企业资本保值、增值与扩大，以增强企业资本实力。有效运用企业内部管理型与企业外部交易型战略，最根本的问题是经营管理层的素质。有的农业大户特别是龙头企业的经营管理理念与手段仍然沿袭传统的模式，其惯性仍非常强。因此，建立现代企业法人治理结构，提高农业大户特别是龙头企业管理层的素质，是当务之急，是增强农业大户和龙头企业核心力量，发挥其功能的关键。

最后，建立健全法律保障机制。市场经济是法制经济，没有健全的法律体制不可能有真正意义上的市场经济。在农业现代化经营系统的建造和运作中，农业大户、龙头企业与其他参与主体之间的关系也需要通过法律体制来规范、来保障。现阶段的农户、农业大户、龙头企业或其他参与主体的利益连接主要是通过各种契约来完成的，然而在这种"联合体"中，缺乏严格的契约关系，违约现象屡有发生。这不仅有损于合同的严肃性，而且使参与各方的利益受到了不同程度的损害，并最终影响农业大户和龙头企业在农业结构调整与优化中的作用发挥。因此要本着自愿、平等、互利原则签订真正公平、公正，责、权、利对等的合同；合同一旦生效必须严格执行，并采取有效措施防止违约现象发生。同时完善行政监督和违约仲裁体系，一旦发生违约的行为，及时处理，内部协调不了的，司法机构应及时公正地仲裁，以维护合同的严肃性，推动农业经济的稳定发展。

三 提升农业生产专业化和规模化水平

农业生产的专业化和规模化有利于现代农业机械开发与利用；有利于提高农业生产效率，增加农民收入；有利于促进土地流转，转移农村的剩余劳动力，进而反过来也加快了城市化进程。因此要促进区域经济增长，加快城乡一元化建设进程，杨凌区要按照特色化发展、产业化经营、标准化生产、设施化提升、社会化服务"五化同步"思路，以创新农业科技为突破口，以发展设施农业为抓手，以培育新型经营主体为支撑，全面提升农业现代化水平，着力推进农业生产专业化和规模化。为此建议：

第一，促进农业科技创新。首先，加强与国内外科研机构合作。杨凌地区农业科研单位拥有丰富的农业资源，其科学研究也主要以应用研究为主，往往目标明确，特点突出，与当地农业发展需求和规划紧密结合，但是基础研究相对薄弱是制约其发展的因素之一，而与基础科学研究实力雄厚的国内外科研单位合作，可以弥补杨凌地区地方农业科研单位基础研究薄弱的缺陷，从而达到事半功倍的效果，以科技要素带动金融要素向现代农业集聚。其次，加强西北农林科技大学等高校与农民创业园及示范基地共建产业创新联盟、农科教基地和协同创新中心，鼓励科技人员带项目、带技术投身生产一线从事科研活动，鼓励科研成果、创新品种折股参与投资和分红。

第二，大力发展设施农业。其一，杨凌政府应采取"先建后补、以奖代补"方式支持设施农业建设，每年安排财政专项资金，对农业企业、农民合作社、专业大户、家庭农场新建连片规模的蔬菜、水果智能温控大棚和温室大棚给予补贴。其二，政府应联合农业生产企业定期聘请专家现场传授绿色无公害蔬菜生产技术，选择优良品种，大力提倡增施有机肥料，不施或少施有残留的化肥，力争创建国家级果蔬生产、畜禽养殖标准化示范场，实现食用菌工厂化栽培。其三，杨凌同整个西北地区都属于我国水源较为稀缺地区，因此菜田、果园要基本实现喷灌或是滴灌，在有条件的地区还可以建设智能灌溉设施，这样才会有利于水资源的高效利用。其四，积极引进温室智能控制技术、温室计算机遥控技术、温室收获机器人、养殖过程信息自动采集、动物智能饲喂、养殖场环境智能控制等工程技术和信息技术，实现动植物的高效、集约生产，使其完全或部分地摆脱自然条件的束缚，从而提高杨凌地区农业生产资源利用率、劳动生产率和社会经济效益。

第三，积极培育新型经营主体。新型经营主体是构建现代农业产业体系的依靠力量，家庭农场、农民合作社作为规模生产的主体，发挥着对小规模农户的集约示范效应。加快杨凌地区建设家庭农场、农民合作社示范社并推进其规范化建设，引导农业企业与基地农户建立更加紧密的利益联结机制，推广"农业企业＋合作社＋农户"的经营模式，同时针对特色农产品生产基地或生态旅游、休闲农业的发展对农民技能上比较高的要求，开展多种形式的农民技术、就业培训，探索"定向委培""校企共建""绿色通道"等方式，大力培养新型职业农民，为基层农业企业培养专业技术人才。

专题 5　农业规模化经营

设施农业亿元增效工程。持续推进以日光温室基地为重点，建设五泉镇、揉谷镇和大寨街道办设施农业提质增效核心示范基地，引进推广新品种 50 个以上，集成推广先进实用新技术（模式）20 项以上，实现设施果蔬种植合作社溯源体系建设全覆盖，建成高效生产示范基地 2 个，辐射带动 2.5 万亩设施农业年内亩均增收 4000 元。

四　确立农业主导产业地位

农业主导产业是指一个地区或区域在充分发挥当地的自然条件和社会经济条件的基础上，区域内生产规模大、商品率高、经济效益好的农业产业。其具有如下特征：一是当地农民和财政收入的骨干产业，在区域内部产业结构中占有较大的比重；二是对区域经济发展具有巨大的推动作用，代表着区域产业结构的演变方向，与国民经济其他部门共同形成良好的互动关联产业利益整体；三是土地生产率高，科技含量高，资源开发利用合理。

寻求杨凌区农业发展的新思路和突破口就是农业产业化，而实现农业产业化首先就是选择和确立杨凌区的农业主导产业，提升其市场竞争力。在选择杨凌地区农业主导产业时必须综合考虑该地区的实际情况并从不同的角度进行考虑：

第一，资源优势角度。杨凌区五泉镇依托杨凌农业科技优势，加之该地区丰富的自然资源，形成了"南菜、北果、中工商"的特色经济主导产业，建成了良种繁育、设施农业、奶畜、杂果、苗木花卉等生产基地，促进了全镇经济快速稳步地发展。因此，农业主导产业的选择应建立在深刻认识本区域自然条件、资源优势、劳动力优势的基础上，具有相对集中的自然资源、经济资源和良好的社会发展基础，才能在区域农业中发挥主导作用，在同其他区域的竞争中才能取得良好的效益。

第二，市场供求角度。杨凌区杨村乡南庄村根据市场蔬菜瓜果需求量不断提升的趋势，不断调整农业产业结构，形成特色蔬菜产区、瓜果产区聚集地，从而有力地推动了该地区经济的发展。由此可见，农业主导产业不但在区域农业发展中起主导作用，而且它能带动区域经济的全面发展，产品市场扩展能力强，其产品社会需求量不断增长是农业主导产业发展的首要条件。因此，市场需求量大和具有广阔前景的产品，可成为主导产业选择的对象。具体衡量指标可采用商品价格需求弹性和商品收入需求弹性，凡是商品价格需求弹性或商品收入需求弹性大的项目，即可成为主导产业。

第三，关联效应角度。农业主导产业应具有较强的产业带动性，通过该地区主导产业的发展，一方面能够带动信息、科技、生产资料、产品销售企业、农产品加工企业的发展；另一方面能为新的加工业的形成提供充足的原料，推动区域第二产业的发展。主导产业和非主导产业之间关联度大，可以将其产业优势辐射到区域的相关产业，带动相关产业发展，从而促进整个区域经济较快发展，还可以得到相关产业的扶持和滋养，能够健康发展，发挥其区域经济增长的功能，从而使整个区域经济系统高效率运转。衡量产业关联度的指标主要有感应度系数和影响力系数，主导产业的确定应尽量选择感应度系数和影响力系数大的某一个产业。

五　因地制宜选择农业现代化经济发展模式

农业现代化的利益机制往往是随着产业化的发展而发展的，没有一种普遍适应的模式。在产业化初期往往是市场型，即龙头企业与分散农户之间的联系主要是通过市场来实现的。产业化中期一般是契约型的，即产业化链条中龙头企业、中间组织、分散农户之间的权、责、利关系主要是通过各种程度不一的契约来确定的；或者是租赁型，即龙头企业将已分包给农户的土地返租回来，作为企业的生产基地再倒包给原承包户或者其他农户经营，使其成为企业的生产车间。龙头企业按产品的质量和数量确定农户的报酬，并负责农业基本设施的建设和改造、资金投入、技术指导、产品购销等环节。产业化比较成熟阶段则为产权型，如龙头企业通过吸收农户入股，通过与农户、中间组织共建股份合作制企业等方式结合。各个地区农业现代化发展的进程不同，各种利益机制形成的条件也是不同的，不能"一刀切"。如产权明晰的产权型利益机制，从理论上讲是比较完满的，但它的存在是以产权市场的形成、规范的现代企业实体、高素质的农民为其组织载体的，如果条件不成熟，强行推广反而会适得其反，导致效率的下降甚至组织解体。

第三节　发挥"科技是第一生产力"的作用

一　加快推进农村信息化建设

杨凌农村信息化建设的加快，需要完善配套的基础设施与提高农民自觉的信息意识双管齐下。首先，在信息化硬件设施方面，杨凌要加大农业信息网络基础设施建设的力度，尽快建成相对完整的农业信息网络体系，并确保农业信息网络的高效运行。

第一，要建立覆盖全区、纵横贯通的农业信息网络平台。加快农业技术市场信息网络基础建设，形成一个队伍健全、手段先进、制度规范的集信息采集、分析、预测、发布于一体的权威农业信息体系。围绕建立农产品市场体系、实施农业产业化经营、推广先进农业技术等方面，积极开展广泛的农业信息服务，为引导农产品产销、调整农业产业结构和政府宏观调控提供准确、及时、系统的信息，使农业信息体系真正成为覆盖有条件的农业产业化龙头企业、农产品批发市场、中介组织和经营大户等的农村市场信息服务网络，涉及农产品技术信息系统、农业专家咨询系统、计算机营销网络、农业技术数据处理与系统模拟、农业决策支持系统和农业技术服务等。

第二，采取多种有效措施扩大农业信息网络服务范围。将农业信息体系建设与基层农经站、农技、畜牧、水利、气象、水产、林业服务站建设相结合，同时整合各涉农部门、行业协会等建在基层的情报点信息资源，形成一套完整的信息服务体系。这不仅可以充分利用原有农技推广体系的资产和人力资源，节约信息体系的建设成本，还能促使传统农技推广体系转变职能、更新力量，焕发新的活力，实现信息工作与农业科技推广工作的紧密结合。

第三，抓好网络延伸、解决为农民信息服务"最后一千米"的通信传输问题。结合杨凌的实际情况，要在发展农业信息网络的同时，重点抓好综合服务平台建设，建立广播、电视、电话信息台、报刊等各种传统媒体与现代信息网络优势互补的信息服务网络。充分利用电话、电视普及率高的优势，推广电视、电话、电脑"三电合一"的信息服务模式，扩大农业信息服务的覆盖面。

其次，在居民信息意识软实力方面，鉴于杨凌农村地区个人信息意识落后，要缩小城乡数字鸿沟，促进农科城一元化发展，应当尽快培养和增强农村地区人们的信息意识，从根本上消除城乡之间的信息观念鸿沟。信息意识是指信息、信息技术、社会信息化等在人们头脑中的反应，是人们对信息价值的认识，也是人们掌握信息、运用信息的要求。信息技术的迅速发展及其对人类社会的巨大推动作用，必然会对人们的思想产生深刻的影响，从而形成一种新的观念。信息意识会促进和推动人们自觉地掌握信息和应用信息，从而推动和促进信息化进程。

第一，应当大力培养农民的信息意识。当信息技术进步已经明显走在时代前面的时候，杨凌大部分农村地区在信息意识上的滞后却在阻碍这种进步向更深的层次推进，因为农村地区许多人的思想意识还仍然停留在工业文明甚至农业文明时代，而没有认识到信息技术对于我们社会经济和个人生活所带来的巨大变革。因此，应转变观念，加强农民对于信息化建设重要性的认识，也就是培养农民信息意识。为此，政府工作人员必须尽快培养和具备过硬的数字化业务素质，包括掌握数字科学的基础理论和先进的数字专业知识。要采用多种方法开展对现岗政府工作人员的信息知识、数字技术等相关业务专业知识的培训，包括参加专业性培训学习和在工作岗上边干边学，提高其信息业务技术水平，从而发挥以点带面的作用，带动周围大批的农民养成良好的信息意识。

第二，应提高农民信息意识的深度。杨凌农村地区居民的信息意识普遍比较淡薄，对现代信息技术的知识和信息了解得较少，搜索信息的能力较差，因此要努力提高他们的信息获取和收集能力，掌握一定的信息技术，也就从深度上提高农民信息意识。要让他们知道，在市场经济体制下，信息就是财富，谁占有了更多有价值的信息，谁就拥有了更好的资源，从而也就能开发出更多的财富。具体可由政府和社会机构组织信息技术宣传服务队，深入农村地区开展信息技术教育，如可开展"信息三下乡""信息技术进农村"等活动，力求活动的适用性和多样化，同时，采取各种大众传播媒体及其他多样化的方式和手段，持久地宣传信息技术对于农村、农业、农民的重大意义，借此不断加强农民的信息意识。在加强农民信息意识的同时，政府还应采取积极措施提高农民的信息素养。政府应帮助广大的农村干部、普通农户树立正确的信息观念。要通过种种学习和教育活动，让他们掌握必要的信息与传播学知识，提高理解信息技术和使用信息技术能力，让他们知道怎样科学有效地从网络中获取、利用信息，辨别和传播信息。

专题6　农村信息化建设

信息惠民工程。建立多层次的示范区优质教育资源库和共享服务平台，完善现代远程教育传输网络和服务体系；加强公共安全信息化支撑体系建设，提升公共安全实时监控、预警预报和应急处理能力，提高社会管理信息化水平。推进远程医疗，推广医疗信息管理和居民电子健康档案管理系统；推进标准统一、功能兼容的社会保障卡应用，逐步实现"人手一卡"和"一卡通"；支持应用新信息技术和服务模式，在智能电网、安全生产监管、林业生态监测、环境污染监控、食品安全监管、药品药械监管、智能交通、货物快递追踪、城市公共管理等领域开展新型信息服务。加快研发适应三网融合（电信网络、有线电视网络和计算机网络）业务要求的数字家庭智能终端和新型消费电子产品，开展数字家庭多业务应用示范。扩大信息服务在城乡及各领域的覆盖和应用。

二 提升农业设施装备现代化水平

要引进先进的农业科学技术，推进农业设施装备智能化与现代化发展，进而加强杨凌农业园区农田的设施建设。农业不同于工业，土地是农业最基本的生产资料，土地功能的提高既包括基础设施建设，又包括农田的改良和优化。因此，提高杨凌农业的综合生产能力，要以耕地设施建设为中心，利用现代化水利设施、农业智能化装备等，不断提高农田的品质和效能，建成一批田地平整、土壤肥沃、路渠配套、旱涝保收、高产稳产的标准农田。

第一，要重视杨凌农业水利建设。土地是综合性生产资料，它需要与其他基础设施，特别是水利设施协同发挥功能。而以耕地为主的农田设施建设，更加需要有一套覆盖面积广、标准较高、配置齐全的水利系统。杨凌同整个西北地区都属于我国水源较为稀缺的地区，要利用灌溉设施的技术进步，实现水资源的高效利用。在较为干旱和半干旱的地区，菜田、果园要基本实现喷灌或是滴灌，在有条件的地区可以建设智能灌溉设施，要在杨凌农科城率先改变有效灌溉仅为46.41%，灌溉水利用率只有40%的落后状况（陈承明、施镇平，2010）。

第二，实施农业智能装备与控制工程。设施农业是在环境相对可控条件下，采用工程技术和信息技术等手段，实现集约、高效和全年连续的动植物高效生产，完全或部分地摆脱自然条件的束缚，充分发挥农业生物的遗传潜力，提高农业生产资源利用率、劳动生产率和社会经济效益。即实施设施农业智能化工程能加速农业工厂化生产进程，提升传统生产力水平。杨凌作为农业科技示范基地，更应进一步面向西部规模化生产发挥科技示范作用，利用现代电子技术、自动控制技术、传感器技术与农机工程装备技术相结合，实现农业智能装备的低成本、普适性，提升农业生产现代化水平和生产效率。杨凌可重点在以下领域提升农业设施装备现代化水平：耕作机械智能化技术、收获机械智能化技术、高效低污染植保机械智能化技术、节水灌溉智能化机械装备技术、田间作业智能化机械技术、设施农业环境控制智能化技术、农产品品质检测技术、高光效节能设施与管控一体化技术、环境、生理、营养等生物物理传感器技术、养殖过程信息自动采集、动物智能饲喂、养殖场环境智能控制等技术。

三 多措并举保障新技术研发动力

科技进步将为农业生产带来新的变化，突出表现在：一是共享信息技术的运用，将全面改善传统农业在时空条件上的弱势；二是现代基因工程和生物技术的运用，将空前拓展农业的劳动对象和生产领域。通过新技术改造传统农业，可以节省束缚在农业上的劳动力，提高劳动生产效率，增加从事农业生产的收益。与此同时，由于生产技术提高释放出的农业剩余劳动力会逐步实现向城市地区转移，推进杨凌农科城一元化进程，缓和城乡二元经济结构的矛盾。2012 年 2 月中央一号文件提出，要实现农业持续稳定发展，根本出路在科技。因此，杨凌应加大对农业科技的研发投入，加强农技人员更替，不断完善农业科研体系，以保障新技术的持续研发，更好地运用新技术推动现代农业发展。

第一，构建多元化的农业科技投入格局，为技术创新保驾护航。农业科技投入是一项回报周期长、风险较大的投资，而农业科技产品又带有一定的公益性和共享性特征，很多私营企业或部门对农产品投资带有一定的偏见，积极性不够，加之政府对农业科技投入有限，使农业科技创新受到资金制约。因此，在农业科技创新投入过程中，必须建立以政府为主导、工商企业与社会民间组织为主体、金融信贷机构做坚强后盾的多方参与的多元投资格局，长期、稳定地支持科技对农业的改造，促进杨凌现代农业发展。实现有计划、有步骤地制定规划农业科技投入的发展格局，具体可从两点入手：首先要以立法的形式明确每年农业科技投入在全年财政投入中的比重；其次是对向农业科技投资的企业或民间资本制定优惠政策。

第二，加强农业科技人员的新老更替，保证农业科技创新发展有源源不断的动力。袁隆平曾经说过："搞农业科技的人，不下田是做不出什么成果的"。由此可以看出，农业科技人员的工作条件确实不同于一般工作。由于政府财政投入力度有限、科研设备落后、经费不足等原因，我国农业科研人才流失现象比较严重。现在很多农业大学里与农业相关的专业设置主要是以畜牧业、绿化景观为主，真正投入农业科研的越来越少。杨凌政府应努力避免这样的情况，加大对农业科技部门的经费支持，保证农业科技人员的相对稳定和作用发挥，以增强西北农林科技大学与地方企业为代表的杨凌现代科技农业的自主创新能力。另外，实行"双轨制"，科研人员合理分流。国有科研机构的科研人员自由选择留在科研机构还是到企业任职，同时，对于核心科研人员从科研机构带走的宝贵资源，企业要对科研单位进行一定的补偿。在不减少科研人员在人事、工资待遇、职称与发展空间等问题上既得利益的情况下，处理好人才的激励与约束，发挥科研人员特长，鼓励到企业兼职；完善健全科研人员考核机制。

第三，完善农业科研体系，促进新技术研发。在基础研究、开发研究和应用研究方面要形成明确分工和协同效应，加快科研体制改革，协调好公共投资和企业科研育种的关系。杨凌应借鉴湖北省荆州市农科院将原来的农科院下设公司改成公司下设农科院的体制改革行动，对于基础性、公益性研究，继续突出科研院所的主体地位；而对于应用研究和竞争性研究，则要突出企业的主体地位，从体制上将"科研机构办公司"扭转为"种子公司办科研"，理顺农业科研管理体系。如西北农林科技大学要注重基础研究，杨凌职业技术学院应重视应用性基础研究；科研机构基础性研究应无偿使用，研究成果转化推广后的收益可以按一定比例返还给科研单位。纯商业化的应用研究应以企业为主体，对具备条件的大型农业龙头企业，政府应加大财政支持力度，帮助项目立项和成果转化、推广。以科研成果拍卖、委托研发、成果合作共享、科研机构人员在企业兼职等有效形式，不断摸索出最优的科研单位改革模式，力争在改革过程中实现"软着陆"。另外，科研机构与企业紧密合作，探索更为有效的科企合作模式。

专题 7 传统农业改造

农作物良种培育工程。借助西北农林科技大学的科研力量，以校企合作的方式重点推进优质高产小麦、专用玉米、杂交油菜等农作物良种的产业化；加强作物遗传改良、超级品种选育等农作物良种新技术的研究和开发；开展转基因和抗逆农作物新品种的选育。

畜牧良种孵化工程。加速开展肉牛、奶牛分子细胞工程育种关键技术研究，培育出优势性状新品系，建立稳固的具有集团特色的肉牛、奶牛育种基地；采用现代分子细胞工程育种技术与传统育种手段相结合，选育适应我省及周边地区的优质瘦肉型配套系杂优猪；采用胚胎工程和基因工程与分子育种及常规育种相结合的方法，加快奶山羊、肉山羊高产品系、绒山羊细绒品系选育。

四　加强农业科技推广体系建设

杨凌要坚持以现代农业科技为支撑，不断加大科技推广应用力度，千方百计提高农业综合生产能力，确保农民收入的持续增长，促进农业农村经济的健康发展。

第一，在各级领导的高度重视下对农业科技推广应用和宣传普及工作不断强化，各级农牧部门结合"三农"工作实际，制定农业科技发展中长期规划和年度工作计划，明确各阶段、各年度科技推广工作目标、内容、实施范围、进度、保障措施，使农业科技推广工作有目标、有计划、有措施、有保障地推进。

第二，建立数量充足、结构优化、素质优良的农业科技人才队伍，并结合事业单位改革和人才培养培训机制，有效地调动农业实用人才的积极性和业务水平。

第三，通过农业科研院所与地方共建的形式，使基层农业技术推广、动植物疫病防控、农产品质量监管等公共服务体系得以加快健全，病虫害统防统治、农机作业、农资经营、产品营销等专业化服务队伍得到积极支持。要切实加大基础设施投入力度，改善公益性农业科技推广机构的工作环境和技术条件，加快对原有设备的维护更新，逐步健全基层农业科技推广组织，提高服务现代农业的技术装备水平。

第四，通过良种良法、试验示范、农机农艺等综合配套组装，将农业科技推广应用扩展到产前、产中、产后的生产全过程。这些措施提高了科技成果的转化效率，有效提升了示范区农业科技含量。

第五，拓宽杨凌农业科技推广体系建设的投资渠道。很多时候企业或政府研制出了新的农业科技成果，但是由于缺乏推广，农业生产、运输、储存等仍然沿用传统的技术，使新技术因不能发挥作用而被搁置。在这种情况下，就必须提高农业科研成果的转化，政府以及企业应加大农业科技成果推广投入，调动一切社会力量参与农技推广工作，逐步形成政府主导、企业为主体、以市场为导向，通过各种有偿或无偿相结合的农业科技推广服务体系，把新型农业科技成果推广到千家万户，运用到实际农业生产中。使在农村进行产业化经营的中小企业，通过运用这些科技成果，扩大生产规模、提高产品质量、提升产品档次。

第六，完善农业技术推广相关法律法规。目前中国已经颁布实施了《中华人民共和国农业技术推广法》和《关于稳定基层农业技术推广体系的意见》等法律法规，与此相对应，大部分地方政府也相继出台了《农业技术推广法实施办法》，从而使中国农业科技推广工作走上了法制化轨道。但是，这些法律法规的可操作性不强，制约力不够，对相关部门机构执法情况缺乏行之有效的监管。因此，修订完善《农业技术推广法》已经成为加强农业推广体系建设的一个重要环节。在修订完善农业技术推广相关法律法规过程中，应该把国家与基层农业拨款的比例具体化，给予地方更大的立法空间，促成地方政府根据各地实际制定适合的农业技术推广实施办法，更好地指导和规范农业技术推广与服务工作。

五　推进智慧杨凌建设

"智慧城市"实现信息和实体的结合，势必产生巨大的应用前景，是现代城市发展的重要战略方向。杨凌应围绕城市可持续发展目标，顺应智慧城市及科技发展的新趋势，以前瞻视野和战略思维，高度重视和推进杨凌智慧城市建设，完善智慧城市基础设施建设，拓宽智慧技术应用范围，特别是在智慧农业产业建设上取得重大突破。

第一，加快杨凌农科城智慧城市基础设施建设。智慧城市之所以具备智慧特征，是因为它能够更全面地感知整个城市的动态信息，从而为城市智能化管理与决策提供基础。以往数字城市建设的主要工作是搭建信息传输通道和建设相应的管理信息系统，从而实现数字城市，但这种数字城市大多只是部门内部的数字化，各个部门之间的联系融合较为松散，造成资源使用效率低下以及信息资源的整合程度较低；而智慧城市则不同，通过在城市基础设施部署大量的传感器负责收集来自城市基础设施系统各方面的信息，信息统一由先进的云计算平台进行处理分析与结果传输分发，使城市能够更全面感知和深入智能化。如瑞典首都斯德哥尔摩通过在道路上设置路边监测器，利用激光扫描、自动拍照等技术自动识别进入市中心的车辆，并在周一至周五的6：30到18：30对进出市中心的车辆收取拥堵税，降低了交通拥堵水平和温室气体排放量。因而，杨凌要借鉴先进的经验，整合集聚各方面的智慧资源和力量，加快智慧城市基础设施建设，推进光纤到户和三网融合，形成先进的城市物联网基础设施，为实现城市更透彻的感知、全面物联和智能化奠定坚实的基础。并利用物联网技术对城市现有物流体系、综合交通体系、电力体系、环保体系、供水排水体系、公共生活服务设施、平安应急体系等进行智慧化改造，促进杨凌城市基础设施智慧化。

第二，积极推进杨凌农科城智慧技术示范应用。催生过去无法实现的服务和形成各种各样的智慧系统，进一步探索和完善智慧城市的应用范围。当前需要重点推进智慧技术在杨凌农科城社会发展和社会保障领域的广泛应用，坚持以人为本，改善民生，建设平安城市、智慧政务、智慧教育、智慧医疗、智慧社区、智慧环保、智慧旅游、智慧国土服务等智慧应用体系，倡导智慧化和低碳化生活方式，促进杨凌农科城各领域管理互联互通有序运行，实现杨凌农科城管理智慧化、精细化和高效化，构建全面和谐发展的现代杨凌。具体可以在公共管理、民生服务、农业科技推广等领域启动一批社会和经济效益突出的智慧城市应用示范项目作为先导，集中推进智慧医疗工程、智慧教育工程、智慧社区工程、智慧交通工程、智慧农高会工程、智慧城市安全工程等，培育一批具有核心竞争力的智慧化企业，以此示范和辐射带动智慧城市建设。

第三，智慧农业产业取得重大突破。杨凌要以构建智慧城市产业化体系为主，逐步建立现代农业产业体系。重点完成西部旱区农业信息化示范工程和农产品溯源系统建设，加快具有杨凌特色的智慧城市建设步伐，形成"人在城中、城在田中"的绿色智慧新杨凌。

第四节　统筹生态环境

一　合理的政策引导与支持

在杨凌农科城一元化进程中，应当协调好人口、经济与生态环境三者之间的关系，在实现经济快速稳健发展的同时保护好生态环境，促进可持续发展打破城乡二元经济结构，统筹城乡合理布局，改善农村环境。近年来农村环境污染问题备受关注，人们也在不断探索农村的环保问题，但是城乡环境差距并未因此缩小。因此，政府部门在做生态环境保护规划时，需要统筹城乡环境保护。综合防治工业和农业污染，大力推进农村生态环境可持续发展工作，促进城乡经济、资源、环境的融合，改善不合理的城乡格局，促进科学的城乡一元化。

首先，要健全环保制度。在杨凌农科城一元化进程中，要坚持科学发展观，将农村环保与城市环保看成一个有机的整体，在改善城市环境的同时，必须注重农村生态环境的保护，建立涉及农产品生产安全和乡镇企业污染治理的法律法规，使农村环境管理有法可依。针对农村环境管理体制不健全，要设置专门机构，充实环保人员，培育民间环保组织，实现环境控制与监督，节约管理和监督成本。

其次，加大财政支持力度。城乡环境保护二元化是农村面源污染治理效果不佳的重要因素。长期以来，我国环保工作的重点在大城市、大工业和大工程上，而农村环境保护工作基本处于边缘化的状态。近些年来虽然有所改善，但依然不能满足当前污染形势的需要。因此，杨凌当地政府部门应采取多种形式，一方面财政上增加对农村的转移支付，加大对农村环境基础设施的投入，提高污染治理能力；另一方面设立农村环境治理专项基金，这样才能扭转农村生态环境恶化的趋势。

专题8　生态建设

节能环保工程。到2020年，培育一批在行业具有领军作用的环保企业集团及一批"专、精、特、新"的环保配套生产企业，创建多个区位优势突出、集中度高的环保技术及装备产业化基地。

生态景观格局建设工程。通过"农田保护、绿廊成网、优化斑块"，构建"两区、两廊、两带、四轴、五园"的生态景观安全格局。另外，大力开展"绿色村屯"创建活动，在未来5年内争创10个以上示范区级"绿色村屯"；建设滨渭湖、惠渭湖、后稷湖3个人工生态湖。

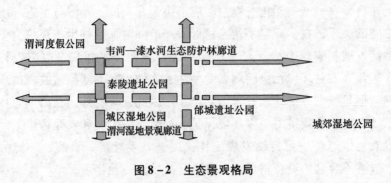

图8-2　生态景观格局

二　建设生态循环型现代农业示范基地

现代农业以其较高的投入，较高的产出，较高的效益，推动了人类文明的发展。但现代农业也导致了一些严重的生态环境问题，诸如农产品品质下降，水体富营养化，地下水污染，温室效应，水土流失，土壤退化等现象。为此，杨凌可以建设生态循环型现代农业示范推广基地，解决现代农业发展过程产生的生态环境问题。

利用现代农业生产技术进行科学化种植。农业技术是杨凌发展生态循环型经济的基础，在具体实践过程中，可以以园区、试验田的形式进行推广。例如，建立新型液态地膜技术研发改造园，可以利用杨凌明瑞生态科技有限公司的液态地膜技术，进行新型液态地膜生产技术的改造与研发。又如建立生态循环型农业种植示范试验田，可以引进秸秆还田新机具等一系列新农机在示范田进行试验实施，以便农机与农技投入使用措施的完善，及时发现生态循环型现代农业推广会遇到的问题。

推广实施畜禽养殖废弃物资源化利用。"猪—沼—果""猪—沼—菜""猪—沼—粮"等循环模式在杨凌的发展已经很流行深入。对这一模式进一步延伸达到集"种植—栽培—养殖—加工"四种行业循环的生态模式，建设内容主要包括养殖场粪污暂存设施、粪污转运设备、有机肥生产设施、污水高效生物处理和肥水利用设施等：对固体粪便采用粪车转运—机械搅拌—堆制腐熟—粉碎—有机肥的处理工艺，提高肥料附加值；对养殖污水采用养殖场污水暂存—吸粪车收集转运—固液分离—高效生物处理—肥水贮存—农田利用的处理工艺，提高处理效率，实现污水资源化利用。可以对杨凌农业集群进行归集整合，一片地区的种植业要与附近的栽培业、加工业、养殖业联合，以废弃物循环流通为指引，实施对废弃物的处理利用，形成生态循环产业链。

另外，在建设生态循环型现代农业过程中，可能会发生的其他问题，为了及时解决，还需要成立专家办公研究场所。杨凌可以借助西北农林科技大学和杨凌职业技术学院的专业人才资源，依托高校成立专家办公研究所。

三　完善生态补偿机制

在杨凌农科城一元化建设过程中要有效保护当地的生态环境，制定生态补偿机制。生态环境的破坏者和污染者有责任和义务对自己破坏和污染环境造成的损失做出赔偿，与此同时环境受益者也有义务对为此作出努力的地区提供适当的补偿，这些经济补偿费用则主要用于生态环境的保护和恢复，以保证资源的持续利用。杨凌以农业发展为基础，更应注重保护农业用地的生态价值。农用地生态系统不仅为人类提供农作物产品，还起到涵养水分、缓解旱涝、保持水土、稳定局部气候、分解废弃物、循环养分以及满足人类审美需求等作用。当农用地变更为建设用地时，由于农用地资源使用上的不可逆性，一旦转用，农用地生态价值几乎会全部流失。而以往正是因为忽视农用地生态价值的存在，农用地外部流转价格低廉，导致大量农用地盲目、无序地外部流转，由此造成对生态的巨大破坏，如水土流失、土壤和植被破坏、景观消失、污染等。因此杨凌积极完善生态补偿机制，对开发活动带来的价值损失进行补偿，使资源和环境被适度持续地开发和利用，使农用地开发利用与生态环境保护达到平衡协调。

第一，加快建立"环境财政"。把环境财政作为公共财政的重要组成部分，加大财政转移支付中生态补偿的力度。为扩大资金来源，还可发行生态补偿基金彩票。按照完善生态补偿机制的要求，进一步调整优化财政支出结构。资金的安排使用，应着重向欠发达地区、重要生态功能区、水系源头地区和自然保护区倾斜，优先支持生态环境保护作用明显的区域性、流域性重点环保项目，加大对区域性、流域性污染防治，以及污染防治新技术新工艺开发和应用的资金支持力度。

第二，建立以政府投入为主、全社会支持生态环境建设的投资融资体制。建立健全生态补偿投融资体制，既要坚持政府主导，努力增加公共财政对生态补偿的投入，又要积极引导社会各方参与，探索多渠道多形式的生态补偿方式，拓宽生态补偿市场化、社会化运作的路子，形成多方并举，合力推进。逐步建立政府引导、市场推进、社会参与的生态补偿和生态建设投融资机制，积极引导国内外资金投向生态建设和环境保护。按照"谁投资、谁受益"的原则，支持鼓励社会资金参与生态建设、环境污染整治的投资。积极探索生态建设、环境污染整治与城乡土地开发相结合的有效途径，在土地开发中积累生态环境保护资金。积极利用国债资金、开发性贷款，以及国际组织和外国政府的贷款或赠款，努力形成多元化的资金格局。

第三，积极探索市场化生态补偿模式。引导社会各方参与环境保护和生态建设。培育资源市场，开放生产要素市场，使资源资本化、生态资本化，使环境要素的价格真正反映它们的稀缺程度，可达到节约资源和减少污染的双重效应，积极探索资源使（取）用权、排污权交易等市场化的补偿模式。完善水资源合理配置和有偿使用制度，加快建立水资源取用权出让、转让和租赁的交易机制。探索建立区域内污染物排放指标有偿分配机制，逐步推行政府管制下的排污权交易，运用市场机制降低治污成本，提高治污效率。引导鼓励生态环境保护者和受益者之间通过自愿协商实现合理的生态补偿。

第四，加强组织领导。建立和完善生态补偿机制是一项开创性工作，必须有强有力的组织领导。应理顺和完善管理体制，克服多部门分头管理、各自为政的现象，加强部门、地区的密切配合，整合生态补偿资金和资源，形成合力，共同推进生态补偿机制的加快建立，不断提高生态补偿的综合效益。要积极借鉴国内外在生态补偿方面的成功经验，坚持改革创新，健全政策法规，完善管理体制，拓宽资金渠道，在实践中不断完善生态补偿机制。

四　加大环保宣传力度

杨凌农科城一元化生态环境建设，需要按照建设生态城市的要求，将城乡地区的生态环境统一加以规划和保护，破除城乡环境二元化的对立格局。在环境管理和生态建设中，全面实行城乡统一的环保标准，改变以往忽视农村环保的倾向，从传统的城乡污染梯度转移型向城乡生态环境互动互补型转化。以调整农业结构、发展绿色农业和生态农业为出发点，构筑农产品生产基地，全面提高农产品的市场竞争力。要强化农村生态环境对城市发展的作用，进一步挖掘农业旅游、观光、休闲等生态功能，建成以绿色生态产业为依托的都市生态环境圈，从而更好地调节城乡生态平衡，加快杨凌一元化农科城的建设步伐。

加大环保宣传力度，倡导绿色生产和绿色消费。城乡一元化的加快，使生产规模扩大和消费支出增加是必然的趋势。因此，政府部门应采取多种手段做好农村环境保护的宣传工作，提高农村居民的环境保护意识，使他们充分认识到污染的危害性。同时，做好绿色生产和绿色消费的引导工作，辅以相应的经济手段、法律手段和政策措施，实现绿色生产，减少不合理的生活消费，避免农村面源污染形势的进一步恶化。

第九章　研究结论

第一节　研究工作总结

一　主要研究工作

长期以来，由于城乡户籍制度、城市偏向性政策、城乡"剪刀差"等因素的制约，我国形成了城乡二元结构，严重阻碍了城市和农村两个部门的协调发展。随着我国经济社会的快速发展，着力构建和谐社会、全面建设小康社会、进行现代化建设、实现"中国梦"的需要，使城乡经济社会发展不均衡问题受到政界、理论界的极大关注。从近几年中央连续颁布的文件和召开的工作会议中，以及已有关于城乡协调发展的研究成果来看，破除城乡二元结构势在必行。城乡一元化，作为特定时期下对城乡经济社会发展形势的创新性判断，为打破城乡二元结构提供了指导性理论和发展方向。

本书以杨凌农科城一元化发展为研究对象，探索了杨凌农科城一元化发展的提升路径，旨在把杨凌农科城建设成为全国城乡一元化发展的样板城市。杨凌示范区，作为我国唯一一个农业高新技术产业示范区，经过20年的发展和积淀，已经具备了发展城乡一元化的政策、经济、社会条件。本书的主要内容包括：

1. 国内外城市化模式研究

国内外城市化模式的研究，旨在为杨凌农科城一元化建设提供经验借鉴。本书选择了发达国家（英国、美国、日本、荷兰、法国）、发展中国家（巴西、印度）、中国（苏南、温州、珠江、胶南、洛川）在城市化建设进程中出现的典型模式，通过比较研究，归纳总结出杨凌农科城在城乡一元化发展建设中可供借鉴的经验，具体包括：第一，根据区域的资源禀赋，实行差别化的、具有杨凌特色的城乡发展模式；第二，政府调控和市场机制相结合，引导城市化健康发展；第三，土地要集约利用，实现城市的可持续发展；第四，完善网络化交通基础设施，促进城市快速发展；第五，完善杨凌城市的服务功能，实现城市的协调发展；第六，依托科技进步发展现代化农业。

2. 杨凌城市化发展现状及问题

杨凌城市化发展现状及问题，旨在阐述杨凌当前经济社会发展现状，论证城乡一元化的发展基础。从杨凌概况（历史沿革、区位条件、空间布局、城市化发展水平）、经济发展水平、居民生活水平、基础设施建设水平、公共服务水平五个方面概括杨凌农科城的发展现状，对发展中存在的问题进行分析，明确了城市一元化建设的现实基础。分析发现：经过"十二五"的快速发展，杨凌在经济发展、居民生活、基础设施建设、公共服务等方面已经取得了巨大成就，高于陕西省的平均水平。经济社会的快速发展为杨凌农科城一元化发展奠定了扎实的物质基础。但依然存在经济增长动力不足、城乡收入差距较大、城乡建设投资规模偏弱、农村人口转移规模较小的问题。

3. 杨凌农科城一元化建设的条件与环境

杨凌农科城一元化建设的条件与环境，旨在分析杨凌城乡一元化建设的基础条件和环境。利用SWOT分析杨凌一元化农科城建设的有利条件和不利因素，以及面临的机遇和挑战。在此基础上，从空间、经济、社会、生态、人口五个层面构建了城乡一元化综合评价指标体系，并测算了杨凌城乡一元化水平。研究发现：杨凌在发展城乡一元化的有利条件体现在日益增强的经济综合实力、地理区位优势、初步形成的农业科技示范、得天独厚的旅游资源以及日益完善的土地流转机制；劣势包括有限的城市规模、城市建设资金来源单一、部分知名优势产业与整体工业滞后并存、失地农民城市生活适应能力不强等问题。同时，国家"十三五"规划、美丽乡村建设、陕西省政府对杨凌的布局规划、农业创新升级发展及自贸区建设为杨凌示范区城乡一元化建设提供了机遇，但却同样带来了绿色贸易壁垒、极点效应对杨凌的负面影响及行政区划对农业规模化经营的制约等挑战。采用主成分分析对杨凌城乡一元化评价指标体系的指标权重进行确定，结果表明，经济与社会因素在城乡一元化水平提升上扮演着重要角色，而空间因素与城乡一元化水平之间呈现负相关。

4. 杨凌农科城一元化发展的目标、定位和布局

杨凌农科城一元化发展的目标、定位和布局，旨在为杨凌示范区未来发展提供规划"蓝图"。基于对城乡一元化内涵的认识，结合国家、陕西省、杨凌示范区发展规划，据此重新界定城乡一元化发展内涵，确定一元化农科城的定位、发展目标、发展原则和规划布局。研究结果包括：

第一，城乡一元化是指在政府与市场机制的共同作用下，在具备完全城市化条件的地区，按照城市建设标准完善对地区的规划发展，使城乡两部门差异逐渐消失，直至没有城市和农村区分，达到资源互惠共享，经济社会发展协调，居民在公民权利、公共服务方面实现均等化，"城、田、人"协调发展的动态过程，主要包括城乡生活一元化、城乡经济一元化、城乡人口一元化、城乡公共服务一元化和城乡公共政策一元化。

第二，杨凌农科城一元化发展需要遵循统筹兼顾、农业示范、改革创新、民生优先、生态宜居五大原则。

第三，杨凌农科城的发展定位是：将杨凌打造成为世界知名农业科技创新城市；探索杨凌特色城乡发展模式，形成全国城乡一元化的样板；竭力推进"四化"建设，将杨凌建设成为全国"四化同步"发展的典型案例；将杨凌建设成为贯彻"五大发展理念"的范例。

第四，杨凌农科城一元化发展的目标：①经济发展目标。到2020年，国民生产总值达到200亿元，三次产业结构优化为5∶50∶45，常住居民人均可支配收入突破4万元。②社会发展目标。2020年，城镇登记失业率保持在2%以内，建成城区主干道路骨架和"六横五纵"的公路交通网络，逐渐建立统一的户籍登记管理制度。③生态环境目标。"十三五"时期，城市建成区绿化覆盖率超过45%，田园特色鲜明的关中—天水经济区次核心城市基本建成。④城乡发展目标。到2020年，城市化率提高到85%以上。⑤农业科技推广目标。到2020年，年示范推广效益230亿元以上，科技进步贡献率达到65%，建立国际农业科技及产业示范合作基地5个以上，引进优良作物品种超过150个，完成国家援外培训项目40期以上。

5. 杨凌农科城一元化建设的关键问题研究

杨凌农科城一元化建设的关键问题研究，旨在确定未来一元化建设过程中面临和拟解决的关键问题，提升一元化建设水平。研究发现，杨凌农科城未来在推进一元化进程中面临的关键问题包括产业发展、失地农民就业、社区建设、土地流转、公共服务均等化五方面的问题。其中：

第一，产业发展。产业发展对杨凌农科城经济发展、一元化建设具有推动作用。然而目前杨凌农科城产业结构尚未达到高级化与合理化，产业发展水平较低，其产业建设方面存在规模小、农业产业化水平低，企业集群和创新能力不足等问题。

第二，失地农民就业。失地农民是农村土地流转的结果，失地农民能否顺利实现再就业关系到杨凌农科城一元化的实现和基层社会的安定和谐。土地流转后，农村人均可耕地面积逐年减少，然而受到政策、就业岗位、技术能力、文化观念等条件制约，失地农民存在就业难、难以融入社会、难以享受到与市民同等的待遇等问题。为了解决农民失地以后面临的困境，可以从完善社会保障制度、加强失地农民技术培训、提高就业服务管理水平等方面入手。

第三，社区建设。新型社区建设，是改变传统农民生活方式，提高农民生活质量的必然选择。根据杨凌示范区"十三五"规划，杨凌未来将建设一批新型社区，这有助于提升农民的聚集程度，缓解土地供需矛盾，推动农村城镇化进程。但目前，杨凌在新型社区建设方面存在建设资金不足、农民参与社区管理的积极性不足、社区基础设施不到位、社区管理人员素质偏低等问题。针对上述问题，具体的解决途径包括：以政府为主体采取多渠道筹资方式、通过宣传鼓励农民参与社区治理、对外招聘建立专业的社区管理队伍。

第四，土地流转。土地流转是进行土地规模化经营，提升农业产业化水平的前提和保障，也是缓解城市用地压力的关键。经过8年的努力，杨凌土地流转工作已初步取得了成绩，2014年年末，杨凌区通过土地银行实现流转的土地达到了4.48万亩，占全区耕地面积的52%。然而依然面临诸多问题，例如，农村信用体系和风险防范机制不健全、土地流转业务操作不规范、土地流转价格机制不完善等。为了促进土地流转工作的顺利开展，本书提出可以从土地流转后续保障机制的完善、土地流转市场制度的健全和政府服务监督细节的强化、劳动力市场的一元化四个方面，提升土地流转效率。

第五，公共服务均等化。公共服务均等化的实现，有助于维护农民基本权益，缩小城乡差距，促进城乡一元化进程。近年来杨凌在基础教育、医疗卫生、社会保障方面已经取得了显著的成绩，但受到基础教育投入不足、卫生条件不完善、社会保障标准不统一等问题的制约，杨凌农科城公共服务均等化的实现依然任重道远。

6. 杨凌农科城一元化建设的政策建议

杨凌农科城一元化建设的政策建议，旨在提出实现一元化建设的对策方案与保障措施。研究指出，可以从发挥政府在城乡一元化建设中的指导作用、充分利用市场机制促进区域经济增长、发挥"科技是第一生产力"的作用和统筹生态环境四个方面入手，为城乡一元化的实现保驾护航。其中：

第一，发挥政府在城乡一元化建设中的指导作用。主要是以政府职能发挥为基础，从杨凌行政级别的提升、引导三次产业协调发展、推进基础设施和公共服务一元化、完善失地农民就业政策、健全土地流转运行机制、细化户籍制度改革等方面，为杨凌农科城一元化建设创造良好的发展环境。

第二，充分利用市场机制促进区域经济增长。具体可以从完善农产品市场流通体系、培育农业大户和龙头企业、提升农业生产专业化和规模化水平、确立农业主导产业地位、因地制宜选择农业现代化经济发展模式五个方面进行，充分发挥市场机制在经济发展中的作用。

第三，发挥"科技是第一生产力"的作用。具体实施措施包括加快推进农村信息化建设、农业设施装备现代化、多措并举保障新技术研发动力、加强农业科技推广体系建设、推进智慧杨凌建设五个方面，促进工业技术、信息技术在农村经济发展中的应用范围与应用深度，提高农业产出水平，促进城市智慧化发展。

第四，统筹生态环境。具体包括合理的政策引导与支持、建设生态循环型现代农业示范基地、完善生态补偿机制、加大环保宣传力度四个方面，为创造城乡生态宜居的生活环境提供保障。

二 研究的创新点

1. 城乡一元化概念的界定

本书对城乡一元化的定义进行了界定，并构建了城乡一元化的分析框架。研究认为，城乡一元化发展是在城乡统筹、城乡一体化发展的基础上城市发展的更高阶段，是城市建设发展的终极目标。城乡一元化发展不是完全适用于所有地区，只有具备完全城市化条件的地区才能实现城乡一元化，对此类地区应按照城市建设标准完善对地区的规划发展，利用政府和市场两种调节方式，统一城市和乡村的政策制度，实现城市和乡村的市场统一。城乡一元化建设过程中，在政府主导和市场机制下，"城""乡"部门间的界限消失，逐渐趋于融合，城乡"同质化"发展，达到资源互惠共享，经济社会发展协调，居民在公民权利、社会保障、公共服务方面实现均等化。城乡一元化主要包括城乡生活一元化、城乡经济一元化、城乡人口一元化、城乡公共服务一元化和城乡公共政策一元化五个方面。

2. 城乡一元化评价指标体系的构建

本书系统地构建了城乡一元化评价指标体系。在研究中，从空间一元化、经济一元化、社会一元化、生态一元化和人口一元化五个维度，建立了城乡一元化评价指标体系。对城乡一元化的发展进行定量分析，能够将地区一元化发展情况进行自身的纵向比较和与其他地区一元化建设进行横向比较，分析结果能够对地区一元化建设进行阶段性定位，弥补了仅从定性分析研究的不足。并利用杨凌农科城的发展数据对一元化评价指标体系的各个指标进行了综合检验，实践证明所构建的城乡一元化评价指标体系具有很强的可操作性和科学性。

城乡一元化是一个复杂的社会经济系统，不能用很少几个指标来描述系统的状态和变化，需要用多个指标组成一个有机的整体，通过建立指标体系才能科学表达城乡一元化发展。在构建指标体系时应既有综合性又具有针对性，一方面要考虑从经济、社会、政治、文化、环境等方面综合反映城乡一元化的发展情况；另一方面还要兼顾城乡一元化面临的主要问题和实际情况，确定城乡一元化的关键性和决定性要素。城乡一元化评价指标还应具有可比性，不仅要用于对某个确定区域进行时间序列的纵向比较，还要用于不同空间地域的横向比较。因此在设置指标时不仅要体现城乡一元化进程中不同时间和不同空间的共同特性，还要具有普遍的适用性和可比性。城乡一元化指标体系还应体现可操作性。构建一元化评价指标体系的目的在于应用，如果缺乏现实的可操作性，势必造成认识上和判断上的困难和错误。一元化评价指标的设立还充分考虑了数据资料的可得性和可测性。

城乡一元化指标体系可以分为总系统、子系统和个体指标三个层次。城乡一元化建设总目标是总系统，子系统包括经济水平、基础设施、社会文化、人口数量与质量、生态环境五个方面。经济水平为城乡一元化提供了发展的基础，在城乡一元化建设过程中起决定性作用；基础设施建设满足了一元化过程中产业生产、居民生活的需求，是一元化实现的基础；社会文化进步是城乡一元化的根本性标志，是建设城乡一元化的重要目标；城乡居民的人口质量建设是以人为核心的新型城市化的内在需求，改善和提高城乡居民生活质量是城乡一元化建设的重要目标；生态环境建设是全面协调、可持续发展的关键，对城乡一元化进程有重要影响。第三个层次为子系统下设立的个体指标，子系统间的相互联系构成了城乡一元化程度评价指标体系结构。

第二节　未来研究方向

城乡一元化建设是协调城市和农村经济社会发展的必由之路，随着杨凌示范区城乡一元化建设工作的深入推进，"杨凌城乡一元化发展模式"必将成为政府、学者进行案例研究的典型范例，引起新一轮的城乡一元化研究热潮。根据本书框架和研究结论，以及未来城乡发展的趋势，城乡一元化未来研究要重点考虑以下两点：一是以杨凌农科城一元化建设为试点，如何形成示范推广效应，在更多区域实现城乡一元化，推进中国城市化建设更上一个台阶，将成为城市化建设研究的方向之一。二是"四化"作为当前区域经济社会发展研究中的热门，未来研究中探讨"四化"与城乡一元化的内在逻辑关系，"四化"建设与城乡一元化建设的相互作用机制，以及进行"四化"建设与城乡一元化建设两者之间的实证研究成为可能研究的方向之一。

参考文献

［1］陈承明、施镇平：《中国特色城乡一体化探索》，吉林大学出版社2010年版。

［2］黄坤明：《城乡一体化路径演进研究：民本自发与政府自觉》，科学出版社2009年版。

［3］刘传江：《中国城市化的制度安排与创新》，武汉大学出版社1999年版。

［4］毛泽东：《毛泽东选集》（第4卷），人民出版社1991年版。

［5］王春光、孙晖：《中国城市化之路》，云南人民出版社1997年版。

［6］徐学强、周一星、宁越敏：《城市地理学》，高等教育出版社2009年版。

［7］张文彤、董伟：《SPSS统计分析高级教程》，高等教育出版社2011年版。

［8］中华人民共和国建设部：《城市规划基本术语标准》GB/T 50280—98，中国建筑工业出版社1999年版。

［9］周琳琅：《统筹城乡发展理论与实践》，中国经济出版社2005年版。

［10］安虎森、皮亚彬：《以人为核心的城乡一体化路径分析》，《甘肃社会科学》2014年第3期。

［11］白永秀、刘小娟、周江燕：《福建省城乡发展一体化水平变化趋势及影响因素分析》，《福建论坛》（人文社会科学版）2014年第1期。

［12］白永秀、王颂吉：《马克思主义城乡关系理论与中国城乡发展一体化探索》，《当代经济研究》2014年第2期。

［13］包宗顺、徐志明、高珊、周春芳：《农村土地流转的区域差异与影响因素——以江苏省为例》，《中国农村经济》2009年第4期。

[14] 蔡昉：《劳动力迁移的两个过程及其制度障碍》，《社会学研究》2001 年第 4 期。

[15] 曹昌智：《论城市发展的区位条件和区位优势》，《城市发展研究》1996 年第 5 期。

[16] 曹志刚、吴国玺、隋晓丽：《河南省城乡一体化发展综合评价及对策研究》，《晋中学院学报》2009 年第 4 期。

[17] 曾凡慧：《城市化的现状、问题与对策》，《经济研究导刊》2007 年第 4 期。

[18] 柴志春：《城市化背景下土地利用问题及原因分析》，《节约集约用地及城乡统筹发展——2009 年海峡两岸土地学术研讨会论文集》，2009 年。

[19] 常春芝：《辽宁沿海经济带城乡一体化评价分析》，《气象环境学报》2009 年第 1 期。

[20] 陈建胜：《城乡一体化视野下的农村社区建设》，《浙江学刊》2011 年第 5 期。

[21] 陈希玉：《城乡统筹：解决三农问题的重大战略方针》，《山东农业》（农村经济版）2003 年第 9 期。

[22] 陈锡文：《资源配置与中国农村发展》，《中国农村经济》2004 年第 1 期。

[23] 陈喜梅：《"城乡统筹"的社会保障制度一体化战略初探》，《人口与经济》2010 年第 4 期。

[24] 陈亚军、刘晓萍：《对我国城市化进程的回顾展望》，《管理世界》1996 年第 6 期。

[25] 陈玉和、孙作人：《加速城市化：中国"十二五"规划的重大战略抉择》，《中国软科学》2010 年第 7 期。

[26] 程永平、郭淑芬：《中国城乡关系及协调对策》，《地域研究与开发》1996 年第 3 期。

[27] 储平平：《对我国农村剩余劳动力转移理论的思考》，《特区经济》2006 年第 11 期。

[28] 褚宏启：《城乡教育一体化：体系重构与制度创新——中国教育二元结构及其破解》，《教育研究》2009 年第 11 期。

[29] 崔越：《马克思、恩格斯城乡融合理论的现实启示》，《经济与社

会发展》2009 年第 2 期。

[30] 董辅礽:《一元化体制资源优化配置的前提》,《管理现代化》1994 年第 2 期。

[31] 董克用、孙博:《社会保障概念再思考》,《社会保障研究》2011 年第 5 期。

[32] 杜鹏、宗刚:《基于经济发展战略角度的城乡收入差距分析》,《北京工商大学学报》(社会科学版)2004 年第 2 期。

[33] 杜漪:《新农村社区建设的路径选择》,《当代经济研究》2009 年第 8 期。

[34] 段进军:《健康城镇化是推动统筹城乡发展的动力》,《改革》2009 年第 5 期。

[35] 冯雷:《产业一体化、城乡一体化及农业现代化的实现》,《中共山西省委党校学报》2000 年第 4 期。

[36] 高志刚、韩延玲、张凌志:《城市规模与产出关系的分形研究——以新疆城市为例》,《城市规划》2013 年第 6 期。

[37] 辜胜阻、成德宁:《户籍制度改革与人口城镇化》,《经济经纬》1998 年第 1 期。

[38] 辜胜阻、刘传江、钟水映:《中国自下而上的城镇化发展研究》,《中国人口科学》1998 年第 3 期。

[39] 顾益康、许勇军:《城乡一体化评估指标体系研究》,《浙江社会科学》2004 年第 6 期。

[40] 郭凡生、王伟:《城市规模与城市效益——对我国现行城市建设方针的反思》,《经济理论与经济管理》1988 年第 3 期。

[41] 韩江波:《产业演化路径的要素配置效应:国际案例与中国选择》,《经济学家》2013 年第 5 期。

[42] 韩劲:《从收入差距看我国统筹城乡发展》,《中国软科学》2009 年第 2 期。

[43] 韩清林、秦俊巧:《中国城乡教育一体化现代化研究》,《教育研究》2012 年第 8 期。

[44] 何满喜:《浙江城乡居民生活水平的对比分析》,《乡镇经济》2008 年第 8 期。

[45] 贺艳华:《城市群地区城乡一体化空间组织理论初探》,《地理研

究》2017 年第 2 期。

[46] 洪银星、陈雯：《城市化和城乡一体化》，《理论参考》2003 年第 4 期。

[47] 胡红安：《西方产业结构理论的形成发展及其研究方法》，《生产力研究》2007 年第 21 期。

[48] 胡金林：《我国城乡一体化发展的动力机制研究》，《农村经济》2009 年第 12 期。

[49] 胡进祥：《统筹城乡发展的科学内涵》，《学术交流》2004 年第 2 期。

[50] 黄国胜、李同昇、王武科等：《基于城乡一体化发展模式的新农村建设探讨》，《人文地理》2009 年第 4 期。

[51] 黄亮雄：《中国的产业结构调整：基于三个维度的测算》，《中国工业经济》2013 年第 10 期。

[52] 黄延信、张海阳、李伟毅等：《农村土地流转状况调查与思考》，《农业经济问题》2011 年第 5 期。

[53] 黄莹：《我国基本公共服务均等化问题研究》，《经济纵横》2012 年第 7 期。

[54] 黄永明、何凌云：《城市化、环境污染与居民主观幸福感——来自中国的经验证据》，《中国软科学》2013 年第 12 期。

[55] 姜作培：《城乡统筹发展的科学内涵与实践要求》，《经济问题》2004 年第 6 期。

[56] 焦建国：《农村教育与二元经济社会结构——城乡教育比较与我国教育当前急需解决的问题》，《学习与探索》2005 年第 3 期。

[57] 景普秋、张复明：《城乡一体化研究的进展与动态》，《城市规划》2003 年第 6 期。

[58] 黎翠梅：《农村金融发展对农村经济增长影响的区域差异分析——基于东、中、西部地区面板数据的实证研究》，《湘潭大学学报》（哲学社会科学版）2009 年第 3 期。

[59] 李秉文：《西部地区城乡一体化发展程度评价研究》，《中国农业资源与区划》2012 年第 3 期。

[60] 李功越、刘伟页：《ICT 推动城乡一体化发展的作用机理及实证研究》，《生态经济》2014 年第 1 期。

[61] 李继志：《城乡一体化背景下我国基本公共服务均等化问题探讨》，《农业现代化研究》2012年第4期。

[62] 李晋威：《城市建设发展战略初探》，《城市》2005年第1期。

[63] 李明秋、郎学彬：《城市化质量的内涵及其评价指标体系的构建》，《中国软科学》2012年第10期。

[64] 李颖：《中国二元经济结构：特征、演进及其调整》，《农村经济》2011年第9期。

[65] 李郁芬：《社会保障的二元结构分析》，《经济学家》1996年第4期。

[66] 李志刚、于涛方、魏立华等：《快速城市化下"转型社区"的社区转型研究》，《城市发展研究》2007年第5期。

[67] 李忠：《世界各国城市化发展模式及启示》，《中国经贸导刊》2012年第33期。

[68] 梁颖、蔡承智：《基于非均衡增长理论的城镇化与新农村建设协调推进的区域优先序选择》，《安徽农业科学》2011年第28期。

[69] 廖海燕：《我国城市化进程中的城中村改造问题研究》，《特区经济》2010年第4期。

[70] 林芳：《论城市化进程中的农民市民化问题及对策》，《产经评论》2005年第10期。

[71] 林毅夫、蔡昉、李周：《比较优势与发展战略——对"东亚奇迹"的再解释》，《中国社会科学》1999年第5期。

[72] 刘红梅、张忠杰、王克强：《中国城乡一体化影响因素分析——基于省级面板数据的引力模型》，《中国农村经济》2012年第8期。

[73] 刘金全、于惠春：《我国固定资产投资和经济增长之间影响关系的实证分析》，《统计研究》2002年第1期。

[74] 刘精明、杨江华：《关注贫困儿童的教育公平问题》，《华中师范大学学报》（人文社会科学版）2007年第2期。

[75] 刘瀑页：《经济增长、产业发展与劳动就业的耦合机理分析——以河南省为例》，《经济经纬》2010年第1期。

[76] 刘荣增：《城乡统筹理论的演进与展望》，《郑州大学学报》（哲学社会科学版）2008年第4期。

［77］刘伟、张士运：《北京城乡经济社会一体化进程评价定量化研究》，《生态经济》2009 年第 8 期。

［78］刘卫柏、李中：《新时期农村土地流转模式的运行绩效与对策》，《经济地理》2011 年第 2 期。

［79］刘永萍：《城市化与产业结构升级协调发展研究》，《齐鲁学刊》2014 年第 2 期。

［80］刘永强、苏昌贵、龙花楼、侯学钢：《城乡一体化发展背景下中国农村土地管理制度创新研究》，《经济地理》2013 年第 10 期。

［81］刘远：《现代农业促进城乡一体化发展的内在机理及策略分析》，《南京社会科学》2011 年第 12 期。

［82］刘志军：《论城市化定义的嬗变与分歧》，《中国农村经济》2004 年第 7 期。

［83］刘志伟：《发展小城市是消除我国城乡"二元结构"的新创造》，《湘潭大学学报》（哲学社会科学版）1997 年第 5 期。

［84］刘紫云：《农民社会养老保险城乡一元化体制问题的研究》，《农业现代化研究》2002 年第 6 期。

［85］龙莹：《我国固定资产投资与国内生产总值关系的协整分析》，《统计与决策》2005 年第 5 期。

［86］陆道平：《我国城乡公共服务均等化：问题与对策》，《江汉论坛》2013 年第 12 期。

［87］陆益龙：《户口一元化改革：问题与对策——对四省市试点改革经验的调查》，《江海学刊》2009 年第 1 期。

［88］罗雅丽、李同升：《制度因素在我国城乡一体化发展过程中的作用分析》，《人文地理》2005 年第 4 期。

［89］马海涛、程岚、秦强：《论我国城乡基本公共服务均等化》，《财经科学》2008 年第 12 期。

［90］倪楠、白永秀：《后改革时代城乡经济社会一体化下农村社区化问题研究》，《人文杂志》2013 年第 2 期。

［91］倪楠：《后改革时代城乡经济社会一体化：提出、内涵及其现实依据》，《西北大学学报》（哲学社会科学版）2013 年第 2 期。

［92］潘锦云：《我国城市化与工业化互动模式新探》，《生产力研究》2006 年第 9 期。

[93] 皮特·胡梅尔、王沣、罗震东：《荷兰的城镇化与城市区域规划：1870—2025 年》，《国际城市规划》2013 年第 3 期。

[94] 钱文荣：《浙北传统粮区农户土地流转意愿与行为的实证研究》，《中国农村经济》2002 年第 7 期。

[95] 曲振涛、于树彬、王曙光：《关于财政收入与国内生产总值关系的研究》，《财政研究》2002 年第 6 期。

[96] 任歌：《我国固定资产投资对经济增长影响的区域差异性研究》，《财经论丛》2011 年第 5 期。

[97] 任勤、李福军：《农村土地流转中介组织模式：问题及对策——基于成都市的实践》，《财经科学》2010 年第 6 期。

[98] 阮骋、陈梦鑫：《新型城镇化背景下的土地流转政策研究——以成都市万春镇流转模式为例》，《城市发展研究》2014 年第 3 期。

[99] 芮祖平、沈剑宏：《论我国二元经济一元化过程中的矛盾及解决对策》，《知识经济》2010 年第 7 期。

[100] 沈建国：《世界城市化的基本规律》，《城市发展研究》2000 年第 1 期。

[101] 石宏伟：《论我国城乡二元化社会保障制度的改革》，《江苏大学学报》（社会科学版）2006 年第 6 期。

[102] 石忆邵、何书金：《城乡一体化探论》，《城市规划》1997 年第 5 期。

[103] 宋锦、李实：《中国城乡户籍一元化改革与劳动力职业分布》，《世界经济》2013 年第 7 期。

[104] 宋丽智：《我国固定资产投资与经济增长关系再检验：1980—2010 年》，《宏观经济研究》2011 年第 11 期。

[105] 苏春江：《河南省城乡一体化评价指标体系研究》，《农业经济问题》2009 年第 7 期。

[106] 孙波、白永秀、马晓强：《农民市民化与城乡经济社会一体化》，《生产力研究》2011 年第 5 期。

[107] 滕玉成、牟维伟：《我国农村社区建设的主要模式及其完善的基本方向》，《中国行政管理》2010 年第 12 期。

[108] 田波：《论城乡一体化背景下的社会保障制度》，《生产力研究》2011 年第 11 期。

［109］田维明、高颖、张宁宁：《入世以来我国农业和农产品贸易发展情况及存在的突出问题分析》，《农业经济问题》2013 年第 11 期。

［110］完世伟：《城乡一体化评价指标体系的构建及应用——以河南省为例》，《经济经纬》2008 年第 4 期。

［111］王翠芳：《试探新农村建设中城乡基本公共服务均等化问题》，《经济问题》2007 年第 5 期。

［112］王桂新：《城市化基本理论与中国城市化的问题及对策》，《人口研究》2013 年第 6 期。

［113］王谦：《城乡公共服务均等化的理论思考》，《中央财经大学学报》2008 年第 8 期。

［114］王树新、李俊杰：《公共服务城乡发展一体化的影响因素》，《河北大学学报》（哲学社会科学版）2013 年第 6 期。

［115］王晓刚：《失地农民就业质量的影响因素分析——以武汉市江夏区龚家铺村为例》，《城市问题》2014 年第 1 期。

［116］王新文：《城市化发展的代表性理论综述》，《中共济南市委党校济南市行政学院济南市社会主义学院学报》2002 年第 1 期。

［117］王一鸣：《关于加快城市化进程的若干问题研究》，《宏观经济研究》2000 年第 2 期。

［118］王仲智、王富喜：《增长极理论的困境与产业集群战略的重新审视》，《人文地理》2005 年第 6 期。

［119］韦燕：《我国二元经济一元化过程中的矛盾及对策》，《合作经济与科技》2010 年第 9 期。

［120］邬冰、丛文滋：《辽宁沿海经济带城市化发展模式分析》，《辽东学院学报》（社会科学版）2008 年第 2 期。

［121］吴丰华、白永秀：《城乡发展一体化：战略特征、战略内容、战略目标》，《学术月刊》2013 年第 4 期。

［122］吴根平：《我国城乡一体化发展中基本公共服务均等化的困境与出路》，《农业现代化研究》2014 年第 1 期。

［123］吴丽娟、刘玉亭、程慧：《城乡统筹发展的动力机制和关键内容研究述评》，《经济地理》2012 年第 4 期。

［124］吴良镛、吴唯佳、武廷海：《从世界城市化大趋势看中国城市化

发展》，《科学新闻》2003 年第 17 期。

[125] 吴玲、周冲、周思山：《中部地区土地流转背景下城乡一体化问题研究》，《当代世界与社会主义》2011 年第 5 期。

[126] 吴涛、李同昇：《基于城乡一体化发展的关中地区基础设施建设评价》，《地域研究与开发》2011 年第 4 期。

[127] 夏南凯、王岱霞：《我国农村土地流转制度改革及城乡规划的思考》，《城市规划学刊》2009 年第 3 期。

[128] 徐明华、盛世豪、白小虎：《中国的三元社会结构与城乡一体化发展》，《经济学家》2003 年第 6 期。

[129] 徐旭、张殿发：《城市化的"温州模式"及超越》，《城乡建设》2004 年第 5 期。

[130] 徐智环：《城市化弱质与中国农村过剩人口转移》，《经济学家》2003 年第 2 期。

[131] 许大明、修春亮、王新越：《信息化对城乡一体化进程的影响及对策》，《经济地理》2004 年第 2 期。

[132] 薛晴、霍有光：《城乡一体化的理论渊源及其嬗变轨迹考察》，《经济地理》2010 年第 11 期。

[133] 薛伟贤、吴祎：《信息化背景下中国城市化动力系统分析》，《科技进步与对策》2014 年第 20 期。

[134] 颜芳芳：《城乡一体化评价指标体系研究》，《经济研究导刊》2011 年第 33 期。

[135] 杨培峰：《城乡一体化理念——跨世纪的思索》，《规划师》1999 年第 1 期。

[136] 杨荣南：《城乡一体化及其评价指标体系初探》，《城市研究》1997 年第 2 期。

[137] 叶继红：《从生产、生活和交往看失地农民的城市适应》，《中州学刊》2008 年第 3 期。

[138] 余子鹏、刘勇：《我国产业结构调整与要素效率关系分析》，《经济学家》2011 年第 8 期。

[139] 袁建文：《城市规模与集聚经济的关系研究》，《统计与决策》2011 年第 8 期。

[140] 袁文全、邵海：《社会养老保险城乡一体化的理论基础与制度设

计》,《社会科学辑刊》2009 年第 6 期。

[141] 袁政:《中国城乡一体化评析及公共政策探讨》,《经济地理》2004 年第 3 期。

[142] 张传勇:《资源要素流动配置与城乡一体化发展——基于我国省际面板数据的实证分析》,《财经论丛》2011 年第 6 期。

[143] 张奇林:《二元经济结构与中国社会保障制度》,《经济评论》2001 年第 2 期。

[144] 张旺锋、耿莎莎、闫星、羽方晨、董瑞娜:《城乡统筹背景下土地流转与城市化的互动》,《城市发展研究》2012 年第 3 期。

[145] 张文和:《城市化定义研究》,《城市发展研究》2000 年第 5 期。

[146] 张羽琴:《浅议城镇居民生活水平评价统计指标体系的设置》,《贵州社会科学》2000 年第 2 期。

[147] 张振龙:《法国城市空间增长:模式与机制团》,《城市发展研究》2008 年第 4 期。

[148] 赵恒伯:《新公共管理视角下的城中村改造问题及其出路》,《江西社会科学》2009 年第 10 期。

[149] 赵惠娟、闫德瑞、戈钟庆:《城乡一体化的内涵探索》,《小城镇建设》2000 年第 2 期。

[150] 赵显洲:《我国城市化与经济发展相互关系的动态分析》,《中国软科学》2006 年第 9 期。

[151] 赵新平、周一星:《改革以来中国城市化道路及城市化理论研究述评》,《中国社会科学》2002 年第 2 期。

[152] 赵勇:《城镇化:中国经济三元结构发展与转换的战略选择》,《经济研究》1996 年第 3 期。

[153] 郑芸:《城乡统筹发展的动力及其内部角色定位——从国务院确立的最新一批特区谈起》,《经济与社会发展》2007 年第 10 期。

[154] 周加来:《城市化·城镇化·农村城市化·城乡一体化——城市化概念辨析》,《中国农村经济》2001 年第 5 期。

[155] 周介铭、彭文甫:《四川省城市化发展的综合分析》,《四川师范大学学报》(自然科学版)2004 年第 5 期。

[156] 周天勇、胡锋:《托达罗人口流动模型的反思和改进》,《中国人口科学》2007 年第 1 期。

［157］周小刚、陈东有、叶裕民、郭春明：《中国一元化户籍改革的社会政策协同机制研究》，《人口与经济》2010 年第 4 期。

［158］周毅、李京文：《城市化发展阶段、规律和模式及趋势》，《经济与管理研究》2009 年第 12 期。

［159］周长城、饶权：《生活质量测量方法研究》，《数量经济技术经济研究》2001 年第 10 期。

［160］朱金鹤、崔登峰：《新疆城乡一体化进程的影响因素与评价研究》，《干旱区资源与环境》2012 年第 12 期。

［161］朱颖：《城乡一体化评价指标体系研究》，《农村经济与科技》2008 年第 7 期。

［162］杨杰：《科技示范，杨凌永恒的主题》，《陕西日报》2003 年 7 月 18 日。

［163］汪振宝：《依靠高新技术发挥龙头作用》，2004 年 7 月 8 日，新浪财经（http：//finance. sina. com. cn/g/20040708/1324858552. shtml）。

［164］［德］阿尔弗雷德·韦伯：《工业区位论：区位的纯理论》，李刚剑译，商务印书馆 2010 年版。

［165］［德］马克思：《资本论》（第 3 卷），中共中央马克思恩格斯列宁斯大林著作编译局译，人民出版社 1975 年版。

［166］［德］约翰·冯·屠能：《孤立国同农业和国民经济的关系》，吴衡康译，商务印书馆 1986 年版。

［167］［英］埃比尼泽·霍华德：《明日的田园城市》，金经元译，商务印书馆 2000 年版。

［168］［英］威廉·配第：《赋税论》，邱霞等译，华夏出版社 2006 年版。

［169］Bogue D. J. , "Internal Migration", in Hauser P. M. and Duncan O. D. , (eds.) *The Study of Population：An Inventory and Appraisal*, Chicago：University of Chicago Press, 1955.

［170］Fei J. C. H. and Ranis G. , *Development of the Labor Surplus Economy：Theory and Policy*, Homewood, Illinois：Richard D. Irwin, Inc. , 1964.

［171］Masika R. , Haan A. D. and Baden S. , *Urbanisation and Urban*

Poverty: *A Gender Analysis*, Brighton: Institute of Development Studies, University of Sussex, 1997.

[172] Myrdal G. , *Economic Theory and Under - developed Regions*, New York: Harper & Brothers Publishers, 1957.

[173] David S. and Herrera F. , "A Sequential Selection Process in Group Decision Making with Linguistic Assessment", *Information Sciences*, Vol. 21, No. 2, 2004.

[174] Hahn F. H. and Isard W. , "Location and Space - economy", *Economics Journal*, Vol. 68, No. 270, 1958.

[175] Herberle R. , "The Causes of Rural - urban Migration: A Survey of German Theories", *American Journal of Sociology*, Vol. 43, No. 6, 1938.

[176] LEE E. S. , "A Theory of Migration", *Demography*, Vol. 3, No. 1, 1966.

[177] Lewis W. A. , "Economic Development with Unlimited Supplied of Labor", *The Manchester School*, No. 5, 1954.

[178] O' Hare G. and Rivas S. , "Changing Poverty Distribution in Bolivia: The Role of Rural - urban Migration and Urban Services", *Geo Journal*, Vol. 68, No. 4, 2007.

[179] Ravenstein E. G. "The Laws of Migration", *Journal of the Statistical Society of London*, Vol. 48, No. 2, 1885.

[180] Todaro M. P. , "A Model of Labor Migration and Urban Unemployment in Less Developed Countries", *The American Economic Review*, Vol. 59, No. 1, 1969.

后　记

2012年5月，陕西省原省长程安东同志在听取了杨凌城乡一体化发展情况和城乡规划建设的基本情况汇报之后，提出了杨凌农科城一元化建设的新命题。为此，陕西城市战略研究所薛伟贤教授及其研究团队围绕这一命题，完成了《杨凌农科城一元化建设研究报告》。本书就是在此报告的基础上进一步修改完成的。

本书由薛伟贤教授牵头并确定研究和写作大纲，具体分工如下：第一章、第二章、第三章、第四章、第八章和第九章由薛伟贤教授负责，第五章由史耀波副教授负责，第六章由赵立雨副教授负责，第七章由王文莉教授负责。研究生韩勇、李荣凯、雷筱、李海翔、赵瑞等参加了部分章节的写作、数据收集与计算、讨论、调研以及文字校对和图表制作。

在课题研究中，程安东同志亲自带队调研，多次对研究工作给予了重要指示，在此表示感谢。还要感谢西安理工大学经济与管理学院原院长党兴华教授，全程参与课题工作。我们还获得了杨凌示范区管委会领导的大力支持，以及政策研究室、发展和改革局、五泉镇等部门和单位的热情帮助。

本书的出版还获得了陕西（高校）哲学社会科学重点研究基地"城市经济与管理中心"和陕西省普通高校哲学社会科学特色学科建设项目"社会经济系统管理与政策研究"的资助，在此一并表示感谢。最后作者还要感谢责任编辑侯苗苗的支持和辛勤劳动。

作者

2017年12月